한국 법철학 연구

최태영전집 3

한국 법철학 연구

상고부터 근조선까지

최태영 지음

눈빛

저자 **최태영**(崔泰永, 1900-2005)은 황해도 은율군 장련(長連)에서 출생했다. 일본 메이지대학 영법학과에서 영미법철학을 전공하고 1924년부터 보성전문, 부산대, 서울법대, 중앙대, 청주대, 숙명여대 등에서 가르쳤다. 경신학교의 2차 설립자, 교장을 지냈으며 서울법대학장, 경희대 대학원장 등을 역임했다. 대한민국 법전편찬위원, 고시전형위원으로 일했다. 법학관련 저서로『현행 어음·수표법』『서양 법철학의 역사적 배경』등이 있고,「한국의 상고 및 고대, 전통 법철학의 역사적 배경」「중국 고대 및 중세·근세 법철학의 역사적 배경」「商子의 법치주의」「동서양 법철학의 유사점과 차이점」등의 논문을 발표했다. 한국 고대사 연구에도 심혈을 기울여 일본「후지미야시타문서」를 답사했으며, 역사연구서『한국상고사』『인간 단군을 찾아서』『한국 고대사를 생각한다』를 냈다. 1954년 이래 대한민국학술원 회원으로 있었다.

최태영전집 3

한국 법철학 연구
최태영 지음

초판 1쇄 발행일 — 2019년 11월 15일
발행인 — 이규상
편집인 — 안미숙
발행처 — 눈빛출판사
　　　　 서울시 마포구 월드컵북로 361 이안상암2단지 2206호
　　　　 전화 336-2167 팩스 324-8273
등록번호 — 제1-839호
등록일 — 1988년 11월 16일
편집 — 성윤미·이솔
인쇄 — 예림인쇄
제책 — 대원바인더리
값 22,000원

ISBN 978-89-7409-328-0 94080
ISBN 978-89-7409-325-9(세트)
copyright ⓒ 김유경, 2019

저자 서문

현묘지도, 민주주의의 한국적 바탕

법철학을 공부하다 보니 철학 분야의 하나인 이상 사상적인 문제를 다루지 않을 수 없고, 철학 전체가 배경이 되니까 광범한 방계 학문에 손을 대야 하기 때문에 그 학문이 재미있긴 하나 단순하지는 않다. 미개척 분야인 우리나라의 시대적 법철학에 대한 역사적 배경을 더듬다 보니 동서양 법철학을 다 공부해야겠고, 사학은 물론 내외의 어문학까지도 해야 하니 접근이 쉽지는 않다.

나는 우리나라를 상고·고대·중세·근세로 시대적 구분을 하고 그에 관한 법철학의 역사적 배경을 반드시 더듬어서 연구를 해야겠다는 굳은 신념만은 있다. 그 작업의 하나가 1979년 『대한민국학술원 논문집』에 내놓은 「한국 상고 법철학의 역사적 배경」이다. 상고 이후는 불교철학이 강하게 영향을 준 고대를 정리하고 그 다음에는 유교철학의 영향을 받은 중세, 그리고는 성리학의 영향과 그 관련사상인 실학의 근세를 훑을 작정이다. 최근세나 현대는 젊은 학자들이 많으니까 거기에 맡기기로 하고 우리나라 근세까지 법철학의 역사적 배경은 내가 길을 닦아야겠다는 결심이다.

이 작업을 위해 메이지대 법대에서 전공해 1924년 이래 50년간 줄곧 보성전문·서울대·중앙대·경희대 등에서 강학해 온 서양 법철학의 자료를 총정리해 1977년 『서양 법철학의 역사적 배경』을 더듬어 저서로 내놓아 한시름 놓은 뒤, 『중국 법철학의 역사적 배경』도 탈고했다. 우리나라 법철학을 연구하려면 그 접근방법의 하나로 당연히 중국 것을 하지 않으면 안 된다. 우리나라 법철학의 역사적 배경 연구와 병행하는 것이었다.

우리나라 법철학의 뿌리를 찾자면 아무래도 상고시대의 고조선 개국부터 살펴보지 않으면 안 된다. 『삼국유사』의 고조선 개국 기록에서 실증법 및 법적 사건들을 알아볼 수 있다. 이는 상고사에 기록된 최초의 것으로 단군의 고조선 개국에 있어 국가 및 법의 이념, 국가의 제 기관과 그 기능에 관한 것들, 즉 헌법·행정법·관제 등이 있는 것이다.

반만년 전 단군의 개국이념은 홍익인간이었다. 이것은 곧 사회-인류의 평화와 행복을 말하는 것이다. 그것은 또 인간을 본위로 하며 백성을 근본으로 하고, 치자와 피치자, 개인과 단체가 혼연일체가 되는 '인본' '위민(爲民)' 주의라 할 수 있다. 따라서 건국이념, 곧 법의 이념이 되기도 하는 '홍익인간'은 한없이 광대하고 고상한 것이며 전 인류적이요, 세계사회적인 이상 바로 그것이다.

해방된 다음부터 지금까지 우리나라는 민주주의 물결에 휩싸여 왔다. 그러나 민주주의는 실은 우리나라에 아득한 옛날부터 있어 왔던 것이다. 부여[夫餘, 편집자 주; 광개토대왕릉비에는 夫餘, 『삼국사기』『삼국유사』 등 사서에는 扶餘] 이후 국왕의 선거와 부족대표의 평의제와 백성에 대한 국왕의 책임제는 그런 점에서 아주 특이하였다.

부여에는 여러 부족의 대표인 육가(六加)로써 구성된 합의체가 있었다. 이는 곧 국사를 평의하는 합의제도의 근원이 되기도 하였다. 신라 초기의 6촌장회의, 화백회의, 고려의 백관회의, 근세조선의 중신(重臣)

회의 같은 중민적(衆民的), 즉 민주적 방식의 시초가 됐던 것이다.

흉년이 들어 백성들이 기아 상태에 빠지게 되면 부여에서는 국왕에게 그 책임을 물었다. 백성이 선출한 국왕은 백성에 대해 책임을 지고 있기 때문이었다. 따라서 국왕은 흉년을 예기치 못하고 국난에 대비를 하지 않았다는 이유로 퇴위를 당하거나 심한 경우에는 사형까지도 당하는 일이 있었다. 이러한 사실은 『통전(通典)』 185권 부여조에서 찾아볼 수 있으며, 『삼국지 위서(三國志 魏書)』 『진서(晋書)』 『후한서』 등에서도 민주적인 부분을 허다히 찾아볼 수 있다. 백성들은 위민(爲民)을 하지 않는 권력자의 횡포에 거부하였다. 이것은 곧 민주주의의 뿌리인 것이다.

법적인 측면에서 볼 때에도 이미 민주적인 요소가 내포되어 있었고, 어느 나라보다도 진보된 법을 가지고 있었다. 법이라는 이름이 붙어 있는 최초의 기록은 고조선 전기의 '금법8조'가 있다. 이후 고조선 후기의 금법 60여 조와 변한(弁韓)의 엄한 형법, 부여 이후 죄수를 가두는 옥의 설치, 중범죄자들을 공개 심리하여 석방 유무를 결정하는 신형주의(愼刑主義)가 행해졌다. 혈족 간의 혼인금지, 귀화인에 대한 문제 등 민사와 국제법상의 사례도 더러 보인다.

이렇듯 상고시대의 법철학적 배경을 살펴볼 때 우리의 민주주의는 아득한 옛날에 이미 하나의 바탕을 이룩하고 있었던 것임을 능히 알 수 있다.

이러한 우리의 근본이념은 장구한 세월을 통해 내려오는 동안 독창적인 사상과 특색 있는 우리의 철학으로 발전되었다. 풍류(風流), 즉 '현묘지도(玄妙之道)'가 바로 그것이다. 『삼국사기』에 인용된 최치원의 말대로, 우리가 상고시대부터 갖추어 가지고 있는 포용적인 관용 바탕 위에 외래의 여러 사상과 철학과 종교를 취사·섭취하여 심화시켜, 하나의 체계를 세워 우리나라 것으로 발전시킨 그야말로 현묘한 도, 즉 '풍류'인 것이다.

도교·불교·유교라든지 인도 철학이나 중국 철학 또는 서양 철학과 그 사상이 이 땅에 이입은 됐으나 그것을 그대로 받아들이지 않고 여과시켜 우리의 고유한 철학 '현묘지도'로 승화시켰던 것이다. 외래의 여러 철학과 사상 그대로인 것은 하나도 없다.

우리나라의 법철학도 바로 그러한, 현묘지도가 가득 차 있는 사회에서 그러한 사상과 철학을 배경으로 발전해 온 것이다.

법철학적인 측면에서 본 우리나라 상고사를 서설로 삼고, 한국의 법철학이 고대부터 현세에 이르는 동안 어떠한 고유지반 위에 외래의 어떤 것을 어떻게 받아들여 어떤 독특한 것으로 만들어 왔는지를 논구하여 그 내용과 역사적 배경을 밝히려 한다. 어렵고 방대한 일이 아닐 수 없다. 이는 내가 아니더라도 누군가가 하여야 할, 우리들 법철학도의 숙제인 것이다.

이 작업에 착수하고서 느낀 것은 우리나라 법철학의 역사적인 배경을 더듬어 우선 길을 닦아 놓으면 후진들이 제대로 잘 다듬어 만들어 놓을 것이 아니냐 하는 생각이었다. '한국미술 5천년전'을 외국에서 갖고 있 듯이 '5천년 정신전람회'도 외국으로 가져 나가 봐야겠다는 것이 내 생각이다. 우리의 훌륭한 정신-사상을 왜 좀더 승화·발전시키지 못하는가.

1980년 국제학술세미나에서 「동서양 법사상의 유사점과 차이점」을 발표하였다. 학문적으로 동서양 법사상을 비교한다는 것이 엄청난 일이었으나 나의 계획은 서양이나 중국의 문화사상에 못지않게 우리나라도 옛날부터 '무엇이 있다'는 것을 시사하려는 데 목적이 있었고 내용도 그 한 부분이었다. 그 무엇이 무엇이냐? 나는 그것을 아까 말한 '현묘지도'라고 본다. '현묘지도'는 신라의 지성인 최치원의 말이지 나의 창작은 아니다. 이미 설명한 것처럼 그것이 바로 우리나라 법철학의 뿌리인 것이다.

중국 사람들은 '영승어군(令勝於君)'이라는 것을 찾아내 '법은 임금 위에 있다' 하여 그들 법철학의 근원으로 삼고 자랑하고 있다. 그러나 우리는 그보다 훨씬 오래전에 단군의 홍익인간 건국이념과 부여의 책임군주제라는 거대한 법철학적 광맥이 있어 이미 민주사회의 기틀을 갖고 있었다. 이러한 사상은 그 시대 세계 어느 나라에도 없는 민주철학이었다. 이후에도 줄곧 조선조까지 입헌군주적인 민주적 법철학의 문화사상이 연면히 이어져 왔던 것이다.

때문에 아주 강조하고 싶은 것이 있다. 그것은 우리에게 이렇듯 민주주의가 아득한 옛날부터 바탕을 이룩하고 있었으니 과감하게 받아들여야 하며 하나도 겁낼 것이 없다는 얘기다. 개국 당시부터 민주주의라는 선진적 사상 속에서 5천 년이나 이어져 내려오는 우리 민족의 본질적 바탕은 민주주의이기 때문인 것이다.

아무튼 내가 닦은 우리나라 법철학의 역사적 배경이라는 길을 후학들은 탄탄대로로 만들어야 할 줄 믿는다. 현묘지도의 고유한 우리 철학적 사상 속에서 말이다.

차례

일러두기

1. 한국 법철학 연구의 구성; 이 책은 최태영 교수가 1979–1983년간 『대한민국학술원 논문집』에 발표하고, 이후 2005년까지의 저작과 구술을 통해 수정 보완한 다음의 논문을 한데 모은 것이다. 원고 정리는 생전 최 교수의 요청에 따라 전 경향신문 기자 김유경이 했다.

1) 「한국 상고 법철학의 역사적 배경 – 반만년 전부터 2천년 전까지」
   대한민국학술원논문집 제18집, 1979, pp. 123–165.
2) 「한국 고대 법사상의 역사적 배경 – 삼국 초부터 후삼국 말까지」
   대한민국학술원논문집 제22집, 1983, pp. 65–114.
3) 「한국 전통사회의 법사상」
   『한국학 입문』, 대한민국학술원, 1983, pp. 331–355.
4) 「동서양 법사상의 유사점과 차이점」
   대한민국학술원 주최 제8회 국제학술강연회 논문집, 1980, pp. 35–54.
5) 「연구자전 외길 한평생」
   주간조선, 조선일보사, 1980. 10. 26.
6) 『한국상고사입문』, 고려원, 1989.
7) 『한국상고사』, 유풍출판사, 1990.

2. 국어의 로마자 표기법은 국립국어원 제정 문화체육관광부 2014–42호 고시에 따라 2014년 12월 5일부터 새롭게 바뀌었다. 부록의 영문 논문에서는 참고도서 검색 등의 문제도 있는 만큼 2014년 이전에 쓰이던 국가명 로마자 표기를 그대로 두되 새 로마표기법에 의하면 다음과 같이 바뀌었음을 밝혀 둔다.

고조선 Gojoseon
고구려 Goguryeo
백제 Baekje
신라 Silla
고려 Goryeo
조선 Joseon

1장 한국사 연구의 문제점

1) 국사의 수난

한국 법사상의 연원과 발달을 연구함에 있어 첫째로 문제되는 것이 우리 한인(韓人)이 자의(自意)로 지은 귀중한 사서가 민족의 수난으로 상고사부터 중고사에 이르기까지 거의 모두 없어진 때문에[1] 어디서 그 것을 찾아내느냐 하는 것이다.

반만년의 오랜 역사를 가진 한국에는 고유한 문화와 철학과 법과 법 사상이 없지 아니했건만, 분화되고 체계를 갖춘 법사(法史) - 따라서 법 철학사가 발달되지 못했고 또 그것을 연구함에 전제가 되는 역사, 특히 상고사의 원형을 찾아내기 힘들게 된 데는 험준하고 기구한 이유가 있 다.

상고에는 고대 조선·예맥·부여·삼한 등 조선족의 주력이 강성하여, 요동과 산동과 중국 본토의 일부 지역 및 만주와 한반도를 본거로 크게

---

1. 『申采浩全集』(1979년판), 上册, 「조선상고문화사」 369-377쪽(조선역대문헌의 화 액). 앞책, 中册, 「한국사연구초」, 35-37쪽, 118-124쪽. 李始榮, 『感時漫語』(韓譯, 1938년), 14-19쪽, 41쪽(史記 및 문자의 수난). 北崖, 『揆園史話』 저자 서문. 최태 영, 「한국 상고 법철학의 역사적 배경」, 『대한민국학술원논문집』 제18집(1979년), 123-124쪽.

활약하면서 중국 한족(漢族)의 대군을 용감하게 막아 내고 때로는 그들을 억압하기까지 하였지만, 한동안 고대 조선족의 지역에 한의 사군이 설치되어 있었다는 가설이 뒷날 전해질 정도로 심한 침입을 받았다.

그 후 조선족의 삼국이 정립하여 싸우다가 그중 후진국이고 발전성이 적은 변방에 위치하였던 신라가 외교에 능하여 중국 한족의 강대국인 당을 끌어들여서 나당연합군이 천신만고 끝에 백제와 고구려를 차례로 파멸하였다. 신라나 당이 단독으로는 백제나 고구려를 파할 수 없었다.

백제와 고구려와 신라 등에서 국가기관의 계속적 사업에 의하여 건국 이래 편찬되었던 사기들은, 불공정한 사대주의자 김부식의 저작인 『삼국사기』에 의할지라도 고구려가 국사 『유기(留記)』 1백 권을 편찬한 것이 서기 1세기의 일이요, 영양왕 11년(600년)에는 이문진으로 하여금 『유기』를 정리하여 『신집(新集)』 5권을 산수(刪修)하게 하였다.[2] 백제는 고구려보다 먼저, 늦어도 근초고왕 때(재위 347–376년) 박사 고흥에 의하여 국사 『서기(書記)』가 편찬되었을 것으로 추정된다.[3] 신라는 진흥왕 6년(545년)에 거칠부로 하여금 『국사』를 편찬하게 하였고[4], 고려는 『왕조실록』을 편찬하였다는 기록들이 분명히 있다.[5]

---

2. 『三國史記』, 고구려본기 제8 영양왕 11년 정월 기사. 「개국초(서기 시작 전후)에 『古史, 유기』 백 권이 편찬되고, 영양 11년에 『新集』을 刪修했다」.

3. 『三國史記』, 백제본기 제2 근초고왕 30년 기사(문자 사용의 시작). 말미에 『고기』 云「得 博士高興 始有書記」란 것은 백제가 개국 전부터 한자를 알고 있은 터이므로, 비로소 국사를 편찬하였음을 의미한다(이병도 역, 『三國史記』, 377쪽의 주 1).

4. 『三國史記』, 신라본기 진흥왕 6년 7월 기사.

5. 『高麗史』에는 『역대실록』(世家 34권 제4장 전엽 제8행 충선왕 3년 기사, 통권 105, 열전 18권, 제7장 후엽 제6행). 태조부터 제7대 목종까지 七王의 『실록선집』(통권 95, 열전 8권, 제20장 후엽 제15행). 神·熙·康·高(제20대부터 23대)의 『四祖실록』(통권 105, 열전 18권, 제7장 후엽 제6행). 제17대 『仁宗실록』(통권 98, 열전 11권, 제19장 전엽 제5행). 제18대 『毅宗실록』(통권 100, 열전 13권, 제22장 전엽 제1행).

그처럼 완비되어 있던 고구려·백제의 사기는 당나라군과 병화로 없어지고, 신라의 사기마저 그와 같은 정세와 수차의 병화로 소실 혹은 수거되어서 현재 남아 있지 아니하고, 다른 사서에 그것을 인용한 것이 더러 남아 있을 뿐이다.

단군의 고조선 개국기가 기록되어 있는 현존 사서 중의 몇 가지와[6] 현재는 없는 고사(古史)들이 인용되어 있는 것 몇 가지를[7] 주에 예시해 둔

제25대 충렬왕부터 충의·충숙 『三祖실록』(세가 37권, 제9장 후엽 제4행). 기타 여러 왕의 실록 편찬 또는 보관에 관한 기록이 허다하다.

6. 단군의 고조선 개국기가 기재되어 있는 현존 고사서로는 다음과 같은 것들이 있다. 一然의 『三國遺事』(중종 임신간본 권 第一, 기이 第二, 고조선 王儉朝鮮조), 李承休의 『帝王韻紀』(권하, 第一장), 북애의 『揆園史話』(一. 조판기 二. 太始記 三. 檀君記), 朴世茂의 『童蒙先習』(성종 18년(1487)−명종 19년(1564), 동방에 初無君長하더니… 이하 단군…), 『조선왕조실록』(세종실록, 지리지, 평양조, 단군기), 『朝鮮經國典』(이태조 3년(1394) 정도전의 私論인 법전의 국호조). 외국인의 저술로는 명나라 王弇洲(본명 王世貞)의 『續宛爲餘編』에 단군과 그의 치적, 그의 敎가 기술되어 있다고 李始榮 저, 『感時漫語』 21−22쪽에 기술되어 있다.

7. 다른 사서에 인용된 것으로 현재는 없어진 저서로는 다음과 같은 것들이 있다. 李奎報(1168−1241)의 「동국이상국집」 동명왕편에 인용된 『舊三國史』, 一然의 『三國遺事』(1270년 전후의 저작) 第一권 기이편 고조선조에 인용된 『古記』와 동 고구려조에 인용된 『檀君記』, 그리고 현존 『魏書』와는 다른 『魏書』, 이승휴의 『帝王韻紀』 하권(1287년경의 저작) 「東國君王開國年代序」에 인용된 『國史』, 『本紀』, 『殊異傳』, 그리고 「漢四郡及列傳」에 인용된 『檀君本記』 『東明紀』 『舊三國史』, 김부식의 『三國史記』(1145년 저작)에 기록된 1세기에 편찬된 고구려 국사 『留記』 백 권 및 7세기에 편수한 『新集』 5권, 김부식의 『三國史記』 제4권 신라본기 제4, 진흥왕 37년 기사 중 최치원이 지은 「난랑비 序」에 인용된 『先史』, 북애의 『揆園史話』(숙종 원년 1675년 저작) 서문에 인용된 清平의 『震域遺記』 등이 있다. 李始榮 저, 『感時漫語』(韓譯), 14−16쪽에는 역대의 經籍과 문자 등이 입은 五次의 화로 다음과 같은 고전들이 자취를 감추게 되었다고 열거하고 있다. 즉 『神誌秘詞』 『大辨設』 『朝代記』 『周南逸士記』 『誌公記』 『表訓天詞』 『三聖密記』 『道證記』 『動天錄』 『地革錄』 『書雲觀秘記』, 安含老·元董仲의 『三聖記』 등 다수이다.

다.

그 후에는 외세에 눌려 강국들의 억제를 무시할 수 없었고 또 강자들과의 감정 충돌을 피하지 아니할 수 없게 된 정세 아래 있었는 고로, 오만한 타국 외족의 불공정한 필법과 감정에 맞도록 조작된 불확실한 간접 자료인 소위 외사(外史)라는 것이 지금 우리에게 상고시대의 주된 사료가 되기에 이르렀다.

중세의 고려는 몽고와 금 등의 장기 침략과 제압을 받고 예속체제를 강요당한 정세 아래 『삼국사기』를 편찬하게 되었다. 고려시대에 편찬된 『고려왕조실록』 또한 장기의 전쟁과 근조선으로 바뀌던 혼란기에 분실 혹은 변작되었다.

근조선에 이르러서는 처음부터 명大나라에 의존 체제인 데다가 호와 왜 등의 연속 침입으로 사료와 문화재가 소실되고 명·청에 대한 예속이 강화된 정치체제에서 『고려사』와 『조선왕조실록』이 기록되었다. 그 『조선왕조실록』도 네 벌 중 세 벌이 일본 군병 손에 소실되고 한 벌만이 남았다.

이렇게 우리 조상의 손으로 기록된 원형대로의 자주적인 역사 자료를 찾아보기 힘들게 된 데다, 조선의 학자인 유생들의 비판적·자주적인 사관과 중국 경서(經書)에 대한 비판적 해설까지도 유교를 어지럽히는 사문난적이라고 해서 정부의 억압과 당파 간의 견제를 받아 왔다.

20세기 초 일제강점 동안에는 일본의 간계로 우리 역사의 시대가 짧게 잘리고 강역이 좁혀지는 등 날조·조작되다가 그것마저도 일어 상용·창씨개명 따위로 인해 우리의 언어와 문자와 성명과 함께 아주 말살될 뻔 하였다. 구한말 불길처럼 피어오르던 교육열과 산업열을 일인들이 강압해 버리고 우리의 역사·지지(地誌)와 사상에 관한 모든 서적을, 초

등 교과서에 이르기까지 모조리 걷어다 없애 버리던 일은 나의 기억에도 생생하다.

우리의 고유한 사상과 학문과 문화 전반의 소멸, 산업의 억제와 역사의 날조, 강요된 예속 체제의 심혹한 정도는 이제도 가히 짐작할 수 있는 것이다. 사가 안정복(安鼎福, 1712-1791)이 그의 저서 『동사강목』에서 "동방이 여러 차례의 병화로 국사를 비장할 수 없어 승려가 기록한 것이 암혈 속에 보존함을 얻었다"고 한 구절은 그 실상을 알려주고 있다.

타국의 간섭 아래 외인의 눈치를 보아 가며 본의 아닌 것을 남겨 놓은 우리 조상들의 기록과, 외적들이 자의로 조작한 자료 중에서 우리의 진정한 옛 맥습과 고대의 원형을 찾아내기란 실로 어려운 일이 아닐 수 없게 된 이유가 그와 같은 과거에 있는 것이다. 뿐만 아니라 한자는 함축성이 있어 묘미가 있는 것도 사실이지만, 그 시대의 특수한 의미를 오랜 후세의 우리가 제대로 확정하는 것은 어려운 것이어서, 고대인들이 해득하기 어려운 한자로 기술해 둔 고서의 본의를 지금 우리가 밝히는 것 또한 쉬운 일이 아니다. 그것이 얼마나 어려운 일인지는 『삼국유사』 초두, 고대 조선 단군왕검 건국이념의 해설만 보아도 알 수 있을 것이다. 그런 만큼 우리나라 고대사 속에서 우리 고유한 법철학의 역사적 배경을 찾아내는 것은 매우 어려운 일이다.

2) 건국 연대 및 지명의 혼동

그 다음 현재 남아 있는 자료를 연구함에 있어 출발점에서 또다시 두 가지 문제에 부딪치게 된다.

첫째는 남아 있는 고사(古史) 중 고조선국을 개창한 단군 기록이 신화라고 해서 고조선의 대부분을 한국사에서 아주 빼 버려, 나라의 나이(연대)를 수천 년이나 줄이려는 데서 생기는 문제이다. 단군을 신화라고 몰아 버린 발단은 옛 사람들이 국조 단군을 숭앙하여 단군의 고상한 정신이 민족과 함께 영원히 살아 민족을 가호하며 단결시켜 주기를 바라는 지성(至誠)에서 각 사서의 저자에 따라 그 표현 방식이 혹은 불교적 혹은 선교(仙敎)적 색채를 띠게 된 것뿐이다.

그러므로 신화 속에 단군이 꾸며져서 생겨난 것이 아니고, 단군의 사적에 신화로서 채색하고 수식한 것이다. 그렇다면 신화 때문에 사적을 말살할 것이 아니라, 꾸며 넣은 신화적 요소를 조심스럽게 추려 내고, 본래의 역사적 사실을 밝혀서 상징적으로 표현된 신화 속에서 바른 사실을 찾아내야 할 것이다.

고려조에서는 몽구(蒙寇)의 호국불교적 인왕백고좌강회 금지정책 아래서도 종교적 호국신앙과 함께 단군정신을 고취했다. 조선조에서는 유학을 숭상하기 위한 정책 때문에 불교를 억압했지만 단군 숭앙사상만은 유지해서 그때 자라난 우리는 단군과 고조선을 의심한 일은 없는데, 일인들의 식민지 교육 효과가 커서 단군과 고조선을 말살하고 있는 것이 아닐까.

둘째는 우리 한족(韓族)의 국가 발상지는 태백산(현 백두산) 북방, 현재 중국 만주 송화강 부근 하얼빈(哈爾賓)이고, 그들의 활동 지역은 발상지를 중심으로 남북만주와 요동반도·강소·안휘·하북·발해 연안·호북 동쪽과 한반도 전역이었다가(그중에도 요동반도에 서울을 여러 곳에 두고 크게 활약하다가), 차차 강자에게 밀리기도 하고 살기 좋은 곳을 찾아 이주하여 한반도 내로 옮겨 오면서 수도를 여러 번 옮기고 산하와 도시의 명칭을 북방의 그것과 동일한 것으로 반도 내에도 만들어 놓았는데, 옛날의 활동 지역은 다 잊어버리고 한반도만으로 줄여 버리려는 데서 생겨난 지명의 혼란이 빚어낸 문제이다.

근래 고고학적 발견 결과 선진 문화민족인 한인(韓人)들의 고조선이 고대에 활약한 사실을 뒷받침하게 되었다. 고고학적 뒷받침에 관해서는 유승국 논문에 많은 자료들이 소개되었다.[8] 발상지와 선진 문화족으로 활약한 지역, 또 같은 시대에도 서울이 여러 곳에 있었던 사실, 예컨대 고조선의 삼경(三京), 발해의 오경(五京), 고려의 삼경(三京) 등에 관해서는 신채호·최동·이시영·정인보, 그보다 일찍이 북애 등이 연구 발표한 바이다.[9]

북애는 일찍이 "왕검성이란 경성(서울)의 의미를 가진 고어이고, 평양도 그러할 것이 틀림없다. 평양은 제2의 왕검성이고, 단군의 제2 평양은 압록강의 북(北)에 있었다. 태백산이란 이름을 가진 산이 허다한데 영변의 묘향산을 태백산이라고 하는 자는 안공이 너무 작아서 그들과는 더불어 논할 바가 못 된다. 개마·태백·장백 등은 모두 같은 산의 다른 이름이다. 역대의 방언 차이이다. 개마와 백두도 이자동의(異字同意)인 것이다"라고 하였다.

윤내현도 남송 말, 원 초의 중국인 증선지(曾先之)의 지도를 인용하여

---

8. 柳承國, 「유학사상 형성의 연원적 탐구 – 人方文化와 관련하여 갑골문을 중심으로」(1974) 및 그 논문 중에 소개된 저서들.

9. 『申采浩全集』 上冊, 39–41쪽, 75–77쪽. 崔棟, 『조선상고민족사』, 83쪽, 122–123쪽. 鄭寅普, 『조선사연구』, 39–41쪽. 北崖, 『揆園史話』 단군기(단군의 제2의 평양은 압록강 북). 위의 저자들은 모두 백두산 북방 송화강 연안이 발원지이며, 삼경이 있었다고 한다. 李始榮, 『感時漫語』(韓譯), 7–8쪽, 31쪽. 泉水의 동평양 지방은 지금의 永平이고, 요수의 서평양 지방은 지금의 廣寧이고, 한무제가 설치하였다가 얼마 안 되어 삼국에 의해 다시 수복된 漢四郡은 고조선 구토의 전부가 아니고 그 한쪽 구석에 불과했다. 전국시대 燕나라의 장군 秦開와의 싸움에 패한 고조선은 幽州·蘇州·朔州·易州의 땅 2천 리 영토를 한때 잃었다고 하고 있다.

설명하고 있다.[10] 평양도 거기에 있었다는 사실은 중국 역사가의 저술에 있는 지도가 확증하는 것이다.

또 서량지(徐亮之) 등 현대 중국 학자들의 고고학적 연구 결과 한족(韓族)이 문화적 선도자였다는 것과 그들의 활동 지역이 현 중국의 넓은 지역이었다는 것, 현재 중국 내에 있는 고대 한민족이 활약하던 옛 지명들을 찾아낸 터이므로[11], 우리 역사의 연대를 줄이고 조상들이 활동하던 판도를 좁혀야만 할 필요는 없다. 그렇게 줄이고 좁히고 보잘것없는 민족이라고 역설한 심사는 적국들의 한국 침략을 위한 정책에서 비롯한 것임을 우리가 다 아는 사실이다.

만일 신화 때문에 그 인물과 나라의 역사를 빼 버려야 한다면, 박혁거세·화랑도·김유신·강감찬·궁예 등 제 위인과 고구려·백제·신라·후삼국 등 역사의 대부분은 빼 버리고 오천 년 역사를 오백 년 역사로 재편하게 될 터이다. 단군의 건국이 단순한 신화라고 가정할지라도 상고에 우리의 문자가 불완전해서 좀더 상세한 내용이 전해지지 못했을 뿐이고, 몇천 년 전부터 우리 조상들이 믿고 전해 온 우리 사회의 전통사상임은 부정하지 못할 것이다. 이렇게 길게 설명하는 것은 그와 같은 시대와 지리의 배경을 바로 이해하지 아니하고는 한국 상고의 법사상을 이해할 수가 없기 때문이다.

---

10. 윤내현 교수도 논문 「중국 문헌에 나타난 고조선 인식」(1983)에서 남송 말-원 초의 중국 학자 曾先之의 저서 『十九史略通考』의 지도를 인용, 고조선의 영토가 연나라와 이웃하고 있고, 한사군이 漢州 요하 서쪽이라고 한다.

11. 徐亮之, 『中國史前史話』, 267쪽(殷周之世的東夷, 基活動地域揆).

2장 상고사의 강목

고조선부터 삼국까지

고대 법철학을 논하기 앞서, 예비 작업으로 법 역사와 관계 있는 우리 고대사 줄거리를 중국과의 관계를 곁들이면서 대강 말해 둘 필요가 있다. 이에 국사의 통례에 따라 상고·고대·중세·근세·최근세 및 현대로 구분하고 우선 상고사부터 약술한다.

국사가들의 통설에 의하면 우리 조상의 주류는 옛날에 이동해 온 북 몽고족과 같은 종족으로 알타이어족 말을 쓰는 사람들이라고 한다.[1] 이 병도는 동일민족·동일문화 계열에 속하는 사회라도 그 분포 행렬의 사회적·지연적 관계에 의해 그들 사이에도 다소 특수성을 띠고 있음은 면하지 못할 사실이니, 이런 의미에서 우리 삼국시대 이전의 고대사회 분포행렬을 ① 서북행렬의 제 사회(서북 해안지대의 조선·진번 즉 후의 대방계통), ② 후방행렬의 제 사회(후방의 부여·예맥, 즉 후의 고구려·임둔, 즉 옥저·동예계통), ③ 남방행렬의 제 사회[진(辰)의 제 종족, 즉 삼한] 셋으로 대별할 수 있는데, 그 셋은 모두 넓은 의미의 예맥족에 속한다고 하고 있다.[2]

최동(崔棟)은 서기전 3000년쯤에 중부 아시아로부터 동방으로 이동,

---

1. 千寬宇 편, 『한국상고사의 쟁점』(1976), 129쪽 이하.
2. 앞책 주 53 참조. 李丙燾, 『한국사 고대편』, 제2편 1, 서설 66쪽.

북만주의 송화강 연안에 정착하여 ① 우익 대열은 북중국 황하 연안지대로, ② 좌익 대열은 한반도 안으로, ③ 중견 대열은 만주의 송화강, 요하, 대릉하 및 요동반도 지대로 뻗어 나갔는데, 그들은 중국 한족보다 먼저 현 중국 본토에 진출한 선주민이었다고 하고 있다.[3]

신채호는 『상고사』에서 『고기』 등에 의하면 조선민족의 발상지 만주 송화강변의 하얼빈은 고대의 부여이고, 아사달은 하얼빈의 완달산(完達山)이요, 하얼빈은 단군왕검의 처음 도읍지 평양인 상경이며, 북부여의 고지(古地)이고, 지금의 개평현(蓋平懸) 동북에 있는 안시성이 중경이고, 지금 한반도의 평양은 단군의 남경이었다고 한다.[4]

근래 중국 학자들도 고대 조선의 활동 지역이 한반도·요동반도·산동반도·강소·안휘·하북·발해만 연안 호북 동쪽 구석까지 미쳤었다고 하고 있다.[5]

권진규(權眞奎)의 『조선유기(朝鮮留記)』에도 동은 태평양, 남은 탐라에 이르고, 북은 흑룡강을 지나고, 서는 흥안령을 넘어서 사막에 닿고, 다시 남으로 황하 근방에 뻗쳤으니, 태백산(지금의 백두산 북쪽, 송화강 연안)이 그 중앙이라고 하고 있다.[6]

3. 崔棟, 『조선상고민족사』(1966), 83-93쪽, 203-204쪽, 122-123쪽, 223-224쪽.
4. 申采浩, 『조선상고사』(1948), 52-53쪽, 8쪽, 30쪽, 32쪽, 36쪽.
5. 文定晶, 『백당사학논총 No. 2』(1976), 83쪽에 대만대학 교수 徐亮之 저 『中國史前史話』 267쪽, 香港대학 교수 林惠祥 저 『中國民族史』 상권 제1장 중국민족 분류 등을 인용하고 있다.
6. 權眞奎, 『朝鮮留記』, 1쪽.

1) 고조선

『삼국유사』의 고조선 창건기

여하간 북방에서 파상적으로 이동해 와서 지금 중국 본토의 일부 지역과 만주·한반도 전역에 정착한 우리 조상을 두고 중국인은 고사(古史)에서 「인방(人方)」 「동인(東人)」 혹은 「동이(東夷)」에 속하는 종족이라고 하고 있다. 우리 조상들의 유력한 지도자인 단군왕검이 서기전 2333년에 고대 조선국을 창건하였다. 후손들이 천 몇백 년 후의 먼 후세까지 계승하는 동안 때로는 단결하여 강성하였고 때로는 흩어져 쇠약하기도 하였지만, 대체로는 한족(漢族)을 주력으로 한 중국과는 평화 혹은 대립하여, 밀고 밀리기를 되풀이하면서 지속해 왔던 것이다.

단군의 건국에 대하여서는 법역사와 그의 개국 이념을 논할 때에 다시 상고하겠거니와, 단군왕검의 개국 초에 벌써 국가와 법의 이념과 국가 기구의 조직과 그 기능이 분명하였다.[7] 단군왕검의 칭호인 단군은 제사단체의 장인 제주(祭主)·제사장·천군·천주의 칭호이고, 왕검(임금)은 정치단체의 장인 국왕·군주의 칭호이다(왕검은 임금을 이두 글자로 표현한 것이므로 임금이라고 읽는다). 이는 제정일치시대 양자를 겸한 지도자임을 의미한다.

고조선 시대에 있어서 조선은 우리 민족의 주력인 큰 나라이었다.[8] 단군의 고조선 개국에 관하여는 『삼국유사』, 기타 고문헌을 대조하여 상고하여야 한다. 김일연(1206-1289)이 서기 1270년쯤에 저술한 『삼국유사』는 현재 남아 있는 본국 문헌 중에서는 이미 없어진 우리의 고기(古記)들과 현존하는 중국 고사(古史)들과는 다른 『위서(魏書)』를 인용한,

---

7. 『三國遺事』, 고조선(제1엽 후면 제6행 이하).
8. 『梁書』, 제54권 열전 제48 諸東夷조, 「東夷之國, 朝鮮爲大」.

단군의 개국에 관한 가장 오랜 기록이 있는 귀중한 자료이다. 그 책에는 고구려의 시조 "고주몽은 단군의 자손이다"라는 기록이 주목을 끌고 있다.[9]

『삼국유사』 첫머리 고조선국 창건기의 원문을 해독하여 보이면 다음과 같다. **고딕활자**는 古本의 원문이고, 원문 옆 작은 고딕 글자는 원문의 세주(細註)이다.

수종의 복인본이 있지만 여기의 본문 한자는 주로 서울대학교 규장각 소장 중종 임신간본 고본의 영인본에 의하고, 역문은 주로 이병도의 『삼국유사』 한글역에 의하되, 문정창의 『단군조선史記연구』 중의 해석과 대조하였다. *[ ] 표시된 이탤릭체 글은 최태영의 해설이다.*

魏書云(위서에 이르되)
위 서 운

[이병도 역주대로 여기에 『위서(魏書)』란 것은 중국의 사서임에는 틀림없으나, 오늘날 전하는 동명의 『위서』는 아니다. 현재 『위서』에서는 단군 기록을 찾아낼 수 없지만, 최남선의 『삼국유사 해제』에 의하면 "그 『위서』를 금본(今本)인 전후(前後) 『위서』에만 한하는 것은 정견이 아니다." 정인보가 『조선사연구』에서 설명한 것처럼, 그것은 탁발(拓拔) 씨의 『위서』가 아니고 왕침(王枕)의 작(作)이 우리나라에 들어온 것인 듯도 하다.

그런 것들이 지금 없어졌지만, 일연이 『삼국유사』에 인용한 그 다른 『위서』 혹은 『위략(魏略)』에는 다른 사기에 비하여 고대 조선에 관한 기록이 상세하였고 또 조선을 예찬하는 말이 많았기 때문에, 중국인이 중

---

9. 『三國遺事』, 왕력 第一 고구려 第一 동명왕에 細字로 '檀君之子'라고 기재되어 있다. 金載元, 『단군신화의 신연구』(1976년), 재판, 39-40쪽.

화사상을 내세우고 선진 우월성을 과장하기 위해 상고부터 송나라에 이르는 문헌들을 정리했던 국고(國故) 정리사업의 하나로 중화사상에 배치되거나 중국의 국위에 불리한 기사는 모두 삭제해 버리고 유리하도록 윤색할 즈음에, 조선에 관한 것 중에서도 그런 것은 삭제 변작한 결과라고 짐작된다.

앞책 최남선의 『삼국유사 해제』에서도 '송대에 개편 교정 보철할 즈음 그런 부분을 삭제해 버렸을 수도 있는 일이라'고 하고 있다.]

乃往二千載 有壇君王儉(2천 년 전에 단군왕검이 있어서)
내 왕 이 천 재　유 단 군 왕 검
[신채호에 의하면, 왕검을 이두로 해독하면 임금이 되는 것이다.]

立都阿斯達 經云 無葉山 亦云 白岳. 在白州地 惑云 在開城東 今白岳宮是 (도읍
입 도 아 사 달　경 운　무 엽 산　역 운　백 악　재 백 주 지　혹 운　재 개 성 동　금 백 악 궁 시
을 아사달에 정하고) 경에는 무엽산이라고도 하고 또한 백악이라고도 하니, 백주에 있다. 혹은 개성 동쪽에 있다 하니, 지금의 백악이 그것이다.

開國 號朝鮮(나라를 개창하여 조선이라고 이름하니) **與高同時**(중국의
개 국　호 조 선　　　　　　　　　　　　　　　　여 고 동 시
요제와 동시이다.) *[여기의 고(高)는 고려 정종(定宗)의 이름이 요(堯)이므로 요(堯)자를 피해 고(高)자로 대(代)한 것이다.]*

古記云(고기에 이르되),
고 기 운
[여기의 『고기』는 신채호의 『상고사』에 의하면, 고구려의 국초 서기 37년 동명성왕부터 대무신왕 시대의 사관들이 상고로부터 고구려 초엽에 이르기까지 2200여 년간의 역사서 백 권을 기술한 『유기(留記)』이고, 문정창 저 『단군조선사기연구』에 의하면 그 『고기』는 고구려의 『유기』를 위장(魏將) 모구검(毋丘儉)이 수거해다가 『위지(魏志)』에 기록한 것을 조선에 가져온 간접적인 것이 아니고, 『위서』 이외에 건국 초부터 한사군의 설치까지 2200여 년간의 역사를 기술한 또 다른 기록이 엄연히

있어서 그것에 의거하되, 고조선의 역사년조(歷史年條)를 『위서』의 기록에서 인용한 것이어서, 『삼국유사』의 단군고사는 일연의 자기 기술이 아니고, 위의 제일(第一)및 제이(第二)의 2종의 기존 문헌에 의거하여 인용한 것이라고 밝히고 있다.

이미 지적한 바처럼, 『삼국유사』의 왕력 고구려 동명왕조에 의하면 일연이 인용한 문헌 중에는 『단군기』 외에 고주몽이 단군과 혈통 관계가 있는 자손이었다는 기사가 있는 그 『고기(古記)』가 있었던 모양이라고 한다.[10]

昔有桓國 謂帝釋也 (옛날에 桓國이 있어) 제석을 이름이다
석 유 환 국　위제석야　　　　　　　　　환 국

[이 구절은 크게 문제가 되어 오고 있다. 즉 고래의 번인본(翻印本) 중에는 '환국(桓國)'으로 된 것과 '환인(桓因)'으로 된 것의 2종이 있어서, 因자가 바른 것이냐 國자가 바른 것이냐 하는 문제로 대립해 있다. 국(國)자가 바른 것이라는 학자들은 일제강점기에 일인들이 고조선 2천년사를 없애 버리기 위해서 인(因)자로 사개(詐改)하여 영인 또는 인쇄하여 영포한 것이라고 지적하기도 했다.[11] 나는 일인이 일제강점 약9년 전인 1902년에 일역하여 1904년에 도쿄대가 발행한 활자본 『삼국유사』에도 국(國) 자로 인쇄되어 있는 것을 1915년 경성의 조선연구회 발행 『삼국유사』를 통해 일찍이 읽었다.[12]

그리고 원문의 세주(細註)로 '謂帝釋也-제석을 이른다'라는 것이 또한

---

10. 김재원, 『단군신화의 신연구』, 39–40쪽.

11. 최남선, 啓明 제18호, 「三國遺事 해제」, 43쪽. 『新正 三國遺事』, 57쪽. 文定昌, 『단군조선사기연구』(1966년), 175–186쪽.

12. 靑柳綱太郎, 활자본 『삼국유사(三國遺事)』(1904년 동경대학 발행, 1915년 경성 조선연구회발행)에, 日文으로는 역문 2쪽에 「昔し 桓國」이라고 하고, 한문 원문은 33쪽에 「昔有桓國」이라고 하고 있다.

문제되고 있다. 중국의 『사원(辭源)』에는 제석을 '佛經稱諸天主 爲帝釋, 梵名 釋提桓因, 卽 天主之義也'라고 하고, 또 帝는 '君也, …神之尊者 亦 稱帝…天也'라고 해설하고 있다.

이 세주가 환인설의 뒷받침이 되기도 하는 것 같다. 그러나 桓國이 옳다는 측은 그 세주는 일연의 문인인 불교승이 추후에 가필한 것으로서, 제사장으로서의 단군을 불교적 방식을 끌어다 해설하는 주를 달아놓은 것에 불과하므로, 그 세주만 빼내면 단군의 조선 개국에 관한 고기자체에는 신화적인 것이 전연 없다. 또 이승휴는 그의 『제왕운기』의 주해에서 『삼국유사』와는 다른 어떤 기문(記文)을 인용하였는지 '환인'으로 만드는 등 『고기』를 크게 왜곡 해석해 놓았다고 하고 있다.[13]

이승휴가 『제왕운기』를 저술한 연대는 그 설이 불일(不一)하다.[14] 그 '환(桓)'의 해설도 불일하여, 북애자는 '항상 환하게 밝은 빛을 발한다는 의미'로 풀이하고[15], 이능화는 이와 달리 '환'은 '한(寒)'과 그 음이 서로 비슷한(相似) 것이어서 차차웅과 환은 모두 무격(巫覡)임을 의미하는 것이라고 풀이하고 있다.[16] 그러나 '환국'의 '환'과 '환웅'의 '환'이 각이(各異)한 것이라고 하는 경우에는 위의 두 사람의 설이 모두 성립될 수도 있을 것이다.]

---

13. 문정창, 『단군조선사기연구』, 68-70쪽. 『제왕운기』의 곡해라고 함.
14. 최남선, 『증보 三國遺事』 49쪽에는 『삼국유사』와 거의 동시의 찬이라고 하고, 김재원, 『단군신화의 신연구』 42쪽에는 『삼국유사』보다 불과 10여 년 후에 지었다고 하고, 문정창, 『단군조선사기연구』 15쪽과 17쪽에는 1270년쯤 저술된 『삼국유사』보다 18-20년쯤 뒤에 저술된 것이라고 하고 있다.
15. 숙종(재위 1675-1717) 때 발행된 북애자의 『규원사화』에는 「桓者 卽 大光明也」라고 하고 있다.
16. 『계명』, 제19호, 이능화의 『무속고』 제1장에 의하면, 巫를 차차웅이라고 하는 신라 방언의 시원은 환웅에서 비롯된 것이어서, 모두 巫를 의미한다는 것이다.

庶子桓雄(서자 환웅이)
<small>서 자 환 웅</small>

[서자가 또 문제가 되는 것이다. 흔히는 그대로 첩의 아들 庶子라고 번역해 버리지만, 그렇지 아니하다. 이것을 첩의 자식으로 오해하지 않기 위하여 분명하게 '桓나라의 여러 아들 중에서도 가장 지위가 높고 뛰어난 사람… 혹은 庶子官'이라는 고관'이라고 의역하는 이도 있긴 하다.

『康熙字典』과 『漢韓대사전』에는 ① "庶子는 주나라의 관명(周之官名). 古者 周天子之官, 有庶子官" ② "庶子 諸子也.…庶子妾之子也"라고 두 가지 뜻이 있다고 설명하여 있고, 또 「雄은 鳥父. 壯也. …是寡人之雄也"라고 설명하고 있다.[17]

나는 일찍이 『삼국사기』에서 "신라 문무왕의 태도에 대노한 당제가 左庶子 同中書門下三品 유인궤로 계림도독총관을 삼아 병사를 거느리고 와서 치게 했다"는 기사에 좌서자(左庶子)와 우서자(右庶子)라는 고관의 명칭이 있는 것을 알고[18] 중국의 『사원(辭源)』을 찾았더니, 거기에 "서자는 官名…周…隋 …改爲左右庶子. 唐時 分掌 左右春坊. 歷代相沿. 淸末始廢. 又 漢候 亦置庶子. 見家丞條"라고 해설하고 있었다.]

數意天下(천하에 뜻을 두고 - 즉 천하를 도모할 때)
<small>쉬(삭) 의 천 하</small>

[『字典』·『辭典』에 "數는 計也", 「意는 志之發也"라고 해설되어 있다.]

貪求人世(人世를 탐내거늘-즉 그런 일을 담당할 만한 인재를 널리 탐구하매)
<small>탐 구 인 세</small>

[『字典』에 貪은 "探也"라고 해설되어 있다.]

父知子意(아버지가 아들의 뜻을 알고) **下視三危太伯**(삼위 땅의 태백
<small>부 지 자 의</small>　　　　　　　　　<small>하 시 삼 위 태 백</small>
(太伯)을 내려다보매 - 즉 그를 기용하면,) **可以弘益人間**(널리 인간을
　　　　　　　　　　　　　　　　　　　　<small>가 이 홍 익 인 간</small>

---

17. 문정창, 『단군조선사기연구』, 17–19쪽.
18. 『三國史記』, 신라본기 제7 문무왕하 문무왕 14년 정월 기사.

이롭게 할 만한지라)

[즉 인간사회를 크게 이롭게 하는 그 임무를 능히 수행할 수 있을 것이라 하여,]

乃授天符印三箇(이에 천부인 3개 – 즉 신임장을 주어,) **遣往理之**(가서
내 수 천 부 인 삼 개   견 왕 리 지
모든 사람을 다스리게 하였다.) **雄率徒三千**(그리하여 웅이 무리 3천 명
                              웅 솔 도 삼 천
을 거느리고)

[여기의 무리를 문정창은 군사라고 해석하고, 최남선은 권속이라 해석하고 있다.]

降於太伯山頂 卽太伯今 妙香山 (태백산 꼭대기에 내려왔다.) 즉, 지금의 묘
강 어 태 백 산 정 즉태백금 묘향산
향산에

[이 태백산이 어디냐 하는 것이 또 크게 의문을 일으키고 있다. 일연의 세주(細註)는 지금 평안도의 묘향산을 지칭한다고 하는 설과, 그것은 한반도 내의 산이 아니고 산상에 만년설이 쌓여 있어서 백악·백두·태백·장백 등의 이름이 생긴, 길림성 남부에 자리한, 상백족(尙白族)·배달인의 향수 어린 백두산, 혹은 오늘의 북만주 하얼빈(哈爾賓)의 완달산이고, 단군조선의 위치도 한반도 내가 아니고 백두산 북방의 평원, 즉 북만주의 송화강 연안이라고 하는 설이 대립해 왔다.[19]

또 이능화는 그의 저서 『조선도교사』에서 '태백산이 묘향산으로 변한 것은, 단목에는 유향(有香)의 자단과 속명 박달이라는 것의 두 종류가 있는데, 태백산에는 자단이 많아서 묘향산이라는 이름으로 된 것이고, 또 묘향산의 본명은 태백산으로서 장백산에서 분기(分岐)된 것이라 하고 있다. 따라서 지금의 묘향산을 일컫는 것은 아니라는 것이다.[20]]

19. 崔棟, 『조선상고민족사』, 81, 83쪽. 문정창, 『단군조선사기연구』124–125쪽. 『栢
    堂사학논총 No. 2』15–20쪽. 『三國志』魏書, 제100권 列傳88 勿吉조.
20. 이능화, 『조선도교사』, 제13장.

神壇樹下(신단수 아래)
신 단 수 하
[이 壇자가 후세에 檀字로 변하여 흔히 '檀木 밑에 내려와서'라고 번역한다.]

謂之神市(여기를 신시라고 이름하였으니) **是謂桓雄天王也**(이가 곧 환
위 지 신 시   시 위 환 웅 천 왕 야
웅천왕이라는 이다). **將風伯 雨師 雲師**(그는 풍백, 우사, 운사를 거느리
              장 풍 백 우 사 운 사
고) **而主穀 主命 主病 主刑 主善惡**(곡, 명, 병, 형, 선악 등을 주관하며)
   이 주 곡 주 명 주 병 주 형 주 선 악
凡主人間三百六十餘事(무릇 인간의 3백60여 사를 맡아서) **在世理化**(인
범 주 인 간 삼 백 육 십 여 사   재 세 이 화
간 세상에 있어서, 즉 인간 사회를 다스리고 교화하였다.)

時有一熊一虎(이때에 일 웅과 일 호가 있어,)
시 유 일 웅 일 호
[웅과 호를 각각 일 종족의 명칭이라고 해설하는 이가 있다. 이병도는 '웅녀란 것은 곰을 토템으로 받들어 신성시하는 부락, 부족의 여인을 의미하며 따라서 신성한 여인을 말하는 것'이라고 하는데, 그것은 일리 있는 해설이다. 한족(韓族)을 그 거주지의 특산인 맥(貊)을 상징적인 것으로 하여 맥족이라고 일컬었다 하니, 그렇게 해설하는 것도 있을 수 있는 일이다.]

同穴而居(한 굴에서 함께 살면서,)
동 혈 이 거
[이 구절을 이곳의 원주민인 웅(熊)이라는 종족·호(虎)라는 종족 등 타족들이, 그 평정자이며 지배자인 환(桓)나라 사람들(맥족)과 동거한 것을 의미하는 것이라고 해설하는 이가 있다.]

常祈于神雄(항상 신웅에게 빌어 말하기를) **願化爲人**(화하여 사람이
상 기 우 신 웅   원 화 위 인
되어지이다라고 원하므로,)

[이것도 동족화, 동화되기를 희망했다는 의미로 해설하는 것이 될 터이다.]

時神遺靈艾一炷·蒜二十枚曰(한번은 신이 영스러운 쑥 한 엮음과 마늘
시 신 유 영 애 일 주 산 이 십 매 왈

20개를 주고서 이르기를) **爾輩食之**(너희들이 이것을 먹고) **不見日光百日**
이 배 식 지   불 견 일 광 백 일
(백 일간 햇볕을 보지 아니하면) **便得人形**(곧 사람, 동족(同族)이 되리라
변 득 인 형
하였다.)

　熊·虎得而食之(곰과 범이 이것을 받아먹고) **忌三七日**(忌, 즉 심신을
웅 호 득 이 식 지   기 삼 칠 일
재계하여 공경자숙한 지 21일 만에) **熊得女身**(웅은 여자, 즉 동족의 여
웅 득 여 신
인이 되고), **虎不能忌**(호랑이는 능히 忌하지 못하여) **而不得人身**(사람이
호 불 능 기   이 불 득 인 신
되지 못하였다.)

　[문정창은 이는 웅(熊)이라는 종족은 환국에 동화 흡수되고, 호(虎)라
는 종족은 항거하여 동화되지 아니하는 등, 평정 동화의 과정을 말한 것
이라고 해설하고 있다.[21]]

　熊女子無與爲婚(웅녀가 된 자, 즉 동화된 여인은 혼인해 주는 자가 없
웅 여 자 무 여 위 혼
었다.) **故每於壇樹下**(늘 단목나무 아래서) **呪願有孕**(아이를 배어지이다
고 매 어 단 수 하   주 원 유 잉
라고 기원하였다.)

　[문정창은 이는 굴종한 종족과 평정한 나라 사람들과의 통혼과정을
말한 것이라고 해설하고 있다.]

　雄乃假化而婚之(웅이 드디어 큰 관용으로써 혼인을 궁행(躬行)하여,)
웅 내 가 화 이 혼 지
　[자전·사전에 假는 관용, 大地, 與嘉, 同美이요 化는 敎行也, 躬行于
上, 使人回心이라고 해설하고 있다.]

　孕生子 號曰 壇君王儉(아들을 낳으매 그를 단군임금이라고 이름하
잉 생 자 호 왈 단 군 왕 검
였다). **以唐高卽位五十年 庚寅** 唐堯卽位元年戊辰, 則五十年 丁巳, 非庚寅也,
이 당 고 즉 위 오 십 년 경 인　당 요 즉 위 원 년 무 진　 즉 오 십 년 정 사 　비 경 인 야
疑其未實 (때는 중국의 요임금이 즉위한 지 50년인 경인에) 중국의 요의 즉위
의 기 미 실
는 무진년인즉 오십 년 丁巳요 庚寅이 아니다. 아마 틀린 듯하다.

　都平壤城 今西京(평양에 도읍하고) 지금 서경
도 평 양 성 금 서 경

---

21. 문정창, 『단군조선사기연구』, 21쪽.

[평양은 지금의 서경이 아니라는 이가 많다.]

始稱朝鮮(비로소 국호를 조선이라고 일컬었다.)
시 칭 조 선

[국사 연구가들에 의하여, 朝는 아침, 첫을 의미하고 鮮은 고움, 아름 다움, 싱싱함을 의미하며 '조선'은 해 뜨는 곳, 동방, 처음 개명한 곳을 의미하고, 桓은 환하게 밝음, 광명을 의미하는 것이라는, 양자의 의미가 서로 통하는 것이라고 할 것이다.[22]]

又移都於白岳山 阿斯達(또 도읍을 백악산 아사달에 옮겼는데) **又名弓**
우 이 도 어 백 악 산 아 사 달   우 명 궁
一作方 忽山(그곳은 또 궁 혹은 홀산이며) **又今彌達**(또 今 미달이라고도
일 작 방 홀 산   우 금 미 달
한다.)

[또 今 미달 등지에 이전하는 등.]

御國一千五百年(치국하기 1천5백 년이요)
어 국 일 천 오 백 년
[이는 전기 고조선의 존속기간 만의 년조인 듯 한데, 정인보 저 『조선 사연구』는 이는 사실과 다르다고 지적하였다.]

周虎王卽位己卯(周의 武王이 즉위한 기묘년에)
주 호 왕 즉 위 기 묘
[고려 2대왕 혜종의 이름이 武였으므로 武자를 기피하여 虎자로 대용 한 것이다.]

封箕子於朝鮮(기자를 조선에 봉하매)
봉 기 자 어 조 선
[중국의 箕子는 조선왕 기자는 아니고 조선의 奇氏 또는 韓氏 외의 '중국인의 기자조선'은 역사상의 사실이 아니고 후에 중국인이 조선을 漢族이 지배 교화한 것인 양 꾸며낸 기록임은 누차 설명한 바와 같다.]

壇君乃移於藏唐京(단군은 마침내 장당경으로 옮겨갔다가)
단 군 내 이 어 장 당 경
後還隱於阿斯達(뒤에 아사달에 들어와 숨어서) **爲山神**(산신이 되었는
후 환 은 어 아 사 달   위 산 신

---

22. 이병도, 『한국사 고대편』, 88쪽. 이병도, 『한국 고대사회와 그 문화』(1973년), 60
    쪽. 최남선, 『故事通』(1943년), 6쪽. 이홍식, 『신개정판 국사대사전』(1973년), 조선
    국명.

데,) **壽一千九百八歲**(단군조의 수가 1천9백8년에 달하였다 한다.)
_{수 일 천 구 백 팔 세}

단군기가 기록된 역사서들

위의 『삼국유사』 외에도 그것과 거의 동시대 혹은 후대에 기술된 단군의 고조선 관련 기록들 중 몇 종을 들어서 비교해 보면 다음과 같다.

1145년에 저술된 『삼국사기』의 저자 김부식(1075-1151)은 단군에 관한 기록이 있음을 알면서도 그 내용이 황탄하다 하여 『삼국사기』에 이를 기재하지 아니하였음을 고려 때 학자이자 정치가 이규보가 『동국이상국집』 「동명왕편」에서 밝히고 있거니와[23], 일연의 『삼국유사』와 그보다 조금 뒤에 저술된 이승휴의 『제왕운기(帝王韻紀)』는 이를 기재하여 보완하였다.

이승휴(李承休, 1224-1300)는 호학박식하여 고려의 고종·원종·충렬왕 3대에 걸쳐 40여 년간 주로 사관(史官)의 직에 있었고 언관(言官)으로 재직하였다. 불서(佛書)를 탐독하는 동시에 1287년경 한중 양국의 역사 『제왕운기』를 한시(漢詩)로 엮어 남겼다.

서두에서는 요동의 별천지인 조선을 중국과 분명히 구별하고 홍익인간의 건국이념을 내세우고, 시라·고례·남북옥저·동예·북부여·예맥 등을 열거하여 그 치하에 넣었다. 그러나 주체성을 찾고자 하면서도 불교의 영향을 크게 받아서 불교적 용어로서 '석제(釋帝)의 손 단군'이니 '상제 환인'이라는 불교적 표현에 연유한 신화적 색채를 농후하게 만들고 '솔귀(率鬼)삼천'이니, '손녀에게 음약하여 인신이 되라'고 명하였다는 등, 허탄한 표현으로 왜곡하였다. 또 『삼국유사』 때보다도 더 심한 원나

---

23. 李奎報, 『東國李相國集』 東明王篇에 "越癸丑四月, 得舊三國史, 見東明王 本紀…
金公富軾 重撰國史 頗略基史"라고 한 것으로 보아서 알 수 있다. 김재원, 『단군신화의 신연구』, 46쪽.

라의 압정과 철저한 사기(史記) 삭탈작업에 눌려 있던 시대환경 때문에 자기도 모르는 사이에 주체성을 잃은 사관을 가지게 되어 단군 고조선의 존립 기간과 강역을 많이 줄이고 "단군을 전기 조선의 시조, 기자를 후기 조선의 시조"고 하였다. 이 때문에 그가 『제왕운기』에 인용한 문헌은 일연의 인용한 문헌과는 다른 것이라고 보는 것이 통설이다.

고려 공민왕(재위 1352-1374) 때의 백문보(白文寶)는 "우리 동방이 (그의 시대인 서기 14세기를 기준으로 하여) 단군으로부터 3600년이 지났다(吾東方, 自檀君, 至今 己三千六百年)"고 하였다.[24]

근조선 이태조 3년(1394) 편찬된 정도전의 『조선경국전』 국호조에도 단군 조선 및 후기 조선으로부터 기술하였다.

1395년 명나라에 갔던 권근(權近)이 명태조 주원장의 요청을 받고 지은 시에 "단군이 중국의 요임금과 동시대에 동방에 조선국을 세웠는데, 후래 기자의 대에도 국호를 조선이라 하였다"고 하고 있다.

근조선의 세종 임금은 평양에 단군묘를 설치했고, 세조는 단군묘의 위패를 '조선시조 단군의 묘(사당)'라고 고쳤다.

『세종실록』 지리지(地理志)에도 단군기가 언급됐다. 하지만 여기서는 고대 조선에 관하여 유교적 사대주의로 인해 불교적 표현을 삭제한 나머지 다른 중요한 사항들까지 없애 버리고, "신인이 단목 아래 내려옴에 국인(國人)이 인군(人君)을 삼고, 도읍을 평양에 정하고 단군이라 일컬으니 이것이 전(前)조선이다"라고 크게 고쳐 버렸다.[25]

1462년에 각판된, 사대주의 유교사상에 젖은 권람(權擥; 권근의 손자)이 그의 조부 권근이 지은 시에 덧붙인 주(응제詩 註)는, 불교 전성시대

---

24. 鄭寅普, 『朝鮮史研究』(1946), 43쪽. 백문보 '吾東方 自檀君 己三千六百年'(고려사 열전).
25. 『조선왕조실록』, 세종 제154권 제2엽 후면말 지리지 평안도 평양조(1453년 기록).

에 저술된 『삼국유사』를 자기의 주관대로 많이 깎고 고쳐서, 다만 "인간을 교화하고저 하여" "환(桓)은 단(檀)이라고도 한다" "태백산 신단수(神檀樹) 아래 내려왔다" "산은 지금 평안도의 묘향산이다" "웅이 사람으로 가화했다" "단군이 처음 평양에 도읍하였다"고 하였다. 또 단군이 아들 부루를 보내어 우(禹)왕에게 후왕(侯王)의 예로 대하기나 한 것처럼 기록하였다. 이 점은 『세종실록』의 지리지와도 비슷하다.

조선시대에는 일반 민중이 자고로 어린아이들에게까지도 단군에 관한 기사가 있는 『동몽선습(童蒙先習)』이라는 천자문 다음에 배우는 초보의 교과서를 읽혔다.[26] 중종 때 박세무(朴世茂)가 지은 『동몽선습』은 '단군이 요임금과 같은 시기에 고조선을 건국했다'는 것부터 고려까지의 우리나라 역사를 기록한 책으로, 주목할 점은 『동몽선습』에서도 『세종실록』대로 "신인이 내려오매, 국인이 세워 임금을 삼았다." 즉, 나라사람(國人)이 임금을 세웠다고 한 것이다. 대한제국 말까지 조선사람은 누구나 단군의 성덕을 믿고 기려 왔다.

숙종 원년인 1675년에 북애(北崖)가 지은 『규원사화(揆園史話)』에서 북애는 이명(李茗)이 저술한 삼국 이전의 고사가 있는 『진역유기(震域遺記)』를 얻고 다시 한사(漢史) 여러 책에서 글을 뽑아 『규원사화』를 만들게 되었다고 썼다. 그는 『규원사화』 단군기에서 다음과 같이 말하고

---

26. 『동몽선습』은 조선 중종 때에 朴世茂가 저작하여 대한제국 말년까지 아동이 천자문 다음에 배우던 책이다. 오륜의 간결한 뜻과 한국 및 중국의 역대 世系를 내용으로 한 것으로, 단군부터 고려까지를 한 면 이내에 수록한 교과서이다. 거기에는 "東方, 初無君長, 有神人, 降太白山 檀木下. 國人, 立而爲君, 與堯竝立, 國號朝鮮, 是爲檀君. …箕子, 設八條之敎, 燕人 衛滿, …亡命來. 誘逐箕準, 據王儉城 … (북에서 피해 온 조선인이)… 馬韓·辰韓·弁韓, 則立國於韓地. …是爲三韓. 新羅之末, 弓裔, 叛于 北京, 國號泰封, 甄萱叛據完山, 自稱 後百濟, 新羅亡. …泰封諸將, 立高麗祖(王建) 爲王, 國號高麗, 歷年四百七十五年…"이라고 기록되어 있다.

있다.

"청평산인 이명(李茗)은 고려 때 사람이다. 그가 『조대기(朝代記)』를 인용하여 우리의 옛날 역사를 쓴 『진역유기』 3권을 기록하였다. 이는 일연이 지은 『삼국유사』와 다르며 그보다 훨씬 나은 편이고, 그중에는 선가(仙家)의 말이 많다."

4천 년 전에는 한자가 없었으므로 '박달임검'이라고 한 것을 후세에 저자가 '단군'이라고 기록하였다. 단군조선은 도읍을 태백산 서남 임검성(왕검성)에 두었는데 임검성은 지금 만주 길림 땅이다. 신라 때에 말갈이란 것이 있어 율수 땅을 차지하고 살더니 대(大) 씨가 일어났다. 말갈은 옛 숙신의 후예요, 또 단군의 유족이다. 발해가 망할 때 발해 왕자의 무리가 고려로 왔는데, 청평산인의 기록은 발해인이 비장해 온 것에 근거하였다고 한다.

『동사강목』의 저자인 조선 정조 때 사가 안정복은 고사(古事)가 불교를 숭상하던 고려시대에 불교적 허황한 표현으로 단군의 위덕과 신성성을 손상하였음을 혹평하고 그 폐를 논했다. 은율 구월산에 있는 단군을 추모하는 사당 삼성사(三聖祠)에 대하여는 '단군을 제사함은 참으로 당연하나 환인(因)·환웅(雄)을 제사함은 부당하다'고 하여 '의심할 것 없이 치워 버려야 한다'고 역설했다.[27] 그는 또 우리 역사의 험난한 과거 병화에 대해 언급하였으며, 정(正)·오(誤)를 가려서 정사를 엮어야 한다고 하였다.

안정복이 『삼국유사』의 '위제석야(謂帝釋也)'라는 협주를 과대시하여 "단군의 기사는 황탄한 승담(僧談)이다"라고 한 것을 두고 그가 단군 기

---

27. 안정복, 『東史綱目』에 '其鬼之祭'란 것은 『論語』의 第二 위정편 제24장의 「子 曰, 非鬼其而祭之는 諂也」라는 글에서 가져온 것이다.

록을 모두 위작이라 단정한 것으로 보고서, "안정복이 단군 사적을 부인한 것은 부당한 표현이다"라고 평하는 김재원이 있는가 하면[28], "안정복은 불교적 주해로 단군의 위덕을 손상한 점을 혹평하였을 뿐이고 결코 단군을 부인한 것은 아니다"라고 그를 두둔하는 문정창도 있다.[29] 여기서 삼성사론(三聖祠論)에 관련해 말해 둘 것은 문정창이 안정복을 두둔함에 있어서 "구월산의 삼성사는 고려 이래 하나의 단군성조 추모적 사업인 사당이지 고조선의 역사적 사업은 아니라"고 밝힌 것이다.[30]

현대에 와서 단군조선을 말하는 대표적인 연구자 중 한 사람으로 정인보 또한 '단군의 고조선은 서기전 약 50년 삼국시대 직전까지 유지하였던 것'이라고 했다.

고조선의 멸망

중국의 은나라(상나라와 같다)에서는 본래부터 조선족의 공헌이 컸었는데, 은이 주나라에 망하매 많은 유민이 주나라를 피해 조선의 변방으로 유입하였다. 그때 은의 왕족 중 기자(箕子)라는 사람이 무리를 거느리고 주나라를 피해 조선에 들어와 왕조를 세웠다는 전설은, 자기 존대와 과장을 좋아하는 중국인의 허세와, 고조선인의 창씨한 인명 발음과 유사한 관계와, 또 후세에 자주성을 잃은 조선인의 사대사상과의 합작으로 인하여 생겨난 오전(誤傳), 허설이라고 한다.

근년 중국의 사가들도 그것은 은인(殷人)이라는 외이(外夷)의 소산이라고 한다 하니 주목할 일이다(최동, 『조선상고민족사』, 321쪽). 근래 중국 학자들도 은 및 주 시대에 조선족이 활약한 지역이 현 중국 본토 깊

28. 김재원, 『단군신화의 신연구』, 48쪽 이하.
29. 문정창, 『단군조선史記연구』, 103쪽 이하.
30. 앞책, 106쪽.

숙이 미쳤고, 은의 지역은 본시 조선 땅이었고, 진(秦)이 있기 전에 동이 (조선족)가 현 중국 본토에 정착했었다는 것을 밝히고 있다 하니 주목할 일이다.[31]

고조선이 중국의 요·순 시대와 은·주 시대에 중국 본토의 일부 지역과 만주와 한반도 전역에서 활약하였는데, 요·순 시대에는 서로 친화하게 지낼 수 있었으나 주(周) 때부터는 조선이 주력이 된 한족(韓族)과 주가 주력이 된 한족(漢族) 간의 쟁탈전이 여러 백 년 계속되다가, 마침내 조선이 패퇴하였다. 그중에서도 연(燕)과 진(秦)이 여러 면으로 조선족에게 준 영향과 타격은 매우 큰 것이었다. 진시황의 만리장성 따위도 그 예의 하나이다.

중국 본토 일부와 만주와 한반도에 걸쳐 오랫동안 선주해 온 조선족은 은나라가 망한 뒤 일시는 주나라에게 쫓겨서 북경·산동지방으로 몰려났다. 그 후 춘추전국시대로 들어가며 주의 세력이 약해지자, 조선족이 동북방의 중국 한족(漢族)을 압박하기 시작하여 양 대족이 여러 백 년 동안 대립 충돌을 계속하였다.

조선의 서진(西進)을 중국의 연(燕)이 방해하더니, 조선이 약 40년 동안 공격을 늦춘 때문에 연에게 성장할 기회를 준 결과가 되었다. 마침내 조선이 연에게 패하여 그 전위국들이 후퇴하고 지금 중국 본토 내의 강토를 많이 빼앗겼다. 그리하여 연은 조선으로부터 탈취한 지역에 5군을 설치하였다. 그러나 몇십 년이 못 되어 연은 진(秦)에게 멸망되었다. 이어서 진이 만리장성을 구축한 결과, 장성 내의 조선족은 대부분 중국 한인에 흡수 동화되고, 장성 바깥의 조선족은 장성 안과 교섭이 멀어져 큰

---

31. 문정창, 『栢堂사학논총 No. 2』, 82-83쪽에 전게 주의 서량지·임혜상 두 학자들 저서 외에 姜亮夫 저, 『夏殷民族考』를 아울러 인용하고 있다.

타격을 받았다. 서기전 3세기였다. 그때 진에서 고역과 동란을 피하여 조선에 유입한 자들을 조선왕 준(準)이 조선 서쪽 공지에 살게 하였는데, 그것이 후일 위만의 입국 후 그의 근거지가 되어 그 세력을 부양할 토대가 된 것이라고 한다.

2) 위만조선·한사군

진시황이 죽은 후 난세를 통일한 한나라 초 숙청으로 소란한 틈을 타서, 위만이 연에서 조선에 근접한 요동에 있다가 조선 복색에 조선말을 쓰면서 망명당(그 대부분이 조선족일듯) 천여 명과 함께 집단으로 연을 탈출하였다. 조선에 입국(환국)하여 애걸해서 변방 국경을 지키는 임무를 맡고 있다가, 배은하고 조선왕 준을 사계(詐計)로 몰아낸 뒤 스스로 왕이 되었다(서기전 194–180). 전조(前朝)의 국호와 중요 관직의 명칭을 그대로 답습하며 손자 우거의 대까지 계속하였는데, "그의 전후 행동으로 보아 위만은 순수한 중국 한족(漢族)이 아니고 본시 조선족으로서 조국에 귀환한 자라는 견해가 믿을 만하다고 생각된다"는 자도 있다.[32]

그뿐 아니라 "연은 본래 동이족의 주거지여서 조선족이 많이 살고 있었다"는 점도 생각해야 한다.[33] 흉계로써 왕이 된 위만은 우선 '한나라의 외신(外臣)이 되어 동이가 한나라 변방에 침입하는 것을 막고, 동이가 한나라 황제를 입견하려는 때에는 그것을 막지 아니할 것'을 조건으로 한나라 병력과 물자를 원조 받았다. 그러나 차츰 세력을 강화한 위만은

---

32. 이병도, 『한국사 古代篇』, 제2편의 4, 115–123쪽. 『三國志 魏書』, 동이전 제30 韓傳의 註, 濊條. 『史記』, 115 조선전 제55. 『漢書』, 95 열전 제65 조선왕 위만조. 『前漢書』, 95 열전 제65 조선조. 『資治通鑑』, 제21권 漢紀13 세종 下之上 조선조.
33. 천관우편, 『한국상고사의 쟁점』, 194쪽 김철준의 설명.

조선의 구토를 회복하고 동방의 패권을 잡으려는 야심을 품기에 이르렀다.

위만의 손자 우거왕 때, 한무제는 강대한 숙적인 흉노와 조선을 위시해 사방을 침략할 뜻을 품었는데, 예속 관계를 가지고 있던 예군(濊君) 남여(南閭) 등이 우거와의 관계를 끊고 28만 인구의 호적을 가지고 한나라의 수호(受護)를 자청했다. 이에 한나라는 그곳에 창해군을 설치하였다가 도로공사 비용 때문에 이를 파기했다 한다. 이것이 후일 한의 사군 설치설의 전조가 되었다는 것이다.[34]

그런데 우거의 태도는 예군과는 달라서, 한나라 제를 한 번도 입견하지 않고 한나라와의 전약을 묵살하고 한나라 유망인(流亡人)을 무제한으로 유치했다. 남으로 진번에 이웃한 진국(震國)이 한나라와 통하려는 것을 막았기 때문에 한나라의 불쾌감을 일으켜서 서로 충돌하였다. 화의책도 써 보았으나 양국 사신의 교섭 도중 서로 믿지 못하고 살해극을 벌이는 등 복잡한 관계가 생겨 결국은 대전으로 승패를 결정하게 된 것이다.

위만의 조선이 한나라 철기 무기에 대항할 수 있을 정도의 철기문명을 받아들였고, 또 정치·경제 및 군사시설이 발달되어 한때는 한나라에 침입하려 했을 정도로 강대해졌다. 세계 제국을 건설할 꿈을 안고 대공격을 취하던 한무제로 하여금 평화책을 쓰게까지 하였으나, 조선과 한나라 양국이 서로 믿지 못하고 복잡한 관계를 빚어내 마침내 결전을 치르게 되었다. 조선이 처음에는 잘 방어하다가 오랜 공방전 끝에 수전파와 주화파 간의 내부 분열 및 이탈로 위만조선이 한무제에게 패했다. 그 결과, 한나라의 동방 사군(낙랑·진번·임둔·현도)이 설치되어 사상 처음

34. 김재원, 『한국사 고대편』, 史前時代篇 128쪽.

으로 이민족 통치 아래 놓이게 되었던 것이다. 그중 삼군은 위만조선의 판도 내에, 현도군은 예맥의 구토에 설치되었다고 한다. 요동군은 그 전에 이미 한나라에 속해 있었기 때문에 실은 한의 오군이 설치된 것이라고까지 전한다.

위만이 조선에 입국하던 시대쯤 금속문화 도입과 함께 한자가 우리나라에 들어왔다고 한다.[35] 주나라에서는 그때 벌써 서(書)를 포함한 육예의 교육이 제도화하였다 하니, 주나라·한나라와 복잡한 관계를 가졌던 고대 조선에 이미 한자가 들어왔음직도 하다. 우리나라 『삼국사기』에는 삼국시대 초기에 관원으로 하여금 역사를 기록하게 하였다고 하는데, 그 전에 언제부터 한자를 충분히 사용했는지는 분명치 않다. 여하간 국사편찬사업과 국학 설립의 시기보다 먼저 한자가 사용되었을 것은 의심없는 일이다.

동방에 한군현 설치설이 전해질 정도인 한나라의 선진성(우세한 철기문명과 복잡한 사회생활)과 정치적 억압과 경제적 착취가, 토착민인 동방 조선민족의 사회뿐만 아니라 멀리 왜인에게까지 정치사상·문화사상의 새로운 자극과 영향을 끼쳤다. 한편으로는 범죄행위를 증가시키고 불미한 풍조와 흠앙적 사대사상을 조장한 것도 사실이지만, 다른 한

---

35. 고구려는 한자를 사용하여 국사 『留記』 백 권을 편찬한 것이 건국초인 서력기원 전의 일임이 『三國史記』 고구려본기 제8 영양왕 11년 정월 기사에 나타났다. 國學(太學)이 서기 372년에 설립된 것은 『삼국사기』 고구려본기 제6 소수림왕 2년 기사에 있다. 백제는 375년부터 한자를 쓰기 시작했다는 기록이 『삼국사기』 백제본기 제2 근초고왕 30년 기사에 있다. 백제의 국학 설립은 박사 왕인이 일본에 가기 썩 전의 일이겠으므로 근구수왕시대(376-384) 썩 전일 것이다. 신라는 『삼국사기』 신라본기 제4 진흥왕 6년(545년) 기사에 그때에 국사를 편찬했다고 하고, 선덕여왕9년 5월 고구려·백제와 함께 당에 유학생을 보내고 신문왕 2년(682년) 6월에 국학을 설립했다는 것이 『삼국사기』 신라본기 제5 선덕여왕 9년 기사와 동 제8 신문왕 2년 기사에 기록돼 있다.

편 반발적 또는 자주적인 단결 운동을 촉진시킨 것도 사실이어서, 고구려·백제·신라 삼국이 차례로 일어나 마침내 고구려가 요동과 한반도 변방의 오래된 한군현을 없애 버리고 말았다. 그러나 4백여 년 동안 낙랑군의 사회풍속과 문화가 조선에 많은 흔적을 남기고 좋지 못한 여러 가지 영향을 끼친 것은 사실이다. 그중에도 옛날에는 금법이 엄혹하고 민심이 순후 검박하여 살상이나 도범과 음행이 별로 없어서 문을 잠그거나 닫지 아니하고 살았기 때문에, 금법8조로써 족하였던 조선 사회가 외래의 중국인 관속과 상인을 본받아 생활이 사치해지고 풍속이 경박해지고 인간관계가 복잡해져서 범죄가 격증하는 데 따라 금법이 육십여 조로 늘어나게 되었다고 한다.[36]

한무제의 뒤를 이은 소제 때 사군의 행정구획 변혁이 두 번이나 있었다. 첫 번은 25-6년 후에 진번군을 파하여 낙랑군에 합하고, 임둔군을 파하여 현도군에 합쳐서 사군을 이군으로 한 것이다. 두 번째는 그 7년 후 본주민인 예맥의 침공으로 인해 현도의 치소인 고구려현을 요동 색내로 옮겨 가고 현도에 합쳤던 임둔 고지를 낙랑에 속하게 하여 낙랑군이 더 광대해진 것이다.

이는 한군현 내에 우리 민족의 저항운동이 시작된 것을 의미하는데, 거기에서 고구려가 일어나 제 부족을 통일하게 되었다. 이때 중국에서는 일시적으로 왕망(王莽)에 의한 제반 개혁과 거기 따른 법령의 번잡, 조세의 과중 등으로 말미암아 정부의 위신이 떨어져서 군웅이 봉기하였다. 그중 한나라 종실의 후예 유수가 한실을 재흥하고 낙양에 도읍하여 서기 25년 후한의 광무제가 되었으나 나라가 완전히 평정되지 못하였

---

36. 『前漢書』 28 지리지 제8하 낙랑조 등. 『後漢書』 제85권 漢紀15 孝昭帝 시원 5년 己亥조. 『資治通鑑』 제21권 漢紀13 세종 下之上 四郡조. 주 62 금법8조 참고할 것.

다.

이 같은 혼란기에 낙랑군에서도 토착민인 조선인 왕조(王調)가 난을 일으켰다가 실패한 결과, 낙랑군이 완전히 후한 정부의 직접 지배하에 들어갔으나, 그 동부의 7현을 방기하고 그곳의 토착인 거사(渠師; 우두머리, 맹주)를 현후로 봉하였다. 거기에서 부족연맹이 형성되어 부여·고구려 계통에 속한 옥저와 동예가 일어났다. 이와 같이 북에서는 고구려가 대조왕(태조왕이라고도 함)에 의하여 흥기발전하고 동에서는 동예의 사회가 일어나던 때, 남에서는 전일 한나라가 진국(辰國)이라고 일컬은 제 부족연맹이 삼한의 대집단을 이루어 한예(韓濊)가 강성하여 중국이 제어할 수 없게 되었고, 다수의 낙랑 토착민이 한(韓)으로 유입하고 있다고 중국의 고사가(古史家)가 자인하고 있다.[37]

그래서 낙랑·임둔현 이남의 땅이 황폐해진 때문에, 한나라가 요동의 공손씨로 하여금 거기에 대방군을 신설케 하였다. 이때 진한의 제 부락이 결속하여 백제를 일으켰다. 고구려 불세출의 광개토왕이 낙랑·대방 양군을 고구려 땅으로 만들어서 마침내 한사군을 쫓아내고 우리 옛 강토를 회복하였다. 대방은 분설된 지 약 한 세기밖에 안 된 신설 군현이요, 현도는 5세기 동안이나 존속된 대군이지만 독자적으로 역량을 발휘할 처지에 있지 못했고, 낙랑은 420년 동안 존속하면서 조선 사회에 끼친 영향과 남긴 유물이 적지 아니했다. 그 영향은 이미 기술한 바이고, 남아 있는 유적·유물·성터·고총 들 중에서도 가장 오랜 것이라고 하는 서기 85년경 건립된 산천신을 위한 신사(神祠)의 비석 따위가 있다고 하지만, 그런 것은 여기에 논할 바가 아니다.

---

37. 『三國志 魏書』, 동이전 제30 韓傳.

3) 부여 및 삼국 이전

삼국시대에 들어가기 전에 예맥·부여·옥저·삼한(마한·진한·변한)·가야(가라·가락) 등 제국에 대하여도 조금은 말해 두어야겠다.

삼국시대 이전 여러 나라 역사는 불공정·불확실한 것이나마 그 대부분을 중국인의 고사 중에서 찾아내야 할 기구한 실정에 처해 있는데, 그들 기록에 사용된 용어 중에는 오해하기 쉬운 몇 가지가 있으므로 우선 그것을 여기서 밝혀 두어야겠다.

① 중국인은 스스로 중화(中華)로 자처하고, 그 사방의 타족은 이(夷)·적(狄)·호(胡) 혹은 만융(蛮戎)이라고 하였다. 동방의 조선족은 그래도 다른 삼방에 비하여 높이 평가하고 중시하여, 다른 종족들과는 구별하여 사용하는 말임을 의식하면서 처음에는 '人' 혹은 '東人'이라고 하다가 후에는 '동이'라고 불렀다. 그것이 듣기 좋은 말은 아니지만 이는 동방의 대궁을 쓰는 큰 종족이라는 것을 의미하기도 하고 저(柢; 言仁而好生, 萬物柢地而出)임을 의미하기도 하는 것이다. 더구나 군자불사지국(君子不死之國)이라고까지 조선을 칭찬하고 있다.[38]

---

38. 한문 옥편과 중국 『辭源』에도 "夷는 大地, 悅也, 東方也"라고 해설하고 있다. 『漢書』 28 지리지 제8下 낙랑군조에는 "조선은 법이 엄하고 인심이 순후하여 禁法8조만으로도 문을 잠그지 않고 살았으나, 漢의 郡이 된 후에는 漢의 관리와 상인의 영향으로 금법이 60여 조로 늘어났다"고 하고 나서, "東夷天性柔順, 異於三方之外(師古, 三方謂南西北也), 故孔子 悼道不行, 設浮於海, 欲居九夷"라고 하고 있다 (『논어』 제5권 제9 子罕편13에 "子欲居九夷, 或曰, 陋如之何, 子曰, 君子居之, 何陋之有"라고 있다). 『後漢書』 85, 동이열전 제75에는 "王制云, 東方曰夷, 夷者柢也, 言仁而好生, 萬物柢 地而出, 故天性柔順, 易以道御, 至有君子不死之國焉, … 故孔子欲居九夷也, 昔堯命羲 仲宅山夷曰, 暘谷, 蓋日之所出也…"라고 하고 또 그 열전에는 조선이 三方과 다름을 논하였다(尙書=書經 虞書 堯典2, 夏書 禹貢3 참조). 『三國志』 30 魏書30 동이전 제30의 濊傳에도 '문을 닫지 아니하되 도적이 없다'고 하고, 韓傳에는 "桓靈之末, 韓濊彊盛 郡縣 (漢의 병력으로도)不能制, 民(漢

② 타국이 중국에 조알·조공하였다는 기록이 많은데, 그것은 예방·문화교류·공적무역·관광 등의 목적으로 왕래한 것을 의미하는 경우가 대부분이다.[39]

③ 중국인이 타국인을 어느 나라의 왕 혹은 장군으로 봉(봉국, 봉후, 봉작)하였다는 기록이 많은데, 그것도 어떤 나라가 이미 건국되었거나 어떤 사람이 왕위를 계승하였거나 지위 혹은 권력을 이미 차지하여 기정의 사실이 된 뒤 통고를 받고 승인하지 않을 수 없게 된 경우에 그것을 일방적으로 '봉하여 내려주기나 한 것처럼' 발표하고 기록한 것이 대부분이다.

이와 같이 용어의 형식과 사실상의 의미가 상이한 것도 그들의 상투적인 과장 표현의 버릇에 불과한 것이다.[40] 우리의 『삼국사기』도 그 시대 정황과 중국 고사를 자료로 한 관계로 같은 것이 되어 버렸다.

다시 상고사의 본론으로 돌아가야겠다.

부여·옥저·동예는 고구려에 귀속되고, 삼한 중의 마한과 진한(辰韓 혹은 秦韓)의 대부분은 백제에 귀속되었다[삼한의 마한, 즉 전일 진국의 중심지인 목지국(目支國)이 후일 백제에 공취되고, 진한의 대부분은 후에 마한에 속하였다가 결국 백제의 영토가 된 때문이다]. 변한은 그 대부분이 후에 가야국에 속하였다가 결국 가야 여러 나라와 함께 신라에 귀속되었다. 말하자면, 처음에는 삼국 전부터 있어서 삼국의 전신이기도 했고, 또 삼국의 흥기 이전에는 타국에 속하기도 했고 따로 발전하기도 했지만 삼국의 강성과 함께 각각 삼국에 속한 바 되었으므로, 먼저

民)多流入韓, …"이라고 했다. 『資治通鑑』 제21권 漢紀13 세종 下之上에도 위의 여러 사서들과 같은 내용의 기록이 있다.

39. 이병도, 『한국사 고대편』, 165-166쪽, 제175, 201, 206, 301, 315, 319쪽.
40. 앞책, 175쪽, 301쪽.

이를 설명하기로 한다.

예맥(濊貊)

고대 중국인은 조선 민족을 처음에는 맥(貊 혹은 貉)이라고 하다가 후에는 예(濊)라고 하고, 때로는 이를 합쳐서 예맥이라고 했는데 그것은 모두 같은 한 종족에 대한 표현이다. 貊 혹은 貉이란 것이 중국 고전에 나타난 것도 오랜 일이다.[41] 그런데 예맥이란 것이 전한(前漢) 대에는 고조선과 부여·고구려 등 고대 우리 민족 전체에 대한 공통의 칭호이어서, 중국 사가들도 "예맥 역시 조선에 속하며, 그 예맥은 부여와 고구려와 삼한 즉 백제와 신라 등의 시원이다"라고 하고 있다. 이것은 고사(古史) 중에 맥전(貊傳)과 예전(濊傳) 외에도 여러 곳에서 볼 수 있다. 그것이 모두 같은 조상의 후예이며 같은 조선족에 속한다는 것을 『양서(梁書)』『남사(南史)』『통전(通典)』『삼국지(三國志)』『후한서(後漢書)』『당서(唐書)』『수서(隋書)』『주서(周書)』『북사(北史)』등등 수많은 기록들이 보여주고 있다.[42]

---

41. 貊 혹은 貉이란 것이 최초로 중국 古典에 나타난 것은 『맹자』 제12권 告子章下의 10節, 『시경』 魏風의 伐檀初, 大雅의 蕩之什의 韓奕下, 魯頌의 閟宮下와, 『논어』 제8권 제15 衛靈公편 제5장과 『中庸』 제13장 끝절 등이다.

42. 모두가 같은 조선족에 속한다는 것을 역사는 다음과 같이 보여주고 있다. 『梁書』 제54권 열전 제48 諸夷條와 『南史』 제8권 열전 제69 夷貊下 동이조에 「東夷之國, 朝鮮爲大」라고 하고, 『通典』 제185권 邊防一 東夷上 조선조에 고조선왕조가 40여대를 계승했다고 하고, 그 濊條에 濊亦朝鮮之地인데 동성 불혼한다고 하고, 그 제180권 邊防二 東夷下 東沃沮조에 皆濊民作之라고 하고 있다. 『三國志 魏書』 30 濊傳에 今朝鮮之東, 皆其(濊之)地也라고 하고, 또 그 동이열전 제30 동옥저조에 漢初 衛滿時 沃沮皆屬焉(조선에 속했다)이라고 하고 있다. 『후한서』 85 동이열전 제75 濊條에 濊及沃沮·고구려 本皆朝鮮之地也라고 하고, 위의 『후한서』와 『三國志 魏書』 30 상 夫餘傳에 夫餘, 本濊之地也라고 하고, 위의 『通典』 邊防一 東夷

48 한국 법철학 연구

그렇게 우리 민족 전체에 대한 공통의 명칭이던 것이 후한(後漢) 대
에는 고조선의 후기 조선과 부여·고구려 등 특수한 여러 국호들에 대한
개별적인 명칭이다가 점점 협의화하여 주로 동예를 지칭하는 것이 되었
다. 즉 맥은 고대 우리 민족의 거주지 북방에 서식하던 고가의 특산 동

　　上 夫餘조와 『晋書』 14 志4 地理上 夫餘國조에 長城以北, 夫餘, 其主印文稱濊王
之印, 國中, 有古濊城, 本濊貊之城이라고 하고, 『通典』 제186권 邊防二 東夷下 고
구려조와 『北史』 제94권 열전 제82 고구려조와 『魏書』 제100권 열전 제88 고구려
조와 『周書』 제49권 열전 제41 異域上 고구려조와 『隋書』 81 열전 제46 東夷 고구
려조에 고구려 本出於夫餘라고 하고 있다. 위의 『三國志 魏書』 30 부여전 말미의
세주에 고구려 東明因都王夫餘之地라 하고, 또 그 고구려와 『唐書』 220 동이열전
제145 고구려조와 『舊唐書』 199上 열전 제 149 동이 고구려조와 『後漢書』 85 동
이열전 제75 고구려조에 고구려 夫餘之別種 也라 하고 있다. 위의 『舊唐書』 백제
조와 위의 『唐書』 백제조와 위의 『隋書』 백제조와 위의 『三國志 魏書』 백제국조
와 위의 『周書』의 백제조와 위의 『通典』 邊防一 夫餘조 초두의 細註와 위의 『周
書』 백제조에 百濟, 夫餘之別種也, 出自고구려국, 其先盖 馬韓之屬國, 嘗爲馬 韓
之故地라고 하고 있다. 위의 『通典』 邊防一 東夷上 序略 변한조에 三韓蓋爲백제·
신라呑倂이라고 하고 있다. 위의 『三國志 魏書』 동옥저조와 『後漢書』 동옥저조
에 동옥저는 마침내 고구려에 속했다고 하고, 위의 『三國志 魏書』 고구려전과 위
의 『南史』 고구려조에 옥저·동예皆屬爲(고구려에 속했다)이라고 하고 있다. 김부
식의 『三國遺事』 왕력 第一에 고구려 第一동명왕…檀君之子라고 하고, 백제 第
一 溫祚王 東明 第三子…라고 하고 있다. 北扶餘조에 …東明帝 繼北扶餘, 以 興
立都 于卒本州, 爲卒本扶餘卽高句麗之始라고 하고, 高句麗之始本扶餘也라고 하
고, 下韓 백 제조에 … 溫祚之系出自東明故云耳…라고 하고 있다. 김부식의 『三
國史記』 고구려본기 제일시조 동명왕조에 시조 동명성왕, 姓高氏… 先是, 扶餘王
解夫婁老無子…善射爲朱蒙, …, 與之俱至卒本川, …국호 고구려라 하고, 14년秋
8월, 王母柳花葬於東扶餘, 王金蛙以太后禮葬之, 遂立神廟, 冬10월, 遣使扶餘饋
方物, 以報其德이라고 하고, 고구려본기 第七 문자왕 3년조에 扶餘王及妻孥, 以
國來降 高句麗라 하고 있다. 백제본기 제일시조 온조왕조에 백제시조 온조왕, 其
父, … 고구려주몽, 自北扶餘逃難, 至卒本扶餘, …라고 했다. 신라본기 제일시조
혁거세 거서간조에 … 국호 서라벌, 先是, 朝鮮流民, 分居山谷之間, 爲六村…이
라고 하고 있다.

물로서, 고대 우리 민족 전체에 대한 상징이었다.

조선족이 맥이란 동물이 없는 지방으로 이주함에 따라서 맥은 차차 곰(熊)으로 변한 때문에 북방에서 일컫는 '개마'와 남방에서 일컫는 '고마'도 예맥의 음역으로, 모두 동질의 명칭이라고 한다.[43] 예의·법에 대한 것은 후에 동예에 합쳐서 기술하기로 한다.

부여(夫餘)

(편집자 주; 부여의 한자 표기에 광개토대왕릉비에는 夫餘로, 『삼국사기』 『삼국유사』 등에는 扶餘로 두 가지 한문이 혼용된다. 이 책에서는 백제의 수도 扶餘와 구별하여 夫餘로 표기한다.)

부여는 고대 조선과 함께 일찍부터 중국에 알려져서, 이에 관한 기록이 『통전(通典)』 『삼국지(三國志)』 『후한서(後漢書)』 『진서(晉書)』 등 중국 고사 중에 많이 남아 있다.

부여의 건국은 "서기전 239년에 해모수가 웅심산에서 군사를 일으켰는데 그의 선조는 고리국인이다"라고 고려말의 학자이자 정치가 이암이 쓴 『단군세기』에 나와 있다. 또한 몽고의 부리야트족이 자신들을 부여족의 후예라고 주장하고 있음은 몽고에서 연구됐다.

현재 몽고 내륙에 부여국의 모체라고 할 나라가 고리국(藁離國)·코리이다. 부여는 지금의 몽고 땅에서 몽고족과 길 하나 사이로 건국한 것이다.

헬싱키에서 한국어의 어원을 연구하던 고송무(高松茂) 씨가 1980년 한국일보를 통해 전한 한국사 관련 몽고과학원 연구에 다음과 같은 내용이 있다. 몽고과학원의 베슈미야타바르 교수는 『위서(魏書)』에 나오는

---

43. 이병도, 『고대사회와 그 문화』, 1의 3 예맥 문제 36-43쪽, '고마'도 동질의 명칭이라고 기술.

기록에 고리에서 온 주몽이 세 사람을 만난 부여국의 흘승골(訖昇骨)은 몽고의 할힌골 강이고, 『삼국사기』에 나오는 비류(沸流)는 지금 몽고의 부이르 호수를 나타낸 말이라고 한다. 또 몽고족의 한 파인 부리야트인들은 지금도 스스로를 코리(藁離)라고 부른다고 증언하며, 결국 부여는 현재의 몽고지역에서 건설되고 그보다 먼저의 코리 역시 몽고 지역에서 건설된 나라라고 적고 있는 것이다. 그래도 우리 한인과 몽고는 먼 옛날 같은 조상에서 갈라져 나온 족속일뿐, 우리가 몽고의 후손은 아니다. 고리국의 확인으로 우리 역사의 뿌리는 지금껏 생각해 오던 것보다 더 깊이 들어갔다는 것을 알 수 있다 .

부여는 조선족으로 본시 예맥지역에 이주하여 주로 고구려와 백제의 시원이 되고 일부는 가야를 거쳐 일본으로도 가서 일본국의 조상이 되었다. 일본의 에가미 나미오(江上波夫)가 말하는 일본의 기마민족 기원설은 바로 이 부여족을 말하는 것이다. 에가미에 앞서 기다 사다기치(喜田貞吉; 한일합방을 강력히 주장한 대표적 인물로 알려져 있다)가 1916년경 "일본 천황가의 조상은 부여 백제계"라고 분명히 말했다. 그런데 에가미는 자신의 학설이 기다의 재판이라고 설명하면서도 이들이 한반도에서 일본으로 건너와 일본을 정벌했다는 부분을 확실히 언급하지 않고 어물어물한다.

부여의 초기 임금들은 단군으로 불리었다. 부여는 아직 제·정이 분리되지 못하였으나 특별히 국왕이 인민에게 책임을 지는 책임군주 선거제의 귀족정치 국가로서 계급이 분화되어 있었고[44]ㄱ, 정치·군사·병기·평

---

44. ㄱ·ㅊ:『通典』, 185권, 邊防一 扶餘條. ㄱ·ㅁ·ㅂ·ㅅ·ㅇ·ㅈ·ㅊ:『三國志 魏書』, 30, 동이전 30 扶餘條. ㄴ·ㄷ·ㄹ·ㅁ·ㅂ·ㅅ·ㅇ·ㅈ·ㅊ:『後漢書』, 85 동이열전 제75 扶餘條 및 濊條. ㄷ·ㄹ·ㅁ·ㅂ·ㅅ·ㅇ:『晋書』, 97 열전 67 東夷 扶餘國條. ㄱ: 이병도,『한국사 古代篇』, 213쪽. ㅁ·ㅂ·ㅅ·ㅇ: 同篇, 416-417쪽. ㅊ: 同篇, 219쪽. 과

의제도·산업·교역·법률·예의·역법·복술 등 모든 면에서 상당히 발달된 나라이었다.[44ㄴ] 제 법이 엄정하여 절도범에게는 12배를 배상하게 하는 일책십이제(一責十二制)와 형벌을 주는 데 신중히 심사하는 신형주의(愼形主義)를 채용하였다.[44ㄷ] 경제력과 무력이 만만치 아니한 강대하고 진보된 문명국이었으므로, 중국인의 고사에 "부하며, 일찍이 패한 적이 없다"하고[44ㄹ] "그 국민성이 건실·강용·근후하며, 도적질을 하지 아니하고"[44ㅁ] "또 예절이 정중하다"고 하였다.[44ㅂ]

부여는 흥망을 되풀이하였지만 서기 346년 중국 연나라에 완패하였다가 미구에 그 고토가 고구려에 합쳐졌다. 명마(名馬)를 내었고 남녀가 모두 백색 옷을 입는 풍습[44ㅅ]과 국가적·민족적 회합인 '영고(迎鼓)'라는 국중 대행사의 제천 풍습이 있었다.[44ㅇ] 그들은 침략적·호전적인 국민이 아니고, 경제적 호조건과 발달된 정치 군사(國民皆兵)제도 아래서 평화를 애호하는 건실한 국민이었으므로 그와 같은 국운과 문명을 오래 유지할 수 있었다고 한다.[44ㅈ] 부여에는 또한 과부가 된 형수를 동생이 취하는 '제처형수(弟妻兄嫂; Levirate)' 결혼 풍습이 있었다.[44ㅊ]

거의 모든 역사자료가 한(韓)족의 선진성을 가리켜 다른 삼방과는 다르다고 하였다. 그러므로 어느 나라의 속박도 받지 않고 독자적으로 존속하다가 조선족의 명맥을 유지하여 대고구려가 마침내 거기서 생겨나 부여를 합쳤다는 것은 주목할 만하다. 부여는 예맥이란 것이다. 예맥 그 수가 많아 어떻게 할 수가 없다고, 중국이 지배하지 못했다고 중국 사기에 자주 나온다.

부된 형수와 결혼하는 Levirate Marriage 제도는 다음의 각국의 법에 서로 그 내용에 차이가 다소 있을지라도 공통되는 점이 있다고 할 수 있다. The Hittite Code 193, The Assyrian Code 43, The Deuteronomic Code 25:1–10, 신약 마태 22:23–28, 마가 12:18–23, 누가 20:27–33.

부여가 단군계통인 것은 분명하다. 단군조선이 없어진 뒤에는 부여가 있어서 한(韓)가 등 지배자를 단군이라 하고 5대까지 단군제위를 이어 나갔다. 원래 고조선 단군은 성씨없이 1세 단군, 2세 단군 등으로 이어 졌고 그 전의 환웅시대도 1세, 2세로 이어졌다가 부여에 들어오면서부 터 해부루, 해모수의 해씨, 한씨 등 단군 지배자들의 성이 역사에 나와 있다.

부여에서 나온 고구려도 단군계통이었다. 고구려 시조 고주몽이 단군 의 손이라고 한 『삼국유사』의 기록을 주목해야 한다. 고구려도 처음 몇 대를 단군이라 칭했다. 단군조선은 없어졌으나 부여·고구려가 그렇게 단군계통을 이어받고 발해·신라로 이어진 것이다. 우리는 부여를 중시 하지 않으면 안 된다.

옥저(沃沮)와 동예(東濊)

이들은 대체로 고구려 동편에 위치했기 때문에 동옥저·동예라고 했 다. 부여·고구려 등과 같은 예맥족으로 고조선 땅에 살았는데, 마침내 고구려에 예속되었다. 농상(農桑)을 주로 하여 마직·잠면(蠶綿) 기술이 발달되고 어염(漁塩) 등 해산물과 해표가죽 같은 피물(皮物)·우마 등 축 산물과 단궁(檀弓)이라는 명궁이 산출되어 대외무역의 대상이 되었다.

그들은 중국 한인(漢人)의 철기문명에 접하고 그 정치제도를 견문하 면서도, 양대국 사이에 끼어 있고 동은 바다로 막혀 있는 지리적 제약 때문에 집권적인 대군주하의 자주적 대국가를 이루지 못했다. 고구려에 예속되어 그 파견 관리들에 의하여 조세와 산물의 운반 등에 심히 착취 된 듯하다.

그들은 강직·용맹·근후·질박·성실하고 보전(步戰)에 능하였다. 10월에는 '무천(舞天)'이라는 공동 대축제의 국중 행사가 있었고, 산천을 중시했다.[45] 한때는 한(漢)으로서도 그들을 능히 제어하지 못할 만큼 매우 강성하였다고 중국의 고사가 인증한 것은 이미 말한 바이다. 한때 후한의 형식상의 현후기(顯侯期; 속국시대)를 지나, 서기 1세기에는 완전히 고구려에 소속되었다.

진국(辰國)과 삼한(馬韓·辰韓·弁韓)

진번(眞番) 이남에 분포된 우리의 부족사회를 중국인은 개국(盖國) 또는 진국(辰國)이라고 총칭했는데, 이는 삼한의 명칭이 생기기 전의 일이라고 한다.[46] 개국은 개마국(盖馬國)의 약칭이고, 마한은 개마한(盖馬韓)의 약칭이다. 중국 사서에는 진국(辰國)과 진한(辰韓)이 혼동, 잘못된 기록이 있어서 혼란을 빚고 있다. 진국은 북한(北漢) 방면에서 뒤늦게 온 고조선 유민이 늘어나 차차 삼한으로까지 확대된 것이다. 그들이 흘러 들어온 때의 선후와 문화 정도에는 다소의 차가 있었으나 모두 동일민족이다. 그리고 진한은 그 삼한 중의 하나에 불과한 것이다. 진(辰)의 동북쪽에는, 마치 전에 고조선의 한(韓)씨, 혹은 기(奇)씨 조선 말기 진(秦)의 과중한 노역을 피하여 조선에 들어온 중국인 유망민 사회와 방불하게, 고조선의 북방에서 남하한 이주민 집단사회가 있었다. 준왕(準王) 일파의 내왕도 그곳에 있은 현착(顯着)한 사례이었다.

삼한은 철기의 도입과 이용이 빨랐으므로 농업 기술이 발달되었다. 저수지와 제방을 축조하고, 논농사도 병행하고, 비단과 폭넓은 세포도

---

45. 이병도, 『고대사회와 그 문화』, III의 9, 111–116쪽 옥저와 동예사회. 『後漢書』, 85 동이전 동옥저조 및 濊조. 『通典』, 제185권 邊防一 동이전上 濊조. 동 제186권 邊防二 동이전 下 동옥저조.
46. 이병도, 『한국사 古代篇』, 262쪽 이하, 279쪽, 三韓의 一, 二.

짤 줄 알았다. 변진[弁辰, 특이한 모자를 쓴 진인(辰人)]의 땅에서는 철이 생산되고 제철 기술까지 발달되어 중국 한(漢)의 군현과 진한·마한·동예·왜인 등이 모두 변진의 가야국에 와서 교역해 갔다(『삼국지』 위서, 『세종실록』 지리지 경상도조).

고고학자들에 의하면, 삼국시대 문화 정도로 보아서 김해기(金海期), 즉 서력기원 전후부터 서기 300년까지는 철기 II기이고 그 전의 약 백 년간은 철기 I기여서, 삼한시대는 모두 철기시대이고, 삼국 왕조의 기반이 확고해진 뒤인 서기 200-300년쯤에 철기시대는 이미 지나간 것이라고 한다.[47] 삼한시대에는 아직도 금석 병용기를 완전히 벗어나지 못했다고 하는 사학자도 철기의 도입과 이용이 매우 빨랐다는 것을 인정하고 있다.[48]

삼한의 제 소읍에는 거사(渠師)가 있었는데, 그중의 큰 자를 '신지(臣智, 神誌)'라고 하였다. 삼한이 모두 옛날의 진국인데, 그중 마한이 가장 컸고, 마한인이 진왕이 되었으나 자칭 국왕이 되기에는 이르지 못했고, 진왕이 그 전 연맹체의 최고 맹주로서 대거사(大渠師)가 되었던 것이다. 삼한시대에는 통일군주제의 대국가는 이루지 못했으나, 삼한에 속한 제 소국의 조직이 매우 견고했다. 촌락공동체의 결합이 잘되어 있어서 토지도 공동체인 '두레'의 공유에 속하였고, 농사도 '두레'의 공동작업에 의하여 협동적으로 하였다. 비지역적이고 또 농사에 관한 것은 아니지만, 고대 신라 부녀들의 적마(績麻) 경기대회인 가배놀이와 원화도나 화랑도 같은 것도 모두 상고시대 이래의 결사·도당(結社·徒黨)인 것이다. 중국인은 이런 것을 보고서 『삼국지』 위서 동이전에 '모두 서로 당―공

---

47. 천관우 편, 『상고사의 쟁점』, 74-76쪽 김원룡 술.
48. 이병도, 『한국사 고대편』, 305쪽 삼한의 사회상.

동체를 만들었다(相呼皆爲徒)'라고 하였다.[49]

『삼국지』 위서 한전(韓傳)에 "그때 한예(韓濊)의 지역이 강성해서 중국의 군현이 능히 이를 억제할 수 없고, 또 중국으로부터의 망명자가 그 지역으로 많이 유입했다"고 했다. 『자치통감』 제21권 한기(漢紀)에도 위의 사서들과 같은 기록이 있다.

삼국의 강성과 함께 부여·옥저·동예는 고구려에 귀속되었다. 삼한 중 마한의 대부분은 백제에 속하게 되고, 진한인은 시라(尸羅)인과 함께 신라에 속하게 되고, 변한은 그 대부분이 가야국에 속하였다가 결국 가야의 여러 나라와 함께 신라에 귀속되었다.

삼국의 정립과 그 후

한인(韓人) 중에는 염사착(廉斯鑡)의 경우처럼 중국 한(漢)군현에 귀화한 자도 있었지만, 동방민족 조선사람들이 북방의 한군현에서 반항하여 일어나 예맥·부여·옥저·동예의 구토를 모두 되찾아 대고구려국을 이루었고, 삼한에서는 백제와 신라가 이어서 나라를 이루었다. 북방의 고구려는 단군 이래의 고조선과 부여의 계통을 이어받았다.

진한 땅에서는 소국가들이 결합하고 마한까지 융합하여 고구려와 같은 계통의 백제를 이루었다. 또 변진 땅에서 제 촌이 결합하여 서라벌을 중심으로 일어나 가야의 제 연맹들(제 가락국)을 합쳐 대신라국을 이루어서 삼국이 정립했는데, 후에 신라가 한반도만을 통일하기에 이른 것이다. 그 신라인도 남방으로 이주해 온 고조선인의 후손임은 이미 말한 바이다(예맥 말미 주 53 참조).

---

49. 『三國志 魏書』, 30 동이전의 辰韓傳에 「相呼皆爲徒」라는 문구가 있다. 이병도 『한국사 古代篇』, 삼한의 사회상, 303쪽.

삼국이 일어난 것은 서력기원 전후쯤이고, 신라가 삼국을 통일한 것은 7세기 후반이다. 9세기 말 신라가 쇠약해진 때 후삼국이 난립하였다. 즉 말기에 명맥만이 겨우 살아 있었을 뿐인 기력없는 소국인 신라와 견훤의 후백제(892-936), 궁예의 후고구려(마진·태봉, 901-918)가 군림하였다. 10세기 초 왕건 태조의 고려에 의하여 다시 통일이 되었다. 삼국 정립 전까지의 상고사 대강은 이상으로 끝맺는다.

실은 대조영이 699년에 나라를 세워 만주 동부와 연해주의 한반도 북부에서 926년까지 존속하며 고구려의 옛 땅을 회복하고 부여의 유속을 지키려고 한 발해제국도 이에 속하는 나라이었으나 신라와 교섭을 끊고 지낸 관계로 우리 역사와 유리되어 버린 것이다.

3장 실정법과 전통법

1) 실정법 및 법사건들

고조선의 금법8조

『삼국유사』 고조선조에 나오는 대로 단군의 고조선 개국 초 국가 및 법의 이념과 국가의 제 기관과 그 기능에 관한 헌법·행정법·관제 등이 있음을 보았다. 즉, 군왕 아래 후세의 삼정승 셈인 세 최고기관 풍백(風伯), 우사(雨師), 운사(雲師) 밑에, 후세의 판서 셈인 주곡(主穀), 주명(主命), 주질(主疾), 주형(主刑), 주선악(主善惡)을 관장하는 5부 장관, 그리고 그 밑에 삼백여 가지의 임무를 맡은 하급 공무원을 두어서 후세의 국가기관의 시원이 되었다.[1]

특히 주목할 것은 상고사에 기록된 최초의 것으로, 법이라는 이름이 붙은 전기 고조선의 '금법8조'가 있었다는 사실이다.[2] 중국 사서 『한서(漢書)』 지리지에 "조선은 법이 엄하고 인심이 순후하여 팔조만으로도 문을 잠그지 않고 살았다"고 기록된 그 법은, 고조선의 전기 − 늦어도

---

1. 『三國遺事』, 제1권 고조선(中宗 임신간본 고조선조 제7행).
2. 『漢書』, 28 지리지 제8下 낙랑군조 및 조선조. 『後漢書』, 85 동이열전 제75 濊조. 『資治通鑑』, 제21권 漢紀13 세종 下之上 濊조의 세주. 『三國志』, 魏書 동이전 제30 濊전. 이병도, 『한국사 古代篇』, 제2편의 5 고조선의 문화와 팔조법금 141−148쪽.

위만조선보다 훨씬 이전부터 행해져 왔다는 것은 의심할 여지가 없다. 다만 그 법을 기자의 금법8조라고 해왔으나 후에 알게 된 바와 같이 중국의 기자는 조선의 '기자'가 아니라는 것이 밝혀진 오늘날에 있어[3] 금법 8조는 고조선에서 일찍부터 행해져 내려온 조선인의 고유한 법이었음은 명백한 사실이라는 것이다.[4]

하지만 2천여 년 전인 고대 삼국의 율령 내용도 알 수 없는 터이매, 3, 4천 년 전인 상고시대 전기 고조선의 금법8조 내용을 이제 완전히 찾아낼 수는 없지만, 다행히도 고사(古史)의 금법8조 설명에 의하여 그중 약반 정도를 알 수 있다.

그것은 ①생명 ②신체 ③재산 ④정조에 관한 것으로서, 살인·상해·도적·간음 등 네 가지 범죄를 엄하게 다스렸음을 알 수 있다. 고조선에서는 살인을 한 중범자는 사형에 처하고 그 가족은 노비가 되게 하며, 남에게 상해를 입힌 자는 곡물로써 배상하며, 절도범은 12배를 배상하고, 어떤 범죄자는 50만금의 속전(실은 다량의 물품, 특히 금이었을 듯하다)을 바치고서 체형을 면할 수 있었으나, 그런 범죄자와 상종하는 것을 수치로 생각하여 통혼도 하지 아니했다는 것이다. 그 시대에는 생활이 단순하고 사람들이 소박하여 법을 어기는 일도 적었겠지만, 한인(韓人)들은 문을 닫거나 잠그지 않고 살았으며 부녀자는 정조를 지켰다. 그것은 외래의 것이 아닌, 전기 고조선의 고유한 법임이 분명하다. 금법8

---

3. 崔南善, 『怪奇集』 제2호(1920년) 및 「半島史話와 樂土滿洲」 게재논문(1945년); 「조선사의 기자는 지나의 기자가 아니다」의 奇氏朝鮮설. 최동, 『조선상고민족사』, 96-102쪽. 이병도, 『新修한국사대관』(1975년), 26쪽 韓氏왕조설. 정인보, 『조선사연구』, 57-61쪽. 김재원, 『한국사 고대편』, 제1편 「史前시대」64쪽. 『三國志』, 제30 魏書 30 동이전의 韓傳(「自稱韓王」).
4. 이병도, 『고대사회와 그 문화』, 제Ⅱ의 6, 80-84쪽.

조는 고조선 후기에 들어 육십여 조로 확대되었다.

이병도도 또한 지적한 것처럼[5] 고조선은 그 전기에 벌써 '생명은 생명으로, 눈은 눈으로, 이는 이로 갚으라'고 하는 동해형(同害刑 ; Talio)주의에서 벗어난 진보된 사회이었음을 알 수 있다. 바빌론의 함무라비법전과 헤브류의 구약 중 성약법전(The Covenant Code), 성령(The Holiness Code) 및 신명기법전(The Deuteronomic Code)은 모두 동해형주의를 벗어나지 못하고 있다.[6]

팔조의 내용은 당시에 노예가 있었고, 화폐가 사용되었음을 알게 한다. 고조선은 중국 지역과 활발한 교역을 했는데 그것은 고조선 지역에서 중국 연나라의 화폐 명도전(明刀錢)과 함께 중국 화폐가 아닌 동전이 출토된 것과 문헌기록 등에서 확인된다. 활과 화살, 화살촉, 모직 옷, 짐승가죽 등이 교역의 주요 상품이었다. 고조선은 군사·행정·종교조직을 유지하는 경제기반으로 토지제도와 징수제도가 있었던 것으로 문헌에서 확인되는데 그 구체적인 내용은 연구과제로 남는다.

노예신분이 있었음은 당시 지배계층의 묘에서 순장된 사람이 확인되는 것으로 입증된다. 사람이 죽은 후에 영혼의 세계가 있다고 믿었기 때문에 지배자 등 중요한 이의 장례를 후하게 치렀고, 많은 부장품은 물론 순장까지 하였다. 순장인이 많을 때는 백여 명에 달하였는데 당시에 노예 계층이 얼마나 심한 학대와 인권을 유린당했는가를 짐작케 한다.

---

5. 앞책, 147-148쪽.
6. Hammurabi 법전 제196조 이하(Talio주의의 同害刑). The Covenant Code의 Exodus 21:24(Talio주의의 동해형). The Holiness Code의 Leviticus 24:20(Talio주의의 동해형). The Deuteronomic Code의 E Deuteronomic 19:21(Talio주의의 동해형).

부여의 책임군주제

부여 이래 국왕의 선거와 제 부족 대표(加)의 평의제와 국왕의 인민에 대한 책임제는 특이한 것이었다. 부여에는 제 부족의 대표인 육가(六加)로서 구성된 합의체가 있었는데, 그것이 후대의 국사를 평의하는 합의제도의 시원이 된 것이다. 군장의 선거와 전쟁과 토지제도 같은 중대 의건이 있을 때 열린, 신라 초기의 6촌장회의 및 화백회의라든지 고려의 백관회의, 근세조선의 중신(重臣)회의 등 민주적(衆民的)인 방식의 시원이 된 것이다.

부여에서는 각 부족(인민) 대표자들의 평의로서 국왕을 선정하였을 뿐 아니라, 국왕에 대하여 책임을 묻기도 하였다. 그래서 국왕은 인민에 대하여 책임을 져야 했다. 국왕은 국가의 장래를 내다보고 점쳐서 장래의 국난에 준비하고 예방해야 했다. 만약 예비와 대책이 없이 있다가 흉년을 만나 백성을 기아상태에 빠지게 하면, 국왕은 그 책임을 지고 퇴위하거나 극형인 사형을 받았다(부여 항 주 55에 설명하였다).

이것이 후세에 대신 이하 일정한 관인과 학자(사림)가 국왕에게 간하고 상소하여 국왕의 횡포를 견제하며, 그 국왕의 실정에 책임을 묻고, 심한 폭군이 나타나는 경우에는 임금을 바꾸는 반정까지 하는 우리 전통의 시원이 되었다. 그들이 부당한 권력자인 세도자의 횡포에 대하여 거절하였음은 물론이다.

그 후 낙랑의 영향을 받은 후기 고조선의 금법 60여 조와, 변한의 엄준한 형법, 부여 이래 죄수를 가두는 옥의 설치와, 상고 이래 국가적 대행사인 국중 대축제일에 중범죄자를 공개 심리하여 석방할 자인지 형벌할 자인지를 결정하는 신형주의(愼刑主義)의 공개소송법이 행해졌다.

부여에는 또한 과부가 된 형수를 동생이 취하는 '제처형수(弟妻兄嫂;

Levirate Marriage)' 혼인 풍습이 있었다(주 55-ㅊ에 설명하였다). 이러한
결혼제도는 힛타이트, 앗시리아의 법과 구약의 신명기, 신약의 마태와
누가에서 그 내용은 다소 차이가 있을지라도 공통되는 것이다.

동예와 옥저의 혼인제도

그들의 언어·습속·의식주·예절·법제 등은 대체로 고구려와 비슷했
다. 다만 혼인과 상제(喪制)에는 다른 것이 있었다. 혼인제도에 있어서
동예의 혼인제도는 고구려의 데릴사위 들이는 제도와 비슷했으나, 옥
저는 민며느리 맞는 것과 비슷했다. 주목할 것은 예에는 동성 혈족 간에
결혼을 피하는 불혼의 법이 있었다는 점이다(옥저도 그랬을 것이다).

도적이 없고, 부녀는 정신하였다. 『삼국지』 위서 동이전 제30 예전(濊
傳)에 "문을 닫지 아니하되 도적이 없다" 하였다.

환자나 사망자가 생기면 새 집을 지어 옮겨 사는 기휘와 위생의 풍습
이 있었다.

삼한의 신형주의, 소도

삼한에서는 제정이 분명히 분리되어서 정치단체의 군장과 제사단체의
제주의 칭호와 직능이 각각 달랐으며, 각각 맡은 지역이 달랐다. 각국의
그런 별읍(神域)에는 '천군(天君)'이라고 하는, 천신에게 제사하는 성직
자가 있었다. 거기에는 솟대(蘇塗)를 세우고 큰 나무에 방울과 북을 걸어
놓고 신을 섬기며, 그 성역에 도피한 자는 돌려보내지 아니하고 범죄자
를 보호하여, 때로는 범죄를 조장하는 결과를 가져오게 했다 한다. 그것
은 구약성서의 도피읍과 같은 것이었다.[7] 부여 이래 죄인을 가두는 옥의

---

7. 『三國志』, 魏書 30 동이전의 韓傳 말미. 『後漢書』, 85 동이열전75 韓條의 魏志를 인

설치와 변한의 엄격한 형법, 5월과 10월 국가적 대행사 축제일에 민중이 중범죄자를 공개 심리하여 석방할지 형벌을 가할지를 결정하는, 상고 이래 우리 사회의 관례인 신형주의(愼刑主義) 공개소송법이 존속되었다.

진한·마한과 한군현과의 관계처럼, 변진은 왜인과의 왕래가 잦아 각각 그 영향을 받았음은 지리상 자연스런 일이다. 그런 관계로 진한은 마한과도 달라 혼인과 예절 등에 중국식인 것이 타에 비하여 많았고, 특히 문장·용어·필담 등에 중국의 영향을 받은 바가 더 많았다.

국제법상의 사례

호래(戶來) 등 국경침입자에 대한 한(韓) 측의 대우와 국제 간의 배상, 외국인이 우리나라에 귀화한 경우와 우리나라 사람이 외국에 귀화한 경우 같은 국제법상의 사례도 더러 있었다.

서기 20–23년쯤 한인(韓人) 염사착(廉斯鑡; 辰韓 右邊의 渠師)이 낙랑으로 귀화하려 가던 길에 진한에 침입하여 재목을 도벌하다 잡혀서 노예생활을 하고 있는 호래(戶來)라는 중국 한인(漢人)을 만났다. 함께 낙랑으로 가 '한인(漢人)들이 잡혀서 500명은 이미 죽고 1000명이 이미 3년째 노예생활을 하고 있다'는 사실을 고하여 염은 후대를 받고 진한은 크게 배상을 하게 되었다는 국제관계에 관한 기사가 중국 고사에 기록되어 있다.[8]

고구려·백제·신라의 율령과 제도

한국 상고시대의 법으로는 고조선시대의 금법8조를 위시하여 부여·

용한 세주. Hebrew의 신명기법전(Deuteronomic Code) 19:1–13.

8. 『三國志』, 魏書 30 동이전 제30 韓傳의 魏略을 인용한 세주 염사착·호래의 사건(이병도, 『한국사 古代篇』, 316–317쪽 그 사건의 기록 詳譯과 설명 참조).

옥저·동예·진국과 삼한의 법에 대한 역사상의 기록이 있으나[9], 상고시대에 법전이 있었다는 기록은 보이지 아니한다. 그러나 고구려·백제·신라의 삼국시대부터는 법령을 제정 영포한 연대가 역사에 분명히 기록되어 있다.

고구려는 소수림왕 3년(373)에 처음으로 율령을 영포하였다고 하니[10], 그 연대로 보아서 우리의 고유한 법에 태시율(泰始律)과 령(令) 같은 중국 위진(魏晋)의 법제를 참고하여 제정하였을 듯하다. 백제는 관제와 몇 가지 중요한 형사특별법령의 제정 연대로 보아[11] 늦어도 고이왕 26년(257년)부터 동 30년(263) 사이에 율령이 제정 영포되었을 것으로 짐작된다. 신라는 법흥왕 7년(520)에 율령을 제정 영포하였다 하니[12], 초기에는 고구려와 백제의 율령을 이어받고 후기에는 당의 율령격식을 참작하였을 듯하다. 관제 같은 것은 비교적 상세한 기록이 남아 있지만 고대의 일반 법전은 남아 있지 아니하다. 그러나 일반 사기(史記) 중의 법사건 기사들에 의하여 그 시대 법령 내용을 더러 짐작할 수 있다. 신라의 일반사료 중에서 그 율령의 형태와 내용을 추려 내는 것 따위는 그 예에 속한다.[13]

고려의 법

중세 고려의 법령은 초기에는 신라의 율령과 궁예의 제도를 답습하였다. 그 후의 형법 70여 조는 당률(唐律) 500여 조에서 고려 실정에 맞도

---

9. 최태영, 이 책의 주 55, 67, 61, 62.
10. 『三國史記』, 고구려본기 소수림왕 3년 기사.
11. 앞책, 백제본기 고이왕 28년, 27년, 29년 기사.
12. 앞책, 신라본기 법흥왕 7년 기사.
13. 전봉덕, 『한국법제사연구』(1968년), 256쪽 이하.

록 추려서 만드는 등 당의 제도를 많이 받아들였다.[14]

근조선의 법

근조선의 법은 처음에는 고려의 율령을 답습하다가 차차 당·명의 제
도를 모방하고, 형법은 명률(明律)을 의용하였기 때문에[15] 외형상으로는
대부분 중국법을 계수한 것처럼 보이지만, 삼국시대와 고려시대에도 왕
명이라는 법령이 많이 제정 적용되었음은 물론이다. 근조선의 법전에
는 우리의 법령에 규정이 없는 경우에 한하여 명률을 의용할 것을 명시
하였는데, 근조선에서는 여러 대에 걸쳐 제 법전 편찬에 주력한 결과 그
법전이 상당히 정비되어 있었다. 또 법전들보다도 고려의 칙·소·판·제·
교(敕·詔·判·制·敎)라든지, 근조선의 판·제·교·판지·조례(判·制·敎·判
旨·條例) 따위 여러 가지 명칭의 왕명과 허다한 관습법 및 조리(條理) 따
위의 불성문법이 큰 비중을 차지하고 있어서, 그 실은 한국의 고유한 법
이 전체 법의 많은 부분을 차지하고 있었다는 것을 명심하여야 한다.

그리고 국가의 강제력을 가진 법이나 국가기관의 개입이 없이, 즉 좋
은 의미에서 법을 넘어서, 각 촌락의 내부적 공동체 규범에 의하여 좁은
의미의 법이 없이도 곧잘 살아온 면이 많았다는 것을 잊어서는 안 된다.

조선의 향약

조선의 향약(鄕約)은 일률적으로 논할 수 없고, 또 그 성질이 마을공
동체와는 다르다. 근조선 중종시대부터 많은 논란을 겪으면서 구한말

---

14. 『고려사』, 志卷 제38 통권 제84 刑法一 제1-제47장. 통권 제39, 통권 제85 刑法二
    제1-제47장.
15. 『경국대전』, 卷之5 刑典 用律(用大明律)·『大典會通』卷之5, 仁政殿編輯, 刑典 [用
    律]([原]용대명률, [續]依原典用大明律, 而原典續典 有當律者, 從二典).

전후까지 존속해 온 긴 역사가 있는 조선의 향약 중에도 자발적이고 자율적인 경우가 있지만, 그중에는 퇴계의 경우처럼 제재(制裁) 규정을 둔 경우도 있고, 지방장관이 창설 시행한 경우도 적지 않다. 상호부조나 동민의 결합보다 오히려 인민의 교화를 공통적 주목적으로 한 것이라 할 수 있다. 더구나 한국 고유의 계에도 환난상구(患難相求)를 목적으로 하는 것이 있으므로 계(契)와 연결하여 교화, 즉 악습을 양습으로 변향시키고 권선징악(특히 선행을 권함)을 공통적 주목적으로 한 것이어서, 그 성질이 마을공동체와는 다른 것이라고 할 수 있다.

한국의 향약 중에는 중국 주자의 「증손 여씨(增損 呂氏) 향약문」을 표준으로 한 것도 간혹 있지만, 율곡의 경우처럼 주자의 것을 참작하여 한국 실정에 알맞도록 덜 것은 덜고 더할 것은 더하면서 자주적 독창성을 발휘한 것도 있다. 또 퇴계의 경우처럼 형법의 형실을 갖추고 여씨 향약과는 관련이 거의 없어 보이는 것도 있다. 조정에서는 좋은 일이기는 하지만 약장(約長; 지도자)이 될 만한 인물이 있고서야 시행할 수 있는 일이므로 한국 고유의 독특한 것인 계의 방법에 의하여 자발적으로 시행하려면 시행하게 하여도 좋다는 태도이어서[16], 한국의 향약은 일률적으로 논할 수는 없는 것이다.

그 시행 시기와 입법으로 강행 지도할 여부에 대하여 오래 두고 조정에서 태도를 명확히 결정하지 못하고 논의를 계속하면서 훌륭한 지도자들이 생기고 실시하기에 적당한 시기를 기다렸다. 율곡 자기는 청주(淸州)와 해주(海州)에서 향약을 실시했으면서도 시기상조론을 주장하고 선양민 후교민(先養民 後敎民)을 고집하였다.

여기서는 다만 향약은 마을공동체 규범과는 그 성질이 같지 아니하다

---

16. 『조선왕조실록』, 명종 원년 8월(권4 제31장 전엽)기사(鄕約依契則可也).

는 것과 교화를 주된 목적으로 하였지만 향촌 자급자율의 습속을 조성하려는 목적도 있었다는 것, 구한말까지 향약을 실시한 지역이 적지 아니했다는 것만을 지적해 둔다.

2) 한국의 전통사회규범 - 공동체, 세교, 두레와 품앗이, 동제

필자가 일찍부터 여러 번 말해 온 것이지만, 상고시대에는 국법이 완비되지 못하였을 뿐 아니라, 어느 시대든 법이 아무리 발달되어도 그것만으로는 족하지 못한 것이므로 법을 초월하는 지역공동체의 강하고 광범한 사회규범이 있어서 그것이 미비·불완전한 국법의 효력을 뒷받침하여 사회질서를 유지할 수 있었다.

그런데 성문(成文) 및 불성문(不成文)의 고유법과 좁은 의미의 법령이 아닌 넓은 의미의 근본적 표준은 다름 아닌 그 법의 근본이념이었고 그것이 바로 우리 연구의 중요 대상인 한국 전통사회 법사상의 중요한 부분인 것이다.

전통문화의 계승이란 것이 고정된 틀에 맞추어 넣어 담는 것이나 또는 고루한 습속의 고집이 아닐진댄, 체험과 시대 변천에 따라 어떤 동적(動的) 전개가 이루어졌을 것은 물론이다. 그러므로 한 씨족, 한 나라, 한 사회에는 전대로부터 유산으로 이어받은 것, 또는 이어받아야 할 전통이 있는 동시에 버려야 할 것도 있을 수 있다.

또 밖으로부터 섭취해야 할 것은 너그럽고 겸허한 자세로 받아들여서 올바른 전통을 키워 나가야 할 경우도 없지 아니할 것이다. 다만 자기 앞의 현실을 주체적으로 체험하면서 자기가 이어받을 것은 살리고, 배울 것은 배우는 주체의식과 비판정신과 창의성을 가져야만 그 전통을 제대로 키워 나갈 수 있는 것이다.

어떤 경우에도 문화의 전파가 있게 마련이므로, 한국도 고유한 문화 위에다가 유·도·불 삼교와 법제도 기타의 문화를 중국으로부터 많이 받아들인 것이 사실이다.

중국의 하·은·주 삼대 이전에는 중국 한족의 문화보다 선행(先行)한 우리 한족(韓族; 중국인이 우리 한족을 人方·東人·東夷라고 했는데, 그 것은 韓人이 스스로 만든 이름이 아니다)의 문화권이 선재해서 동부 한족(韓族)의 문화가 우월성을 가지고 서부 중국으로 진출할 수 있어서 한의 동과 중국의 서 문화가 서로 교류되었으나, 공자가 은·주의 문화를 집대성하여 이룬 유교를 한인(韓人)이 받아들여 그 사상을 섭취하면서부터는 한자와 함께 여러 가지 문명을 중국으로부터 받아들이게 되었다.

그런데 공맹의 인의사상의 원천이 요(堯)·순(舜)이고, 그 순이 동이의 사람이고[17], 한국이 공자의 이상인 상(像)인 군자의 나라이고[18], 공자도 사상적으로나 지연적으로 동방(人方·韓族)과 깊은 관련이 있었다고 한다.[19]

중국인이 고사(古史)에서 한족(韓族)은 유순·근후하고 부인이 정신(貞信)한 나라라고 칭찬하였다 한다.[20] 그러므로 서부족과 동부족을 비교 조사하고 양방향 사상의 상호영향과 양자의 화합 가능성을 상고하여야 한다. 한국과 중국은 서로 영향을 받았지만, 각각 그 독자적 전통을 형성해 왔다고 보아야 한다. 우리 한(韓)족이 중국 한(漢)족으로부터 더 넓

---

17. 『규원사화』, 단군기. 『맹자』, 권 제8 離婁章句下(舜, 東夷之人也). 徐亮之, 『中國史前史話』(1975년 臺北), 260쪽.

18. 『논어』, 제5권 제9 子罕편 제13. 『後漢書』, 85 동이열전 제75. 『三國志』, 제30 魏書 동이열전 제30, 濊傳 제30. 『資治通鑑』, 제21권 漢紀 13 세종 下之上.

19. 徐亮之, 『中國史前史話』(1975년 臺北), 270쪽(熊姓國, 今山東曲阜縣).

20. 李始榮, 『感時漫語(韓譯)』, 31-32쪽. 『後漢書』, 85 제75 濊傳 및 東夷傳 末의 논평.

고 더 많은 영향을 받아들였다고 해서 부끄러울 것도 없고, 우리 한족의 사상이 중국 한족의 사상의 원천이 되었다고 해서 자랑스러울 것도 없다. 문제가 되는 것은 자기의 독창성을 어떻게 발휘했느냐 하는 데 더 중요성이 있는 것이다.

한인(韓人)이 중국에서 받아들여 발달시킨 것이라고 해서 신라의 왕관이나 고려청자, 조선의 아악이 중국의 그것이 아닌 것처럼, 한국의 유교철학이나 불교철학과 한국의 법철학은 한국적인 독자적 특징을 지니고 있는 것이다. 어떤 것은 중국의 사상을 모르고는 한국 사상의 발전을 이해할 수 없는 것도 더러 있지만, 그래도 그 밑바닥에는 한국 고유의 현묘지도(玄妙之道), 풍류(風流)가 깔려 있고, 또 한국화하면서 발전시켜서 자기 사상의 내용을 풍부하게 만든 결과인 특징이 있는 것이다. 그러므로 고집스러운 지난날의 복귀가 반드시 바른 전통은 아니다. 남의 것이라도 취해야 할 것은 취하고 우리 것이라도 버릴 것은 버리면서 우리에게 알맞은 것으로 만들어 후세에 전할 만한 것을 창조하려는 자각이 필요한 것이다. 그 전통 속의 정통(正統) 의식이 바른 전통을 키워서 높은 규범적 의미를 지니게 해야 하는 것이다.

공동체 규범과 법

한국에서는 자고로 강제규범인 국가의 제정법을 초월해 있어서 도리어 법에 어긋나는 생활을 하지 아니하는(결과적으로 보아서 법을 잘 지키는) 사람을 칭찬하는 뜻에서 '법 없이 살 사람'이라고 말한다. 한국의 문인, 시인 들은 태고적 순박한 사회, 즉 인위 조작이 많고 복잡하고 법적 구속 국가의 강제가 많은 문명한 산업도시에서 멀리 떨어져 있는, 선경의 무릉도원 같은 한적한 시골을 못내 그리워하고 있다.

우리 조상들은 상고시대에는 물론이고 실제로 필자가 경험한 최근까지도, 그다지 큰 것이 아닌 한 신분상 및 재산상의 모든 관계에 좁은 의미의 국법이나 국가기관의 강제력에 호소하지 아니하고서도, 즉 법이 없이도 촌락공동체 규범에 의하여 법을 넘어서 곧잘 살아왔다. 그러나 그런 생활이 전혀 물리적 힘과 심리적 압력을 초월한 것은 아니었음을 주목해야 한다.

그들의 각 동리(洞里)는 지리적 자연환경 조건과 지형조건, 자가(自家)노동 및 두레의 품앗이에 의하여 조직된 생산·자작자급(자급자족)에 가까운 경제적 독립성·상호부조적 협동·가정교육 내지 사회교육에 의하는 하나의 사회본위를 이루고 있었는데, 나라의 대부분이 그와 같은 농촌으로 구성된 농경사회였다는 것을 우리는 항상 기억해야 한다.

법 없이 사는 한국 전통사회의 각 동리는 외부에서 보면 표면적인 평온을 유지하면서 곧잘 살고 있는 것처럼 보였지만, 개인·가족·가정·일가·문중·대성(大姓)·잡성(雜姓)·계급·가진 자·못가진 자·세대 차 등등 복잡한 구성분자 사이에 갈등과 알력·분쟁이 없을 수 없었다. 그런 경우 수많은 분쟁과 어려운 문제가 대체로 마을공동체 내에서 보상·사죄·화해·양보 등의 과정을 거쳐서 해결되었기에 마을 안에서의 협동이 가능했고 마을이라는 공동체가 와해되지 않고 지속된 것이다. 그러므로 마을의 사회통제 기능이 우리 연구의 중요대상이 되는 것이다.

대를 이어 내려온 원수 집안 사이의 사건이거나 살인·강도, 또는 부락 간의 싸움 같은, 동네에서 해결을 보지 못할 큰 숙원이나 중범죄, 타지인 또는 타동과 관련되는 분쟁 사건은 매우 드문 것이었으므로 매우 중대하거나 특수한 사건이 아닌 한 대체로 동네에서 해결을 보았다. 그 시대에는 사(私)집행과 다수 채권자들이 채무자의 전 재산을 청산하여 안

분하는 '판염'이라는 관례가 있어서 현대사회의 강제집행이나 파산선고 따위 제도에 의하지 아니하고 외부(官)의 개입이 없이 해결할 수 있었고 또 개인 사생활 침해 같은 문제가 일어날 여지가 없었다. 대부분의 문제는 외부기관(국가기관인 관)의 개입 없이 부락민 간의 화해조정 내지 '동리재판'에 의하여 집안 일은 집안에서, 문중 일은 문중에서, 동네 일은 동네에서 해결함으로서 부락 내부의 일을 외부로 끌고 나가지 아니하고, 외부에서 보기에는 평온한 듯 살아왔다.[21]

이것이 한국의 전통사회인 것이다. 최근 한국의 새마을운동이 어느 정도 성과를 거두고 있는 것도 알고 보면 신문화·경제 근대화에 밀려서 점차 자취를 감추게 된 그들의 전통사회 동리의 조직이 그 밑바탕에 있기 때문이라는 것을 주목해야 한다.

그뿐 아니라 자고로 수치심이 강하고, 법보다도 강한 사회규범이 실효성을 가지고 있어 그 마을에서 돌려 놓여 마을 공동생활에서 밀려나게 되면 밤도망을 하는 수밖에 없었으므로 불미한 행동을 자제하도록 되어 있었다. 그것은 여러 천 년 전 고조선 사회 이래의 전통이었다. 금법8조만으로도 사회질서가 유지되던 상고시대 고조선에 있어서도 금법에 의하여 범죄자가 속금을 물고 체형을 면할 수 있었으나, 사람들이 그런 죄를 범한 파렴치자와 상종하는 것을 수치스럽게 생각하여 통혼도 하지 않았다는 것이다.[22] 그래서 공자도 한국을 군자의 나라라고 하였다.[23] 군자란 학덕이 높고 행동이 모범적인 사람을 말한다. 군자의 나

21. 최태영, 「한국 상고 법철학의 역사적 배경」, 1979, 학술원논문집 제18집 149-150 쪽. 최대권, 「농촌의 사회구조와 법」, 서울대 『法學』, 제18권 제1호(통권 37호) 箕 堂 화갑 기념호 논문.

22. 금법8조 주 63 참조.

23. 공자가 말한 군자의 나라 주 79 참조. 『漢書』, 28 地理志 제8 樂浪郡條 낙랑 조선

라란 풍속이 아름답고 예절이 바른, 서로 양보하며 싸우지 않는(互讓 不爭) 나라를 말한다.

세교

한마을 사람들은 서로가 잘 알고 또 일가친척과 사돈이 한마을에 살았다. 때로는 대성(大姓)이 자작일촌(自作一村)을 이루기도 하였다. 각 부락 각 공동체를 단위로 남의 자식을 내 자식처럼 보살피고 남의 부모도 내 부모처럼 공경하며 모두가 일가처럼 지내는 기풍이 있어서, 심리적 압력과 수치심과 자제력에 의하며, 각각 그 형세(경제력과 노동력과 기타의 여러 능력)에 따라서 협력하며 살았다.

우리 조상들은 특히 '세교'(世交; 여러 대를 계속해 내려오는 교분)라는 한국 특유의 풍습이 있어[24], 부락공동체가 일가친척처럼 지내 온 것이다. 사실상 같은 마을사람들은 한집안처럼 지냈기 때문에 한마을 사람들 간에 간통이나 강간·강도 같은 중한 사건이 일어나는 사례는 매우 드물었다. 또 어쩌다 일어난다 해도 서로 각 집의 형편을 잘 알고 있어서 어느 집의 일이거나 자기 집 일처럼 가장 적당하게 해결할 수 있고 모두가 서로 내 자식처럼 타이를 수 있었다. 이 '세교'는 구한국말까지 존속되어서 나도 준행(遵行)한 풍습이다.

인 犯禁八條項. 『論語』, 제5권 제9장 자한의 13.

24. 최태영, 「한국 상고 법철학의 역사적 배경」, 1979, 학술원논문집 제18집 149–150쪽. 세교는 자손대에까지 연속되므로 수대를 내려가면 그 연령에 차이가 많을지라도 숙질이나 형제의 교분이 친족 간이나 다름없게 되었던 것인데, 근래 도회지로 이산됨에 따라서 세교를 무시, 自破하고 현재의 연령에 따라 개칭하게 되었다.

두레와 품앗이

또 두레라는 농민공동체가 조직되어 농사일에 서로 도왔다. 삼한시대의 제 소국들은 촌락공동체의 결합이 잘되어 있어서 토지도 공동체인 '두레'의 공유에 속하였고, 농사도 '두레'의 공동작업에 의하여 협동적으로 하였다. 그것은 오늘까지 우리 사회에 남아 있는, 연원이 유구한 유풍인 것이다.

최근까지도 중부 이남 농촌사회에 성행한 두레의 조직으로 미루어서, 옛날의 부락 단위 공동체 조직이 매우 견고하였으리라는 것을 넉넉히 짐작할 수 있다고 이병도는 설명하고 있다.[25]

두레는 모내기와 추수 같은 일을 공동으로 할 뿐 아니라 음식, 노래와 춤, 소요되는 비용까지도 공동으로 했다. 내가 자란 황해도와 평안도 일대는 두레 조직이 없고 품앗이를 했는데 농민은 제 힘껏 일해 큰 효과를 냈다. 품앗이도 두레의 일종이랄 수 있지만 강제 단체인 두레는 가을 추수할 때까지 전체에서 비용을 내고 강제로 공동작업하는 것으로 개인을 구속하는 부분이 있다. 품앗이는 한 사람의 땅씩 돌려 가며 해주는 것이라 방식이 좀 달랐다.

사람들 사이에 가장 극렬한 대립은 가뭄에 모를 낼 때의 물싸움이었지만, 그것도 물 대는 순위의 순차가 있어 물 내려오는 저수지나 물고에서 가장 가까운 논부터 먼저 품앗이하고 그다음 둘째 논에 가서 했다. 그런 순차 때문에 못이나 수로와의 거리 원근에 따라서 지가에 차등이 있었음은 당연한 일이었다. 그러다가 비가 오고 모내기가 끝나면 마을의 평화가 자연히 회복되었다. 품앗이 순서에 따라 저희 집 일하는 날에

---

25. 이병도, 『한국사 古代篇』, 제303쪽 이하, 307쪽, 삼한의 사회상. 이병도, 『고대사회와 그 문화』, 20-30쪽.

는 집 주인이 일해 주는 전체 인원 모두에게 다섯 참을 해 먹여 대접하는 게 두레와 조금 다르다.

어느 조직이나 여름 김매기가 끝난 뒤에는 호미씻이가 성행했다. 내 고향의 호미씻이는 해당 지주들이 비용을 부담했다. 이것도 두레의 한 부분이긴 했다. 이날 농민들은 당(堂)의 깃대를 메고 나와 여러 지주의 집 마당을 돌면서 무동과 춤과 노래와 음식을 하고 크게 즐겼다.

내가 직접으로 견문한 실례를 몇 가지 들어 보이면 다음과 같다.

'서리'라고 해서, 밀이 익거나 콩이 여물면 그 밭머리에서 누구나 밀청대·콩청대를 해먹는 것은 일반이 허용했지만, 밀이나 콩을 다른 곳으로 가져가는 것은 절도 행위로 다루었다. 그러나 원두밭에 침입하는 것은, 원두밭을 놓는다고 해서 그 주인이 끝냈다는 표시로 원두막의 일부를 헐어 내기 전에는 엄금하였다. 이를 범한 자는 절도로 다룰 뿐만 아니라 그 원두밭의 그해 추정 소출의 전부를 비싼 값에 강제 매수시키는 것이 통례였다.

주인이 우마(牛馬) 감시를 게을리하여 타인의 곡물에 손해를 가한 경우에는 가축의 주인이 손해배상하는 것이 관례였다.

동제

한국 사회에서는 동제라는 행사가 마을 단결에 큰 몫을 하였다. 부여의 영고[26], 동예와 옥저의 무천[27], 삼한과 백제의 소도(蘇塗; 솟대)[28], 고구

---

26. 주 55 부여 항목 참조. 『後漢書』, 85 동이열전 75 夫餘國條, 同 韓條. 『三國志』, 제 30 魏書 東夷列傳 夫餘傳.

27. 주 55, 56 참조.

28. 주 68 백제 소도 참조. 『崔致遠전집』, 신라 지증대사 寂照之塔 並序 중 백제에 소도의식이 있었다(有百濟蘇塗之儀)는 기록. 이병도, 『한국사 고대편』 77-78쪽,

려의 동맹(동명)[29], 신라의 설·오월 단오·팔월 가배·시월 상달 등의 공동 축제[30], 고려의 연등·팔관회[31] 등이 그것이다. 원래는 모두 조상과 신을 숭배하고 추수에 감사하고 군민이 공락하여 단결을 굳게 하며, 중죄인을 공개 심사하여 형을 신중히 결정하고 전쟁 기타 국가의 중대사를 의논하는 대축제이었다.[32]

내가 어려서 견문한 바에 의하면 내 고향 황해도 장련(長連)은 구월산 밑에 있는데, 삼성사(三聖祠) 터와 대규모의 성황당이 구월산에 있고, 읍의 동에는 동탑(東塔)이 있었다. 산 기슭에는 당(堂)이 있어 명절 때면 군중이 성황대(성황목)를 가지고 다니면서 가무하는 광경을 보던 기억이 생생하다. 읍 서쪽에 탑거리라는 곳이 있으나 탑은 없어졌는데 과거에는 동탑 외에 서탑도 있었던 것으로 짐작된다. 특히 서탑거리 근처에 '솟대백이'(솟대가 박힌 곳)라는 곳이 있는 것으로 보아서 삼한·삼국시대 이래, 멀지 아니한 과거에 이르기까지 솟대의 유풍이 전해 온 것으로 짐작된다.

농산이 경제의 최대 근원인 삼한사회에서는 낙종기와 추수기의 계절제가 성대하게 거행되었음은 물론이다. 이러한 유흥적 대행사는 예맥, 부여 때의 유풍이어서 씨를 뿌린 뒤의 5월 단오 수릿날과 여름 김매기를

303-305쪽(소도). 『後漢書』, 85 동이열전 韓條. 『三國志』, 제30 魏書 東夷列傳 韓傳 馬韓條(蘇塗).

29. 『後漢書』, 85 동이열전 75 夫餘國條. 『三國志』, 제30 魏書 東夷列傳 고구려傳.

30. 이병도, 『한국사 고대편』(1959년), 597쪽(신라의 축제). 『三國史記』, 열전 거칠부전(王爲以惠亮僧統, 始置百座講會及八關之法). 『隋書』, 권81 열전 제46 동이선 신라조.

31. 『高麗史』, 世家 제2권 태조 26년 제14장 후엽-17장 후엽 훈요십조 其六(연등팔관…..君 臣共樂宜當敬依行之). 『高麗史節要』, 제1권 태조신성대왕 원년(무인)말, 동 26년(계묘) 十要訓 제6조.

32. 주 54-60, 주 67, 85 참조.

마친 뒤 농꾼들의 호미씻이, 추수기인 10월 상달의 여러 가지 축제 유흥의 습속은 지금도 우리 사회에 전해 오는 것이다.

동제는 마을 전체가 선조와 신을 받들고 다음 해에도 마을과 각 집에 재해가 없고 풍년의 행복이 오기를 빌며 마을의 단결을 굳게 하기 위한 정신적 상징이자 종교적 행사이다. 제가 끝나면 쇠고기 같은 제물을 각 집이 고루 나누어 먹는 의식이 따르고, 이어서 마을의 중대사를 의논하고 결산보고를 하는 대동회(大同會)를 열었다.

내가 직접 경험한 바에 의하면 부여 이래의 대축제와 거의 같은 취지의 대동제가 최근까지 서울 변두리 각 마을에서 행해지고 있었다. 근래에는 마을의 나이든 어른들이 지도하는 정신적 상징이기보다는, 유능한 실력자들이 지도하는 물질적 생활향상을 위한 사업공동체의 운동으로 차차 변신해 가고 있는 것이다. 새마을운동에 있어서는 정부의 설득과 기술, 자료 및 자금지원 아래 합동하여 공동으로 마을을 개량하고 시설과 부락공동체 및 각 부락민의 소득증대를 위한 사업을 진행하고 있다는 점에서 옛날의 전통과 다른 것임은 물론이다.

위에서 본 것처럼 농촌공동체인 마을의 사적인 규범이 국가적인 규범 강제의 장치도 없이 그 주민을 구속하며, 계 조직도 없으면서 상호부조의 실을 각자의 형세대로 잘 실현하면서 화목과 결속을 유지해 온 데에는 심리적 압력(돌려 놓이게 되면 심지어 밤 도망을 하게까지 되는 것)이 크게 작용했다. 또 계산을 하는 것은 아닐지라도 의무를 성실히 이행하면 언젠가는 자기도 그와 같은 부조를 받게 되리라는 기대도 보이지 않게 작용하였다. 더 근본적인 것은 내 집안의 일은 집밖에 소문내지 않고 내 집안에서 해결하고 우리 마을의 일은 관(官) 같은 외부의 개입 없이 마을 안에서 동네 재판 같은 방법으로 해결하여야 하며, 그런 것을 외부로 끌고 나가는 것은 떳떳한 권리 행사라기보다는 창피한 일이라고 생각하는 수치심 때문이라고 보아야 할 것이다.

이것이 한국인의 전통적 사회통념이라고 할 수 있다. 이에 관해서는 농촌공동체 사회구조의 옛 모습을 알기 위해 현재 농촌의 실제를 알아본 최대권(崔大權) 교수의 「농촌의 사회구조와 법」(서울대, 『법학』 18권)도 이를 증언하고 있다.

4장 한국의 고유사상과 외래사상

고조선 이래의 종교·사상·철학·풍속과 사회의 변천을 알려면 먼저 그 기반이 되는 고유의 조상 숭배와 제천과 무속과 풍류(玄妙之道)를 알아보고, 한인(韓人)이 유교·불교·도교 같은 외래의 사상을 어떻게 받아들여 어떠한 것을 만들었는지 상고해야 한다. 효도·충성·경로·경장·제사·제천 같은 것은 제 민족의 보편적 성향이라고 할 수 있는 것이지만, 그것들은 외래의 여러 사상이 들어오기 전부터 우리 생활과 사상의 기반이 되어 있었다. 또 보편적인 것이면서도 민족마다의 특색이 없지 아니한 것이므로, 이것을 알아보아야 한다.

1) 조상숭배-효와 충

충성과 효도는 중요한 교육내용이자 사회제도, 법과 연결되었다. 우리나라의 충효사상은 유교와 깊은 관련을 갖고 많은 사람들의 연구에서 폭넓게 다뤄진 것이므로 여기서는 다만 한국 전통사상의 중요한 바탕이란 것만을 지적하려 한다.

우리 선조들도 다른 모든 윤리적인 민족처럼 동족들이 서로 존중하였음은 물론이다. 효도는 자기 부모나 조상을 공경하는 것만이 아니고, 다른 사람의 부모와 모든 연장자를 공경하고, 이미 세상을 떠난 조상과 국조를 받드는 데까지 확대하여 지성으로 성묘하고 제사하며 추모하였다. 집집마다 조상을 추모하는 일가의 제사 외에 계절에 따라 전국적으로 가묘(家廟)와 국묘(國廟)와 무덤에 제사하는 풍습은 오늘날까지 전래하고 있다. 효자녀에게는 상과 직을 내리고 문을 세워 주고 동네 이름까지 효자마을로 고치고, 불효하는 자는 엄히 벌하였다.

나라와 임금에게 충성하며, 나라마다 국조를 추모하는 묘사(廟祠)를 세우고 국왕이 친히 제사함으로써 전 민족이 하나로 단결하여 국난에 대처하였다. 그리하여 기꺼이 전장에 나아가고, 관인(官人)뿐만 아니라 무인(男女巫人)도 목숨을 걸고 직언으로 충간하였다. 살아서는 물론이요, 유언으로 사후에까지도 나라와 겨레를 지킨 임금과 충신이 있었던 것은 모두 그 충성의 흐름인 것이다. 반면에 반역자는 엄히 벌하였음은 물론이다.

2) 제천

하늘에 제사 지내고 보본(報本)하는 조선족의 전통은 오래된 것이다. 신시시대-고조선 이래 하늘과 조상을 최고의 신으로 숭배하는 제천(祭天)은 계승되었다. 백두산은 고조선 개국 이전부터 조선족이 제천하던 곳이고 우리 조상족이 제일 먼저 개척한 송화강 연안은 고대에 소밀·속말·소머리, 즉 우수(牛首)·우두(牛頭)라고 하였다. 흰 소를 잡아 제천하던 데서 비롯되었다고 한다.

우리 조상들은 박달나무 아래 제단을 만들고 소도(蘇塗)를 세워 하늘과 조상을 숭배하는 수두교(소도교)를 펴고 법질서를 두루 보호하며 교화하여 살았다.

삼한 지역과 백제에도 소도라는 종교적 성지가 있어 이곳에서 하늘에 대한 제사가 행해졌음이 기록에서 확인된다. 최치원이 쓴 「난랑비 서(序)」에 "백제에도 소도 행사가 있었다"고 했다. 경북 문경 봉암사에 있는 신라 지증대사 적조탑(寂照塔)비에는 "동국이 정립하였을 때, 백제에 민족축제 소도 의식이 있었다"고 새겨져 있다. 또 중국『삼국지』위지의 고구려전과 삼한전에 "여러 나라에 각각 별읍이 있어 솟대라고 하는 나무를 세우고 제사 지낸다"는 기록이 있고, 조선 중기 이맥의『태백일사』「신시본기」에 "신시를 세운 환웅천왕의 공덕은 수두, 제천의 고속(古俗)에 의하여 분명히 전송되어 잊히지 아니했다"고 했다. 같은 책「마한세가」에 "이로부터 수두 제단이 도처에 세워졌다"는 기록이 있다.

대개 삼한시대 혹은 삼국시대까지 그런 행사가 있었던 듯하다. 근세까지도 황해도 장련에는 솟대백이라는 지명이 남아 있었다. 신채호가 조선 한족의 특징이 하느님과 조상을 받드는 수두교에 있다고 본 것은 매우 주목할 일이다. 고조선의 수두교는 요·금·중국 등 각지에 널리 분포된 사실도 역사에 기록되어 있다.

우리 한민족이 고대 이래 처음부터 그렇게 위하고 섬기는 하늘-천(天)이란 인정법(人定法)에 대한 자연법, 즉 사람이 인위로 정하지 않은, 이상적인 법으로서 자연법의 개념이다. 중국의 천(天)은 우리와 다르다. 하느님이 없이 자연의 하늘을 말하는 것으로 자연의 원칙, 자연적으로 그런 결과가 온다는 것이다. 즉 중국은 하늘은 있어도 하느님이란 개념은 없다. 한국의 천(天)이란 중국보다 더 전에 천하를 주재하는 홍익인간이라는 세계를 창조하고 하늘이 운행한다는 것이다.

삼한을 포함한 고조선 왕국에서 숭배하던 최고신은 하느님이었고, 그 기본정신은 '인간을 널리 이롭게 한다'는 '홍익인간'이었는데 이것을 고 선교(古仙敎)라고 하였다. 고대 한국민족은 하늘을 숭배하였기 때문에 스스로 천손족이라고 불렀다. 제주(제사장)를 천군이라 하였다. 고조선의 개조인 단군임금은 제천하는 제주(祭主)와 치국하는 군주의 두 신분을 겸하였고, 고대 신라 초기의 군왕 중에도 신직을 겸한 예가 있다. 대체로 고조선 열국 시기 및 삼한에서 제정이 분리되었는데, 이는 통치자의 권력이 강화 확대되면서 종교적 직분을 분리시켜 왕권의 예속 아래 두었기 때문이었을 것이다.

상고의 소도 행사나 고대의 국중 대축제는 모두 제천을 주된 목적으로 삼았고 중세와 근세에 있어서도 제천, 즉 천지의 주재자를 받드는 일을 게을리하지 않았다. 부여에는 '영고', 고구려에는 '동맹', 동예에는 '무천', 삼한에는 '5월제'와 '10월제' 등이 있었다. 이것들은 추수철을 맞아 하늘과 조상에 감사하는 제천의식의 성격을 띠는 동시에 음식과 노래와 춤으로 즐기는 때이기도 하였다. 내가 매우 중시해 온 하늘을 공경하고 조상을 받들며(경천숭조), 근본에 은혜를 갚고(보본), 하늘과 사람이 합하고(천인합일), 임금과 인민이 함께 즐기고(군민공락) 민족이 뭉치기 위한 뜻깊은 나라 행사였다.

제천하여 경천, 숭조하는 동이의 전통에 대한 기록은 수없이 많다. 『규원사화』 단군기에 "하늘에 제사 지내고 보본하는 예는 단군에서부터 비롯된 것이다"고 하였다. 삼국시대에도 역대왕들은 즉위하면 제일 먼저 건국 시조묘에 제사하여 보본했으며, 발해에도 보본단이 있었다. 조선 태종 때 정치가이자 학자인 변계량은 "단군의 강림은 요임금 즉위년인 무진년과 같은 해이고 하늘에 제사하는 의례는 동방의 전통이므로 어떤 이유로도 폐지할 수 없다"고 하였다.

3) 최치원의 현묘지도(玄妙之道; 풍류) - 한국사상의 근본

지금 남아 있는 우리 고사의 저자들은 모두 외래 사상을 섭취한 후대 사람이어서 그 글의 표현에는 외래의 타교적 색채가 많이 보인다. 그리고 우리의 고유한 사상이 외래 사상과 공통되는 바탕을 지닌 경우도 있다. 그래서 외래의 사상과 서로 같은 것이 더러 있다고 할지라도, 도교·유교·불교의 삼교(三教) 전래의 연대가 삼국시대라는 것이 우리의 사기에 분명히 기재되어 있는 이상[1], 아니 그보다 조금 일찍 들어온 흔적이

---

1. 三教 전래의 연대에 대하여, 유교는 유학을 교육하는 학교 설립과 전후해 들어왔을 것이다. 그것이 고구려는㉠ 소수림왕 2년(372년)이고, 백제는㉡ 서기 3세기쯤에 박사 왕인이 『논어』와 『천자문』을 일본에 전하였다 하니 고구려보다 많이 앞섰으나 학교 설립 연대는 불분명하고, 신라는㉢ 신문왕 2년(682년)이라고 기록되어 있다. 불교의 전래는 고구려는㉣ 소수림왕 2년(372년)이고, 백제는㉤ 침류왕 1년(384년)이고 신라는㉥ 눌지왕시대(417-458년)에 전래하여 법흥왕 15년(528년)에 공인되었다. 도교는 고구려는㉦ 건무(영류)왕 7년(624년)에 처음으로 전래하여, 보장왕 2년(643년)에 당에 도교와 도술을 청해 왔는데, 을지문덕이 수나라 장군에게 보낸 詩로 미루어 그보다 조금 앞서 일부 인사에게는 전해졌던 듯하다(주 99 참조). 백제에는㉧ 불교 절이 많으나 道士는 없다고 『周史』에 기록되었으나, 막고해(莫古解)가 태자에게 간한 말로 미루어, 그보다 앞서 근초고왕 때(347-375년) 도가의 글이 들어와 있었던 듯하다(주 100 참조). 신라㉨에서는 진평왕 9년(589년) 大世와 仇柒이 신선이 되려고 바다로 떠났고, 효성왕 2년(738년)에 당의 사신이 노자의 『도덕경』을 바쳤다는 기록이 있다. ㉠『三國史記』, 고구려본기 第六 소수림왕 2년 6월 기사(태학 설립). ㉡ 일본의 『日本書紀』, 『古事記』, 『古語拾遺』 등에 기록이 있으나, 우리나라 사기에는 그 이름이 보이지 아니한다. ㉢『三國史記』, 신라본기 第八 신문왕 2년 6월 기사(국학 설립). ㉣『三國史記』, 고구려본기 第六 소수림왕 2년 6월 기사. ㉤『三國史記』, 백제본기 第二 침류왕 원년 9월 기사. ㉥『三國史記』, 신라본기 第四 법흥왕 15년 기사. ㉦『三國史記』, 고구려본기 第八 건무(영류)왕 7년 2월 기사. 『三國史記』, 고구려본기 第九 보장왕 2년 3월 기사. 『三國史記』, 권제44 열전 제4 을지문덕조 제1-2엽 및 『隋書』, 제6권 60 열전 제25. (주 98 참조). ㉧『三國史記』, 백제본기 第三 근구수왕 원년 기사 (주 99 참조) ㉨『三國史記』, 신라본기 第四 진평왕 9년 7월 기사.

더러 있기는 하나, 우리 상고의 사상을 구태여 외래사상의 영향을 널리 받은 것이라고 볼 까닭은 없다.

장구한 세월에 걸쳐서 어떤 기반 위에 어떤 외래 사상들을 어떻게 비판하여 우리에게 알맞도록 취사섭취하여 자기의 사상을 심화하고 체계를 세우고 독창적인 사상과 철학으로 발전시키고, 그 내용을 풍부하게 살찌워 올바른 전통을 만들어 이상사회를 실현하기에 얼마나 힘써 왔는지를 알아보는 것이 우리의 과제이다.

유교·불교·도교의 전래를 알아보면, 유교는 유학을 교육하는 학교 설립에 전후하여 들어왔을 것인데, 그것이 고구려는 소수림왕 2년(372)의 태학 설립이다(『삼국사기』 고구려 본기). 백제는 서기 3세기쯤에 박사 왕인이 『논어』와 『천자문』을 일본에 전하였다고 『일본서기』 『고사기(古事紀)』 『고어습유(古語拾遺)』 등에 전하니 고구려보다 많이 앞섰으나 학교 설립연대는 불분명하다. 신라는 신문왕 2년(682) 국학을 설립한 기록이 『삼국사기』에 전한다.

불교는 고구려에 소수림왕 2년(372), 백제는 침류왕 1년(384)에 전래되고 신라는 눌지왕 시대(417-458)에 전래하여 법흥왕 14년(527)에 공인되었다.

도교는 고구려 건무왕(영류왕) 7년(624)에 처음 전래하여 보장왕 2년(643)에 당으로부터 도교와 도술을 청해 왔는데, 을지문덕이 수나라 장수에게 보낸 시로 미루어 일부 인사에게는 그보다 조금 앞서 전해졌던 듯하다. 백제에 불교 절은 많으나 도사(道士)는 없다고 『주사(周史)』에 기록되었으나, 백제 막고해 장군의 말 중에 도가(道家)가 언급된 것으로 미루어 일찍이 근초고왕(346-375) 때 도가의 책이 들어와 있었던 듯하다. 신라에서는 진평왕 9년(589)에 대세(大世)와 구칠(仇柒)이란 사람이 신선이 되려고 바다로 떠났고, 효성왕 2년(738)에 당나라 사신이 와서 노자의 『도덕경』을 바쳤다는 『삼국사기』 기록이 있다.

그런데 우리에게 그만한 폭넓고 고유한 사상적 기반이 여러 천년 전부터 있었기에 그 모든 것을 섭취할 수 있었다는 것을 일찍이 천여 년 전에 지적한 이는 통일신라 말기 중국의 학문에도 능통하였으며, 삼교(三敎)의 설(設)을 섭렵한 당대 최고의 지식인 최치원(崔致遠)이다. 우리는 그에게서 우리의 고유한 전통적 사상의 뿌리에 대한 암시를 받게 되었다.

『삼국사기』에 의하면, 최치원이 난랑이라는 화랑을 기념한 비에 쓴 글에 다음과 같은 내용이 있다.

"나라에 현묘한 도(이치가 깊고 오묘한 것, Logos)가 있으니, 그 이름을 풍류라고 한다. 그것이 교를 창설한(設敎) 근원, 원천이다. 그 교를 창설한 연원은 선사(仙史)에 상세히 실려 있다. 일찍이 아득한 옛날 선사시대부터 모든 것이 상세히 구비되어 있고, 도교·불교·유교 삼교의 내용이 그 안에 포함되어 있어, 이에 접하면 모든 사람을 교화하는 것이다."[2]

"이를테면 들어오면 집에서 효도하고 나가면 나라에 충성하는 것은 노(魯)의 사구(司寇; 공자)의 뜻과 근사한 것이요, 자연 그대로, 무위로 일을 처리하고 말없이 교(敎)를 행함은 주(周)의 주사(柱史; 노자)의 종지와 같은 것이요, 모든 악한 일을 행하지 말고 모든 착한 일을 받들어

---

2. 『三國史記』, 신라본기 第4 진흥왕 37년 기사에 인용된 최치원의 「鸞郎碑序」에 "國有玄妙之道, 曰風流, 說敎之源, 備詳神史, 實內包含三敎, 接化群生, 且如入則孝於家, 出則忠於國, 魯司寇(孔子)之旨也, 虛無爲之事., 行不信之敎, 周柱史(老子)之宗也, 諸惡莫作, 諸善奉行, 如竺太子(釋迦)之化也…."

행하는 것은 천축 태자(석가)의 교화와 비슷한 것이다."[3]

삼국시대에 불교를 받아들여 신라와 고려에서는 독특한 호국 대승불교의 화쟁(和諍)정신 통일사상과 교관병수(敎觀幷修)의 방법이 창도되고, 역시 삼국시대에 도교를 맞아들여 왔다. 삼국시대부터 국학(종합대학)에서 유학을 가르쳐서 고려시대에는 제법 중국과 유학서적을 교류하다가 근세조선에 이르러 성리학(儒學上의 형이상학, 우주의 본체론 및 인간의 본성론)상의 독창적 이론 연구발표가 활발해진 것은, 우리나라에 상고 이래 이미 그런 외래의 제사상을 능히 받아들여서 취사·섭취·종합·포월(包越)하여 발달시킬 만한 바탕인 포용적인 '현묘지도–풍류'가 있었기 때문이다.

동서의 각 교(敎)의 이념이 우리의 이념과 각각 그 용어를 달리하고 있는 것처럼, 도교·유교·불교 삼가(三家)의 사상과 서양의 신사상이 우리나라에 전래하기 전에 이미 있은 바탕에다가 외래의 여러 가지 사상에서 취사섭취하여 심화하고 체계를 세우고 종합통일 포월하면서 독창적인 사상과 특색 있는 철학을 발전시켜 온 것이다.

그것이 바로 '현묘지도–풍류'라는 것이다. 이 풍류의 입장에서는 불가(佛家)에서 말하는, 누구나 마음은 평등하며 불성을 가지고 있기 때문에 대각, 즉 최고지혜와 정법을 구하면 모두가 불타가 될 수 있고, 따라서 이상사회를 실현할 수 있다는 대자대비·제도중생·보시·정토도, 유가(儒家)에서 말하는 도(道)·인(仁)·의(義)·인정(仁政)·덕지(德治)·애인(愛人)·보민(保民)이라는 것도, 도가(道家)에서 말하는 무위·자연·장생 즉 신선이 된다는 것도, 기독교에서 말하는 애린·경신·신망에 의하여

---

3. 『三國史記』, 신라본기 권 제4 진흥왕 37년 기사(난랑비 序).

영생 즉 천상과 지상의 천국을 실현한다는 것도, 서양의 자유·평등·인격의 존엄이라는 것도, 모두 그 풍류의 현묘한 도인 근본이념의 각 단면을 밝혀 보여주는 것이라고 보게 될 터이다.

현묘지도에 의해 이룩된 우리나라 국선, 즉 단군임금에 근원을 둔 무사훈련단인 고구려의 조의선인과 백제의 소도무사, 신라의 화랑도는 모두 우리의 고유한 현묘지도에 도·유·불 삼교에서 필요한 것을 조화시켜 그 내용을 더욱 풍부하게 하여 이룩된 것이다. 원광의 세속오계율 같은 것은 바로 그 예이다. 원효와 지눌과 의천의 호국 대승불교의 철학과 그 화쟁(조화)정신, 통일사상 및 교관병수의 방법과, 을지문덕 장군이 수나라 장수에게 보낸 시 가운데 평화사상과[4], 백제의 막고해 장군이 태자 시절의 근구수왕에게 정전을 권고한 지족론과[5], 고려 태조의 훈요십조[6], 세종대왕의 다수 인민에 대한 연민으로 생겨난 한글 창제[7], 조광조·이퇴계·이율곡 등 유학 성리학자들의 위인(爲人)·민본사상과, 이순신 장군의 충성의 구현, 유성원으로부터 정약용에 이르는 실학파의 프래그머티

---

4. 『隋書』 제6권 60 열전 제25 을지문덕이 싸움마다 이기고서 적장 우중문(于仲文)에게 보낸 시에 이르기를 "그대들의 신책은 천문을 궁구했고, 묘산은 지리를 다했도다. 싸움마다 이겨 공이 이미 높았으니 족한 줄 알진대 그만둠이 어떠하리(神策窮天文, 妙算窮地理, 戰勝功旣高, 知足願云止)"라고 했다. 을지문덕이 현묘지도를 이해하고서 쓴 글이라고 생각한다. 『三國史記』, 권제44 열전 권4 을지문덕조, 1-2엽.

5. 『三國史記』, 백제본기 第二 근구수왕조 원년 기사(중종 임신간본 제24의 9엽 후면)에 장군 막고해가 태자에게 간하기를 "일찍이 도가의 말을 들으니 족한 줄 알면 욕되지 않고, 그칠 줄 알면 위태롭지 않다고 하였습니다. 지금 얻은 바가 많으니 어찌 더 구할 것이 있겠습니까(嘗聞 道家之言, 知足不辱, 知止不殆, 今所得多矣, 何必求多, 太子善之止焉)"라고 했다.

6. 『高麗史』, 제1권 제14엽 후면 이하, 태조 26년 4월 기사.

7. 『조선왕조실록』, 세종 제113권 제36엽 후면에 "是月 訓民正音成, 御製曰, …愚民所欲言, 而終不得伸其情者多矣, 予料爲此憫然, 新制二十八字, 欲使人易習."

즘과도 가까운 실사구시 학풍의 위인·이민(利民) 정치와 공론(여론) 존중론 따위도 외래의 제 철학과 사상 그대로인 것은 아니다. 즉 도교·유교·불교의 삼교라든지 인도철학이나 중국철학 또는 서양철학과 그 사상의 단순한 이입은 아닌 것이다.

중국인이 상고 및 고대의 한인(韓人)을 두고 "사람을 존중하며, 도로써 어거해 가니(도가 있으니), 거기에 군자의 영구불사의 나라가 있다"고 평한 것처럼, 평화를 애호하여 영원불멸의 나라를 향하는 사상이 있는 것이다.

최치원의 말대로, 우리는 상고시대부터 갖추어 가지고 있는 오랜 포용적인 바탕 위에 외래의 제사상과 철학과 종교를 취사섭취하여 종합통합 포월하며 심화하고 체계를 세워서 독특한 것으로 발전시켜 온 것이다. 그 원천, 기반인 것과 그 발전된 독창적인 것이 군자불사의 나라의 현묘한 도인 풍류이다.

한국의 법률사상·전통이념의 바탕은 한국 전통사상 전체의 기반 위에서 형성되어 왔음은 물론이다. 그것은 아득한 옛날 단군의 건국이념에서 발원하여, 몇천 년 후에 한인(韓人)들이 현묘지도·풍류라고 일컫게 된 한국 고유의 사상이다. 이는 중국 도가철학에서 말하는 도(道)나 중국인이 말하는 풍류(서양의 낭만에 가까운 것)와는 아주 다른, 그 폭이 매우 넓고 극히 심오한 한국 특유의 사상이라는 것을 이해하지 못하면 혼동과 오해를 가져오게 될 염려가 있는 것이다.

한국의 법철학도 바로 그 사회의 그러한 사상과 철학을 배경으로 하고 발전해 온 것이다. 상고사를 서설로 삼고, 이어서 한국의 법철학이 고대로부터 현세에 이르는 동안 그들의 어떤 고유한 지반 위에 외래의 어떤 것을 어떻게 받아들여서 어떤 독특한 것을 만들어 왔는지를 앞으로 논구하여 그 내용과 역사적 배경을 밝히는 어려운 일을 해나가는 것이 우리의 힘든 과제인 것이다.

4) 무속

외래의 도교·불교·유교 3교는 삼국시대에 전래되어 독창적인 것으로 발달하고, 그 전부터 있었던 우리의 고유한 풍류도 외래 사상과 함께 발달하면서 내용이 복잡 풍부해졌다. 다만 무속은 그와 달라서 역사가 가장 오랜 고유의 것이면서도, 이를 심화하고 체계를 세워 고상한 철학 이론을 제공하거나 윤리적 실천의 규제로서 훈도할 인물을 만나지 못했다. 무속은 다른 것에 눌리고 밀려나 천시되고 원시신앙 그대로 침체 타락한 때문에 후일 잡귀 숭배의 미신으로 퇴화해 버린 것이다. 그러나 무속은 오랜 지반을 가지고 뿌리를 넓고 깊이 박아 놓았기 때문에, 조선민족 상고의 원시신앙과 고유한 사상의 연원과 그 사회의 변천을 알려면 무속에 착안하여야 한다는 것은 여러 학자가 일찍이 지적한 바 있다.

상고시대와 고대 신라 초기 왕실은 무사(巫師)들이었고, 고구려와 백제에도 국가의 중대사를 판단하며 국묘에 제사하는 무사(巫師)가 있었다. 중세 고려에서도 팔관회와 기우제 등 국가의 대행사에 무격(巫覡; 남녀 무속인)이 동원되었고, 상류의 부녀가 선관(仙官; 무당)이 되기도 했다. 무속이 천시 배척된 근세조선에서도 길흉화복을 판단하는 무격이 소속된 관서로 성숙청(星宿廳)과 전염병 환자를 격리치료 구호하는 동서 활인서(活人署) 등이 있었다.

주의할 것은 고조선과 삼한 삼국시대의 제천은 천지의 주재자를 받드는 신앙의 표현이었지, 잡귀를 숭배하는 미신적인 통상의 살만교(샤머니즘)가 아니었다는 점이다. 양자는 분명히 구별되어야 한다.

단군시대와 삼한 및 삼국시대를 통해 제정일치 및 제정 분리시대 초기의 사회지도자들을 지칭하는 제사장인 무인(巫人)과 삼국시대 이래의 퇴폐한 미신적 샤먼을 지칭하는 속칭의 무격과는 분명히 구별해야 한다는 것이다.

전자는 고조선의 환웅·단군과 신라의 2대왕 남해 차차웅과 삼한시대의 별읍성역의 천군처럼 하느님과 국조를 숭경하며 민중을 지도하는 제주이며 선견의 식견을 지닌 선도자들이다. 후자는 지금 우리가 무당 박수라고 속칭하는 자들처럼 잡귀를 숭배하는 살만(샤먼)이다. 그것을 혼동하게 된 것은 우리의 역사서와 속어가 한자를 사용하여 양자를 모두 무당이라고 통칭한 데서 생긴 용어 때문인 것이다.

살만교는 살만(샤먼)이라는 사람이 신(정령)에 힘입어서, 천지간에 충만해 있는 선하고 악한 모든 정령의 뜻을 탐지하고, 신과 인간 사이에서 이상한 영감을 가지고 영능을 행사하며, 신들에게 제사하여 그 신들을 불러내어 부리고, 그 신들을 찾아서 다른 세계에 갔다가 와서 그 여행담을 하기도 한다. 또 그 신들을 잘못 건드려 생기는 모든 질병과 재액을 제거 예방하며, 연사(年事)를 순조롭게 하고, 점을 쳐서 모든 의문에 해답하고 길흉을 판단하며, 미래를 예언한다. 제천으로 신에게 기도하여 재화를 물리치고 행복을 가져오게 할 수 있다고 믿는 일종의 원시신앙이다. 그런 영능을 행사하는 사람인 살만을 조선에서는 무자(巫子)라 한다. 여무(女巫)를 무당이라 하고, 남무(男巫)를 격(覡) 혹은 박수(博數)라고 하는데 박수는 박사 혹은 복사(卜師)라는 말에서 변전한 것이라고 한다.

상고의 무속이 일반 살만교(샤머니즘)와 다른 만큼 그것이 살만교가 아니라고 하는 데는 일리가 있지만, 그 정신은 적어도 삼국시대 후기 이래에는 살만교의 일 특종으로 퇴화했음이 틀림없다.[8] 『삼국사기』 고구려본기 보장왕 4년 기사에, 우리 요동군이 당군(唐軍)에게 포위되어 급박한 때, '무당이 부신(婦神)을 꾸며 놓고서 안전할 것이라고 사설한 일' 따위는 벌써 분명한 잡귀 숭배의 미신인 것이다.

여하간 후대의 미신적 살만은 단군 이래 한족의 고유한 종교와는 다른 것이다. 미신적인 살만은 외래의 미신적 요소가 혼속된 것이 아닌가 한다. 그런 미신적 살만인 무교가 우리 사회에서 자생한 것이거나 외래의 요소가 혼속된 것이거나 간에, 고래로 부분적으로 공인되기도 했고, 금지, 혹은 성외로 축출되기도 했고, 때로는 무업의 세금제도가 생기기도 하면서 오늘까지 하류사회에 넓게 뿌리박고 있다. 그것은 연구를 요하는 분야이다.

그것에 일찍이 의문을 제출한 이는 북애이다. 그는 "조상의 덕망이나 업적을 이어받지 못하고 … 매년 10월이 되면 신께 치성드리고 큰 복을 비는 것이 단군이 남기신 바인데, 백성들이 무당과 장님을 찾아가니 이는 큰 폐단이다"고 『규원사화』 단군기에서 말하고 있다.

살만교는 인도 등 옛날 아시아 민족 간에 성행하였는데, 순수하고 원시적인 것이 남아 있는 곳은 아무래도 시베리아라고 니오라제(Georg Nioradze)는 저서 『시베리아 제민족의 원시종교』에서 밝히고 있다.[9] 그들은 대체로 조상을 숭배하며, 죽은 자의 영혼 불멸을 믿으며, 사후에도 생시처럼 모든 생활품과 시종자가 소요된다고 믿었다. 그래서 물건을 부장도 하고, 묘상에 무엇을 놓아주기도 하고, 순장도 하였다. 살아

---

8. 『삼국사기』, 고구려본기 제9 보장왕 4년 5월 기사. 우리 요동성이 당군에게 포위되어 급박한 때, 무당이 婦神을 꾸며 놓고서 안전할 것이라고 辭說한 일 따위는 벌써 분명한 잡귀숭배의 미신인 것이다.

9. Georg Nioradze, 『시베리아 제 민족의 원시종교』, 이홍식 역의 原序, 19쪽, 21쪽.

서 선행을 한 자는 선신들이 사는 천상으로 올라가고 악행을 한 자는 악귀들이 있는 지하로 내려간다고 믿는다.

구 시베리아인은 심리적 및 육체적으로 피나는 수련을 쌓고야 살만의 자격을 얻었다. 신 시베리아인은 그 수련기가 만료되어 살만이 될 때는 구차 곤란한 사람을 부자보다 먼저 도와주고, 또 보수를 많이 받지 아니할 것을 서약하는 것이 그 성별식(聖別式) 순서에 들어있다고 한다.[10] 그들 무축의 모호한 어귀 중에는 '우리 전능한 군주에 의하여 창조된 우리…' '모든 소원을 성취해 주소서…' 하는 등의 단편이 들어 있다고 한다.[11]

미개한 종족들 사회에는 토템의 습속이 있거니와 토템은 한국사에서는 희미하다고 보는 학자가 다수이다.[12]

그와 달리 무속은 조선에서도 상고 이래 뿌리가 매우 깊은 것이다. 단군과 그의 조상도 무사(巫師)였다는 설이 있고[13], 남해 차차웅 같은 신라 초기의 임금들이 무사였음은 이능화의 『무속고』나 『삼국사기』에서 볼 수 있다.[14] 고구려에도 국가의 중대사를 판단하며 국조묘에 제사하는 무사(巫師)가 있었음이 『삼국사기』에 나와 있으며[15] 백제도 같았을 것이다.[16] 중세 고려에서도 기우제에 무격이 많을 때는 3백여 명씩 동원됐다

---

10. 崔南善, 「살만교차기(薩滿敎箚記)」, 『啓明』, 제19호, 13.

11. 崔南善, 「살만교차기(薩滿敎箚記)」, 『啓明』, 제19호, 14.

12. 崔南善, 「살만교차기(薩滿敎箚記)」, 『啓明』, 제19호, 18. 천관우, 『한국상고사의 쟁점』, 144-145쪽.

13. 이능화, 「한국무속고」, 『啓明』, 제19호, 제1장 1쪽.

14. 이능화, 「한국무속고」, 『啓明』, 제19호, 제5장 5쪽. 『삼국사기』, 신라본기 제1 남해차차웅기사. 『삼국사기』, 雜志 제1 祭祀.

15. 『삼국사기』, 고구려 본기 제4 산상왕 13년 기사. 앞책, 고구려 본기 제1 유리왕14년 기사. 『삼국사기』, 고구려 본기 제9 보장왕 상4년 기사.

16. 앞책, 백제본기 제1 시조 온조왕 25년 2월 기사. 앞책, 백제본기 제6 의자왕 20년 6

고 『고려사』 인종 기사에 있다.[17] 팔관회의 대행사에 무당이 제주(祭主)가 되고 때로는 정승의 누이 같은 상류의 부녀가 송악사(松岳祠)의 무직(巫職; 하류의 부녀는 무녀라고 하고, 상류의 부녀는 선관이라고 하였다)에 임명된 일도 있음이 『고려사』 열전 정방길(鄭方吉)조, 충숙왕조에 보인다.[18]

산신, 성황신, 국무당(國巫堂), 별기은처(別祈恩處) 따위가 생겨 후일 조선의 그런 풍습의 연원이 되었고[19] 산해세(山海稅)와 무장세(巫匠稅)를 징수하여[20] 후일 조선에서도 같은 징수제도가 행해진 선례가 되었다.

고려시대부터는 귀신과 인물에 대하여 저주 방자(方子; 남이 못되기를 귀신에게 비는 것)하는 무고(巫蠱)가 성행하고, 심지어 무언(巫言)에 따라서 제방 쌓은 것을 헐어 버리는 일이 있음이 『고려사』 인종 기사에 나온다.[21] 요신을 숭배하여 요망 음탕한 가무가 길거리와 궁중의 무희(巫戲)로까지 발전한 때문에 출무(黜巫) 내지 금무(禁巫)하는 고관들이 생겨서 안향은 상주(尙州) 판관 재임 시에 요무들을 매 때려 벌하고[22], 김자수는 요무의 궁중 출입과 음사를 엄단한 일이 있다.[23]

근세조선에서는 도·유·불 3가의 풍속이 무속과 혼합하여 성속되었다. 천재이변, 그중 특히 날이 가물어 한재가 심하면 삼국시대 이래 시정의

<hr/>

월 기사.

17. 『고려사』, 세가 제16권 제26엽 인종 1년 5월 기사.

18. 이능화, 「한국무속고」, 제5장 고려 巫風 10. 『고려사』, 열전 제37권(통권124) 제20엽 鄭方吉條. 『고려사』, 세가 제35권 제23엽 충숙왕 15년 2월 기사. 제31엽 충숙왕 후4년 4월 기사.

19. 『고려사』, 열전 제12권(통권99) 제27엽 후면 제4행. 열전 제33권 제33엽 기사.

20. 앞책, 열전 제37권(통권124) 제15엽 후면 제5행 閔渙條.

21. 앞책, 세가 제17권 제16엽 전면 제6행 인종 24년 기사.

22. 앞책, 열전 제18권(통권105) 제28엽 후면 제2행 安珦條.

23. 앞책, 열전 제33권(통권120) 제33엽 후면 제3행 金子粹條.

득실을 평론하여 시정하며, 감선(減膳; 음식을 줄이는 것), 금주, 죄수의 석방, 형의 경감, 재립(載笠)·지선(持扇)의 금지, 즉 갓 쓰고 부채를 드는 정장을 하는 일조차 피했다. 불교 사찰과 영험한 산천과 성암(城岩)과 강화도와 저도(楮島), 소격서와 종묘국묘, 사직 등에 제사 혹은 초(醮; 기우제)했다.

무승과 맹인과 동자(조선시대 연못의 도마뱀잡이 푸른 옷의 취동(聚童)) 등을 무리로 동원하여 기도하고, 화룡제(畫龍祭) 및 용왕경(龍王經)을 통경(通經)하기도 했다. 집집마다 물병에 버들가지를 꽂고 분향하며, 때로는 마을을 옮기(移市)며, 불급한 공사의 역사(役使)를 정지하고, 하례를 간소화하고, 제일(祭日)에는 용형(用刑)을 피하고, 억울한 옥사를 공정히 재심리하고, 국왕과 중신 이하 전 국민이 수성(修省) 회책(悔責)하며 정성을 다하였다.

이와 같은 모든 행사 중에서도 기우제(醮)는 도교·유교·불교 3가의 풍속이 무속과 혼합하여 성속(成俗)된 양상을 가장 잘 보여주는 사례였다. 이에 관한 역사기록은 내가 찾아본 것만도 『삼국사기』의 고구려·백제·신라 항목, 『고려사』 『조선왕조실록』에 무려 70여 회 이상의 사례가 나온다.[24]

---

24. 『삼국사기』, 고구려본기 제4 고국천왕 16년 10월 기사(孤之罪也). 『삼국사기』, 고구려본기 제7 평원왕 5년 夏기사(減常膳, 祈山川). 『삼국사기』, 고구려본기 제7 평원왕 13년 8월 기사(重修宮室, 罷役). 『삼국사기』, 고구려본기 제7 평원왕 25년 2월 기사(下令減不急之事). 『삼국사기』, 백제본기 제1 다루왕 11년 秋 기사(禁百姓私釀酒). 『삼국사기』, 백제본기 제1 다루왕 28년 춘하 기사(慮囚, 赦死罪). 『삼국사기』, 신라본기 제2 내해니사금 6년 3월 기사(錄內外繫囚, 原輕罪), 15년 春夏 기사. 『삼국사기』, 신라본기 제4 진평왕 50년 夏 기사(移市, 畫龍祈雨). 『삼국사기』, 신라본기 제8 성덕왕 11년 5월 기사(赦). 『삼국사기』, 신라본기 제8 성덕왕 14년 6월 기사(祈雨). 『삼국사기』, 신라본기 제8 성덕왕 14년 12월 기사(赦罪人). 『삼국사기』, 신라본기 제9 경덕왕 15년 2월 기사(評論時政得失). 『삼국사기』, 신

여기에 주목할 것은 독관(讀官) 황념(黃恬)과 중종이 말한 바대로 '기

라본기 제9 혜공왕 13년 3월 기사(評論時政得失). 『삼국사기』, 신라본기 제10 흥
덕왕7년 기사(減常膳, 赦囚). 『삼국사기』, 신라본기 제11 문성왕 6년 3월 기사(侍
中퇴직). 『고려사』, 世家 제6권 제28엽 정종 9년 5월 기사(自責, 制曰 寡人不德治
此旱, 令放鷹, 禁捕魚, 避正殿, 雨). 『고려사』, 세가 제6권 제9엽 정종 2년 6월 기
사(避殿, 減膳, 自省). 『고려사』, 세가 제8권 제10엽 문종 2년 7월 기사(수년이래
水旱不調, 是皆刑政 所失怨憤所招…). 『고려사』, 세가 제9권 제36엽 후면 문종13
년 4월 및 6월 기사(念獄囚, 不急한 토목之役停罷, 設百官화엄경도장). 『고려사』,
세가 제12권 제23-26엽 예종 원년 6월 이후 기사(詔曰, 盖由不德所致, 今春之役,
是朕過也, 省躬謝. 過禧佛祈神, 大赦獄囚原免, 設道場, 講經, 姦貪官員黜之, 親
醮, 祭天地及山川神祇, 親設慈悲懺道場). 『고려사』, 세가 제14권 제37엽 예종 16
년 5월 이후 기사(상술한 것과 같은 것 외에, 聚巫禧雨, 作弊怠忽官吏免官, 講書
洪範, 齋僧三 萬, 飯僧一萬, 閏月기사 制曰 天時失順…寡人不德…). 『고려사』, 세
가 제16권 제24엽 후면 이하 인종 11년 4월 이후 기사(상술한 것과 같은 것 외에,
居位食祿無功如虫 無爲子除去, 集巫三百餘人 于都省廳祈雨, 徒市, 講洪範, 講中
庸). 『고려사』, 세가 제17권 제33-34엽 의종 5년 4월 기사 이하(以旱禁扇). 『고려
사』, 세가 제29권 제12엽 후면 충렬왕 6년 4월 기사(旱甚 禁人扇笠 及第 以旱 不
賜花), 5월 기사(聚盲禧雨). 『고려사』, 세가 제29권 제33엽 후면 충렬왕 7년 5월 기
사 (以久旱, 禁載笠持扇). 『고려사』, 세가 제29권 제38엽 전면 충렬왕 8년 4월 기
사(以旱徒市, 禁笠扇). 『고려사』, 세가 제30권 제18엽 전면 충렬왕 15년 4월 5일
기사(以旱禁酒, 聚巫禧雨, 禧雨于 圓丘). 『고려사』, 세가 제35권 제31엽 후면 충
숙왕 후4년 5월 기사(以旱徒市, 聚巫禧雨). 『고려사』, 세가 제39권 제34엽 전면 공
민왕 9년 4월 기사(宥二罪以下 王爲之日一食). 『고려사』, 세가 제41권 제19엽 공
민왕 17년 6월 기사(以旱甚 禁宰牛, 理免罪放囚). 7월 및 閏月 기사(以旱 放影殿役
徒) 『조선왕조실록』, 태종 제21권 제20엽 전면말 태종 11년 6월 기사(行기우제, 減
膳, 罷中外 工事). 『조선왕조실록』, 태종 제26권 제1엽 전면말 태종 13년 7월 기사
(聚群, 各處行祭). 『조선왕조실록』, 태종 제26권 제2엽 전면초 태종 13년 7월 기사
(皆人君否德之所召). 『조선왕조실록』, 세종 제32권 제4엽 전면초 세종 8년 7월 기
사(禧雨于社稷). 『조선왕조실록』, 세종 제72권 제19엽 후면 이하 세종 18년 (祭각
처). 『조선왕조실록』, 세종 제89권 제9엽 전면 이하 세종 21년 4월 기사(祈雨太一
醮禮, 각종행사列記). 『조선왕조실록』, 세종 제100권 제19엽 전면 세종 25년(望祭,
黃龍祭, 각종행사). 『조선왕조실록』, 세종 제116권 제26엽 전면 이하 세종 29년(分
遣各道). 『조선왕조실록』, 세종 제120권 제12엽 후면 세종 30년 5월 기사(각종 祭

도는 말(末)이오, 경천 근민이 본이어서 일정일사(一政一事)가 모두 천

徒市). 『조선왕조실록』, 세조 제20권 제35엽 전면 세조 6년 기사(聚童子82인, …廬
囚人). 『조선왕조실록』, 성종 제44권 제3-23엽 성종 5년 윤6월 기사(設數次醮, 각
종 祭, 행사, 徒 市 등) 특히 제17엽 (非卿之失, 實予否德所召). (旱. 於宮中終日親
禱, 命以홍윤성爲풍운 뇌우제 헌관, 김질 雲祀헌관, 以雨故, 賞祈雨僧 徒市). 제
21엽 후면(先儒, 論佛氏之害曰..) 제22엽(僧徒日衆, 兵農益少, …祈雨, 本 爲民, 佛
者, 本害民者也, 百餘匹之布(行常佛僧), 特虛施之私恩也, 則是齊民十家之産也,
事佛之無益, …知無益 則何憚而不能去乎). 『조선왕조실록』, 중종 제48권 제7엽 후
면 중종18년 5월 기사(親行 각처). 『조선왕조실록』, 중종 제54권 제29엽 후면말 중
종 20년 5월 기사. 『조선왕조실록』, 중종 제54권 제40 엽 전면 중종 20년 6월 기사.
『조선왕조실록』, 중종 제54권 제61엽 중종 20년 7월 기사. 『조선왕조실록』, 중종
제59권 제10엽 후엽 중종 22년 5월 기사(否德之所致, 祈禱末也, 敬天 勤民本也).
『조선왕조실록』, 중종 제59권 제14엽 중종 20년 6월 기사(廬獄囚). 『조선왕조실
록』, 중종 제61권 제38엽 후면 중종 23년 5월 기사(修省, 爲民之誠). 『조선왕조실
록』, 중종 제65권 제31엽 전면말 중종 24년 4월 기사. 『조선왕조실록』, 중종 제68
권 제53엽 전면 중종 25년 7월 기사(各處差使). 『조선왕조실록』, 중종 제72권 제12
엽 후면 중종 27년 6월 기사. 『조선왕조실록』, 중종 제84권 제57엽 후면 중종 32년
5월 기사. 『조선왕조실록』, 명종 제13권 제37엽 후면말 기사. 『조선왕조실록』, 명
종 제13권 제44엽 후면말, 45엽 전면 명종 7년 6월 기사. 『조선왕조실록』, 명종 제
17권 제10엽 전면 명종 9년 7월 기사. 『조선왕조실록』, 명종 제19권 제8엽 전면 명
종 10년 7월 기사. 『조선왕조실록』, 명종 제23권 제9-10엽 명종 12년 6월 기사(廬
刑獄, 祈雨행사, 救災之本, 實在, 人事之修, 不在祈禱之末). 『조선왕조실록』, 선
조 제4권 제4엽말 선조 3년 5월 기사. 『조선왕조실록』, 선조 제8권 제37엽말 선조
7년 5월 기사(修省, 勿爲慈殿賀禮). 『조선왕조실록』, 선조 제10권 제3엽 후면 선
조 10년 3월 기사(野外禁酒). 『조선왕조실록』, 선조 제75권 제13엽 후면 선조29년
5월 기사(祈於中外산천). 『조선왕조실록』, 선조 제87 제20엽 후면 선조30년 4월
기사(審理 冤罪). 『조선왕조실록』, 선조 제87권 제33엽 후면 선조30년 4월 기사(재
차 기우제, 각종행사). 『조선왕조실록』, 선조 제137권 제22엽 후면말 선조 30년 4
월 기사(依前例 審理冤獄). 『조선왕조실록』, 선조 제162권 제15엽 전면 선조 36년
5월 기사(삼차 기우제, 삼각산 巨岩). 『조선왕조실록』, 선조 제174권 제9엽 전면
선조 37년 5월 기사(각처 재차 기우제). 『조선왕조실록』, 인조 제18권 제55엽 후면
말 인조 6년 5월 기사(기우제 於社稷壇上). 『조선왕조실록』, 인조 제18권 제63엽
후면 인조 6년 6월 기사(由寡昧, 卿勿 控辭). 『조선왕조실록』, 인조 제38권 제27엽

지를 감동시키고 인민을 위하는 정성이어야 한다'는 것이 그 근본정신이었다는 점이다.

　그런데 일설에는 고대와 중세에는 인군(仁君)이 자책 반성한 기사가 많았으나[25] 근조선에 이르러서는 그와 달라서, 태종이 13년에 "가뭄은 모두 인군의 부덕한 소치인데 승, 무를 모아 기우함은 부끄러운 일이다"라고 하였다는 『국조보감(國朝寶鑑)』의 기록은 꾸며 낸 것이 아닌가 하고 의심할 정도라고 하나(이능화 『한국무속고』)[26], 나로서는 이능화의 그런 견해야말로 사실을 오판한 설이 아닌가 하고 의심할 일이다. 『조선왕조실록』에서 내가 본 것만도 태종·중종·숙종·인조 등은 분명히 신하들이 책임을 지고 직에서 물러나려 하여도 이를 허락지 아니하고 왕이 자신의 부덕 혹은 어두움의 소치라 자성한 사례가 기록되어 있다.[27]

　　전면 인조 17년 5월 기사(親行祭于사직, 翌日乃雨). 『조선왕조실록』, 현종 개수
　　제18권 제44엽 전면 현종 9년 2월 기사(祭日不宜用刑). 『조선왕조실록』, 숙종 제3
　　권 제36엽 숙종 원년 4월 기사(無非寡昧之不德). 『조선왕조실록』, 숙종 제35권상
　　제25엽 후면 숙종27년 5월 기사(行 7차 기우제). 『조선왕조실록』, 영조 제57권 제
　　43엽 후면 영조 19년 윤4월 기사(停止營膳, 行 3차 기우제). 『조선왕조실록』, 영조
　　제79권 제26엽 전면 영조 29년 윤5월 기사(事神之道, 爲民之誠).

25. 『삼국사기』, 고구려본기 제4 고국천왕 6년 10월 기사(孤之罪也라고 한 것) 이외에
　　전게. 주 118에서 이미 본 바와 같거니와 고려사에도 다음과 같은 예가 많다. 『고
　　려사』, 세가 제6권 제9엽 전면 정종 2년 6월 기사. 제28엽 후면 9월 5일 기사. 『고
　　려사』, 세가 제12권 제23엽 전면 예종 원년 6월 기사. 9년 5월 기사. 『고려사』, 세
　　가 제18권 제18엽 후면 의종 16년 5월 기사. 『고려사』, 세가 제20권 제33엽 전면
　　제5행 명종 24년 6월 기사. 『고려사』, 세가 제22권 제36엽 후면 고종 16년 5월 기
　　사. 『고려사』, 세가 제29권 제44엽 전면 충렬왕 9년 5월 기사.

26. 이능화, 「한국무속고」, 제6장 조선무속의 一聚巫 기우에 인용된 서책들.

27. 주 118 중의 「태종실록」, 태종 13년 7월 기사, 성종 제44권 제17엽 전면의 성종 5
　　년 윤 6-7월 기사, 중종 22년 5월 기사, 선조 22년 5월 기사, 숙종 원년 4월 기사,
　　인조 6년 6월 기사 등 참조.

또 시정의 득실을 평론하여 시정한 것과 억울한 옥사를 빠르고 공정하게 재심리한 것, 감선(반찬을 줄이는 것), 역사(役事)를 정지한 것 따위도 모두 자책과 반성의 표현인 것이다.

조선에서는 흔히 승, 무를 모아놓고 기우하였는데, 태종과 성종 때 이런 폐단을 금하려 한 예도 있었다.[28] 1900년대 내가 살던 황해도 장련에서도 비가 오래 안 오면 기우제를 지냈는데 물을 많이 갖다 부어놓고 장님을 데려다 물가에서 맹꽁맹꽁 소리를 하게 했다. 각처에서 다 기우제를 했는데 그러는 동안 비가 오기도 하고 맹꽁 헛하기도 했다. 무속의 분명한 퇴화였던 것이다.

무속(巫屬)들의 주읍(州邑)과 궁중 출입이 번잡해서 주와 군에 출입하는 자를 무당이라 하고, 궁중 출입자를 국무라 일컬었다. 무·승·복사(卜師)의 류(類)가 대비 등의 세력을 믿고 궁중에 출입하여 여러 가지 폐단이 생겼다. 대비가 임금의 병을 고치기 위해 무당을 시켜 궁중 혹은 공자묘인 대성전 뜰에서 난잡한 행동을 하는 것을 사기(士氣) 있는 성균관생들이 쫓아낸 일도 있었는데, 그때 대비의 대노에도 불구하고 왕 성종은 주연을 베풀어 유생의 사기를 돋구어 주었다 한다.[29]

무고 방자가 성행하여 별별 괴이한 사건이 궁중에서까지 생겨서, 사형을 받은 숙의도 있었음이 『조선왕조실록』의 명종과 광해, 영조조에 보인다.[30] 『조선왕조실록』에는 요무와 음사를 금지 혹은 엄단하고, 성

---

28. 聚巫, 僧 祈雨함이 상례이었음은 주118에서 본 바와 같으나, 때로는 그것이 탄망하며 폐단이 많음을 알고 전계 태종 13년 7월 기사, 성종 5년 윤6월 기사 및 佛氏之害論에 서처럼 이를 파하려 한 일도 있고, 주125 및 주 126에서 보는 바와 같이 요무, 승과 음사를 금단하려 한 일도 있었다.

29. 이능화,「한국무속고」, 제11장 禁妖巫及陰祀 중의 孔廟廷中 巫行陰祀.

30. 앞책,「한국무속고」, 제14 무고(저주).『조선왕조실록』, 명종 제1권 제41엽 후면 명종 원년 8월 기사(巫蠱之獄).『조선왕조실록』, 명종 제20권 제9엽 후면 명종 원

밖으로 무당을 내쫓았다는 기사가 많고[31], 『대전회통』 『속대전』 『수교집록』 『후속록』에는 법령으로 엄벌할 것을 정하기도 하였다.[32] 그러나 전적으로 금지하지는 못하고 성 밖으로 내쫓기에 애쓸 뿐이었으므로 무격들은 기회를 보아서 다시 성내로 잠입하였다.[33]

한편으로는 무업세와 신세(神稅)를 법제화했다고 『속대전』과 『수교집록』에 기록돼 있다.[34] 또 충우위무병(忠翊衛巫兵), 난후포수(欄後砲手), 무부군뇌(巫夫軍牢) 등 무병(巫兵)제도를 마련하고[35], 길흉화복을 예측하는 관서인 성숙청과 방역과 환자를 격리하여 구호하는 관서인 활인

년 8월 기사(巫蠱之獄). 『조선왕조실록』, 광해 제68권(5년 7월 3일, 동 12일), 제72권(5년 11월), 제96권(7년 11월) 기사(巫蠱之獄), 영조 제61권 제12엽 전면 영조 21년 2월 기사(巫蠱之獄).

31. 『조선왕조실록』, 세종 제48권 제17엽 전면말 세종 12년 5월 기사(禁잡인, 入神社). 『조선왕조실록』, 세종 제72권 제10엽 전면 세종 18년 5월 기사(禁巫覡). 『조선왕조실록』, 세종 제89권 제7엽 후면 제8엽 전면 세종 21년 4월 기사(上曰…赦宥無益於救災乎, 且子聞 有僥倖之徒欲冤飛憲…라 하여 극히 경범만 기우로 赦한 기사). 『조선왕조실록』, 성종 제58권 제7엽 성종 6년 8월 기사(王曰, 還入城内者 엄금). 『조선왕조실록』, 성종 제143권 제2엽 후면 성종 13년 7월 기사(祖宗朝事, 有可行者, 有不可行者, 其罷之(巫기우)). 『조선왕조실록』, 중종 제5권 제 42엽 후면 중종 3년 3월 기사(野祭佛祀陰祀금지). 『조선왕조실록』, 중종 제56권 제23엽 후면 중종 20년 윤12월 기사(路傍陰祀痛禁). 『조선왕조실록』, 중종 제127권 제62엽 후면 중종 52년 3월 기사(禁巫覡음사). 『조선왕조실록』, 중종 제83권 제63엽 전면 중종 32년 2월 기사(法司摘發, 黜城外 流島 城中 巫家撤毁).

32. 『大典通編』, 제5권 제24엽 후면(留城中者 並摘發論罪條). 『大典會通』, 同條. 『續大典』, 제5권 刑典 禁制 同條. 『受敎集錄』, 제5권 刑典 禁制(城中巫 刷出條). 『後續錄』, 제5권 刑典 禁制(城中巫 적발치죄조).

33. 이능화, 「한국무속고」, 제12장 黜巫城外.

34. 『續大典』, 제2권 戶典 雜稅(外 方巫女錄案收稅). 『受敎集錄』, 제2권 戶典 收稅(무녀세).

35. 이능화, 「한국무속고」, 제10장 巫兵制.

서, 두 관서에 무격을 소속시켰다.[36] 자고(自古) 이래의 별점, 예언, 치병 등 무사(巫師) 본래의 직능을 생각하면 이는 우연한 일이 아니다.

무축(巫祝)은 그 대상인 신과 행사의 목적에 따라서 몇십 종이 있지만, 그것을 통칭하여 굿 혹은 풀이라고 하는데, 굿은 궂은 일, 사람이 죽는 궂은 날 따위 불길하고 흉험한 재액을 물리치는 것을 의미하고, 풀이는 풀어서 의문에 해답하며 판단하고 죄와 화로부터 풀려나게 하는 것을 의미한다. 굿의 종류와 신의 종류와 신당의 종류는 그 수가 많고 복잡했다.

각 종족마다 공통적인 살만(샤먼)의 상징인 신비한 성물로 방울(악령이 그 소리를 싫어하여 쫓겨 간다고 생각한 것)과 북(선신은 그 소리를 기뻐하고, 악령은 이에 쫓겨간다고 생각한 것)과 거울[광명과 조영(照映)은 신비한 작용을 한다고 생각한 것]이지만, 조선의 무당은 굿할 때에 방울과 채색 부채를 들고 흔들었는데 그 무선(巫扇)에 3불의 화상이 그려져 있는 것으로 보아 무선은 후대에 불교가 전래한 후에 생긴 것인 듯하다. 무축에서 무격이 술법(마술 같은 기행)을 행하는 것도 제 종족에 공통되는 바이지만, 조선의 무격은 작두날 위를 맨발로 타고 걸어 다니기도 하였다.

또 무행(巫行)에는 가무하되 특히 날뛰는 것도 공통되는 것이지만, 조선에서는 무자(巫者)의 그것이 가무와 타령(打令; 妥靈에서 생긴 말인 듯하다)의 시원일 것이라는 견해까지 있다. 타령은 신령과 타협한다는 의미인 타령(妥靈)과 동음이다. 물론 고대부터 음악이 발달되어 이를 담당하는 국가기관과 관직이 제정되어 있었는데, 이는 무행(巫行)과도 관련이 없지 않다고 생각된다(이능화 『무속고』 제1장의 1, 제13장의 10,

---

36. 앞책, 제8장 巫覡所屬之官署.

제16장의 10 등 참조).

무가의 사설 중에는 '어라(왕) 만슈(萬壽), 어루(왕비) 만슈(萬壽)' '강남조선(중국의 강남, 즉 옛날 우리 조상들이 살던 땅과 인접한 곳)' '일출세계' '월출세계' '사해세계'(해와 달의 숭배와 신라의 광명신과 세계사회, 즉 평화사회를 의미하는 것), 삼신(단군시조의 삼성) 등 조선 고유의 것과, '삼불' '십대왕' '칠성' '나무아미타불' '불선(佛仙)' 등 도교, 불교 등 외래의 것이 많이 혼합되어 있는 것으로 보아서, 무속이 외래의 제 교풍과 융합 합속되었음을 알 수 있다.

기독교와 회교의 영향으로 살만교가 전멸에 가까운 서(西) 시베리아 민족 중에도 십자를 세 번 그은 후에 무행(巫行)을 하기도 하고, 성상 앞에 살만교 식으로 촛불을 켜 놓는 정교의 신자가 있다는 니오라제의 저서를 생각하면[37], 조선의 기우제처럼 도교·유교·불교 삼가(三家)의 풍속이 무속과 혼합 성속(成俗)된 것도 괴이한 일은 아닌 듯하다. 내 말은 조선 무당들이 고유의 어라 만수 축원에다 불교의 나무아미타불을 태연히 갖다 붙이듯이 머잖아 기독교의 할렐루야를 무당 주문으로 갖다 쓸지도 모른다는 것이다.

---

37. G. Nioradze, 이홍식 역, 『시베리아 제 민족의 원시종교』, 원서(原序) 21쪽.

5장 한국 법사상의 역사적 배경

1) 단군조선의 개국이념 홍익인간

근본이념은 '홍익인간'이라는 넓고 큰 뜻이다.

우리의 조상들은 이와 같은 '근본이념'을 구현하기 위하여 장구한 역사를 통하여 언로(言路)를 열어 공론을 세우고, 자유와 평화를 실현하려고 모든 장애를 헤치면서 진퇴를 되풀이해 오고 있는 것이다.

우리 역사의 대부분이 단군의 건국이념을 구현해 온 기록이지만, 그 중에서도 뚜렷한 근거가 있는 것 몇 가지만 추려 보기로 한다. 일제강점 이후, 단군의 사적이나 그의 사상을 말하면 이를 부인하는 것이 가장 과학적인 것처럼 설레는 준(準) 일본인이 많으므로, 주로 고고학적 증거가 있거나 그 당시의 문헌이 전해 주는 것만을 추려 보기로 한다.

현재까지 전해 오는 사기(史記)와 우리 고대사에 명시된 고조선 개국기에 의하면, 서기전 2333년 제정일치시대에 단군왕검(단군은 제사장이오, 왕검은 임금이다)의 고조선 개국이념은 '홍익인간', 즉 널리 모든 사람을 이익되게 하는 것이다.[1] 전 인류사회의 평화와 행복, 전 세계 인류의 영원한 이념이다. 더 넓고 더 클 수 없는 최대한의 이익이다. 그 사상은 바

---

1. 『三國遺事』, 제1권 고조선(中宗 임신본간 고조선조 제4행).

로 우리 민족의 구심점이며 동시에 세계화를 받아들이는 터전이다. 이 차원이 높고 폭넓으며 고상하고 광대한 사상, 원대한 이념을 여기서는 다만 법의 이념으로 다루는 데 그칠 밖에 없다.

그것은 인간을 본위로 하며 인민을 근본으로 하고, 치자(治者)와 피치자(被治者), 개인과 나라 모든 단체가 일체가 되는 '인본' '위민'주의인 것이다. 단군이 개국한 이래 역대 제국이 개조를 추모 숭앙한 것도 그것이 전 국민이 주체가 되어서 천인합일(天人合一)의 경천사상 아래 조상숭배에 의하여 신(神)·군(君)·민(民)이 혼연일체를 이루는 첩경이기 때문이다. 고조선 이래의 건국이념, 따라서 법의 이념은 이와 같이 광대·고상한 전 인류, 세계사회의 이상 그것이었다. 이 이념은 처음부터 밝은 정치(光明理世)라는 정치이념과 서로 안팎이 되어 있었다.

단군의 조국과 조상을 환국(桓國)·환웅(桓雄)이라고 한 '桓'은 '환'하게 밝게 비치는 것과 '한'(큰 것)을 의미한다고 한다. 고조선의 개조 단군의 조상, 조신(祖神)이 환하게 밝힌다는 의미로 환이라고 한 것과[2], 고구려 시조가 태양이 비치어서 수태하였다 하고 그 이름을 동명(東明)이라고 한 것[3], 신라 시조가 세상을 밝게 다스린다는 뜻의 혁거세(불구내; 弗矩內)라고 이름한 데 이르러 광명이세란 이념이 더욱 뚜렷해졌다.[4]

또한 태백산·장백산·백두산의 '백'과 배달민족이 즐겨 입던 흰옷빛도 그러하고, 조선이라는 국호도 신선한 아침 해의 '밝음'을 뜻하는 것이라

---

2. 北崖, 『揆園史話』의 조판기(肇判記) 초두에 의하면 "한 큰 주신 환인이 무량의 지능으로 전 세계를 다스리며, 최상천에서 항시 광명을 환하게 비치나니, 桓이란 곧 광명이요, 因이란 本源이다."

3. 『三國史記』, 고구려본기 제일 시조 동명왕조.

4. 『三國遺事』, 제1권 제12엽 후면의 세주에 박혁거세왕이란 "盖鄕言也, 或作弗矩內王, 言光明理世"라고 설명하고 있다. 『三國史記』, 권제일 기이 제2 신라시조 박혁거세조.

한다. 그리고 환(桓)·한(韓)이 모두 큰 것(大)을 의미하는데, 만몽어(滿蒙語)의 汗(한)·干(간)은 韓(한)과 동음이요 대(大)와 같은 뜻이므로, 상고시대에 한자인 한(韓)·대(大)로 성씨를 번역한 것도 크다는 뜻과 밝다는 뜻이 있으면서 음이 같은 것을 택한 것이라 한다.[5]

단군에서 고구려를 거쳐 고려에 이르는 조의선인(皂衣仙人) 또한 단군에 연원을 둔 건국 전통이다. 고구려 광개토대왕비가 보여주는 이도여치(以道興治; 도로써 다스리는) 이념, 삼한 및 백제의 소도의식, 신라 진흥왕순수비의 이념, 원효사상이 대표하는 호국불교와 문무왕 유언에 나타난 호국혼과 변법사상의 건국이념이 있는가 하면, 화랑도정신으로 통일신라의 명맥을 유지할 수 있었던 것도, 발해대국의 꽃이 핀 것도 조의국선의 정신을 계승했기 때문이다. 예로부터 삼국이 중국 한·당·수나라 침입을 물리치고 고려와 조선이 긴 세월에 걸쳐 몽고·청·일본 등 허다한 외적에게 끈질기게 항거한 국민정신의 그 어느 하나라도 단군이래의 위대한 이념에 힘입지 아니함이 없는 것이다.

고려말과 조선시대 신유학의 절의 의리파가 비합법적 폭력집권자에 죽음으로 맞선 항쟁, 성리학 대가들의 위민, 민본사상과 근조선과 대한민국이 여러 환난 속에서도 살아남은 것도 단군 이래 민족정신의 맥이 끊이지 않은 때문임을 명심해야 한다.

2) 부여와 고구려 건국이념의 구현 - 광개토대왕릉비(훈적비)

홍익인간의 이념이 일찍이 고조선의 금법8조와 부여의 법 및 법사상 같은 것에서도 구현되었다. 부여가 공개심리 판결에 의한 신형주의(慎

---

5. 李始榮, 『感時漫語』 한글역, 21쪽(韓·桓의 해설). 이병도, 『한국사 古代篇』, 652쪽 (大·韓 성씨 해설).

刑主義)를 채용한 것과, 대표자의 평의회제도를 시행한 것, 그보다도 고대에 있어 유례가 없는 책임군주제의 관습법은 오늘날 발달된 민주주의의 중요한 일면을 서기 수세기 전에 벌써 실행한 것이라고 할 수 있다. 국왕이 장래를 예견하고 그 대책을 강구하지 못하여 백성을 기아하게 하는 경우에는 실정의 책임을 지고 국왕의 위에서 물러나거나 그 실정의 정도에 따라 사형에 처하기까지 하는 사례 같은 것은 특기할 만하다.[6]

고구려에 이르러서는 "바른 길로써 다스리라"는 '이도여치(以道興治)'라는 건국이념으로 나타났다. 그 구현은 중국 봉천성 집안현 동강비가(東岡碑街) 압록강빈(鴨綠江濱)에 있는 광개토왕(375년생, 재위 391-413년)능비(훈적비)에 새겨져 현재도 남아 있다. 글자가 새겨진 비문이 더러는 적들의 악의로 인하여 없어지고 더러는 회로 메워지고 다른 글자로 위각(僞刻)되어 문제점을 안고 있지만[7], 그래도 건국이념을 알게 하는 부분은 대체로 그대로 남아 있다. 이 부분은 서양인 중국인 일본인이 남긴 여러 탁본이 대체로 같다. 정인보가 1930년 발표한 논문 「조선문학원류초본」에 비 전문과 해설이 실려 있는데, 이제 그 부분을 정인보·유승국 두 학자의 해석에 의하여[8] 읽어 보면 다음과 같다.

옛날 시조 추모임금(동명왕)이 터를 처음 만드실제 북부여 천제의 아들로 태어나서 …. 하늘에 오르실새(별세하심에 다달아) 세자 유류왕을 돌아보시

6. 이병도, 『한국사 古代篇』, 214-215쪽. 최태영, 이 책 夫餘항 주 55). 중국 『三國志』 魏書30 동이전30 扶餘조.

7. 『申采浩全集』, 上册 211-212쪽. 李進熙, 『黃開上王陵石卑, 研究』, 1972. 李亨求, 朴魯姬, 『광개토대왕릉비 신연구』, 1985.

8. 정인보, 「조선문학원류초본」, 14쪽 이하의 원문 및 16쪽 이하의 碑序 譯文. 유승국, 『한국의 유교』(1980년), 45-48쪽.

고 이르사(고명하여) 바른 길(도)로써 다스리게 하셨다(以道興治). 대주류왕
이 기업을 받들어 제17대손 국강상광개토경평안호태왕에 이르러 18세에 제
위에 오르사 영락태왕이라고 호하셨다. 은택이 하늘에 사모치고 위무가 사
해를 덮어 폭악한 왕들의 부정 불의를 말끔히 쓸어 없애여 민중이 안정을
얻어 각각 자기의 업(본분)에 편히 종사하여, 나라가 부하고 인민이 은성하
고 오곡이 탐스럽게 여물더니, 하늘이 불상히 알지 아니하심인지 39세에 이
나라를 버리사 갑인년 9월 29일 을유에 산릉으로 옮겨 가시니, 이에 비를 세
우고 그 훈적을 비에 새겨서 후세에 전한다. …

위의 비문은 고조선 단군의 자손인[9] 고구려시조 동명왕은 부여의 왕
자라고 하여 고조선에서 부여와 고구려로 이어졌음을 밝히고 있다. 17
대에 이르러 광개토대왕이 즉위하며 영락태왕이라 호하여 독립자주대
국임을 과시하고, 모든 악을 제거하고 나라를 부강하게 하고 인민으로
하여금 평안하고 생활이 풍부하게 하고, 군생을 이롭게 하여 홍익인간
의 이념을 구현하였음을 보여주고 있다.[10] 후대 왕에게 바른 길로써 다

---

9. 『三國遺事』, 卷第一 王歷 第一(東明王 檀君之子).
10. 광개토왕릉비(훈적비) 全文 및 그 해석에 관하여 정인보의 1930년 발표 논문 「조
   선문학원류초본」에서 뽑아 보이면 다음과 같다.
   고구려의 碑記로는 광개토왕릉비가 獨一한 유물인 만치 문장의 簡貴함이 또한
   보중할 만한 가치가 있다.

   1쪽
   惟昔始祖鄒牟王之創基也, 出自北扶餘, 天帝之子, 母河伯女郎. 部卵降出, 生子
   有聖□□□□□□命駕, 巡車南下, 路由夫餘奄利大水. 王臨津言, 曰, 我是皇天
   之子, 母河伯女郎, 鄒牟王, 爲我連葭浮龜. 應聲卽爲連葭浮龜. 然後造渡, 於沸流
   谷, 忽本西, 城山上而建都焉. 不樂世位. 因遣黃龍來下迎王. 王於忽本東. 罡黃龍
   負昇天. 顧命世子儒留王, 以道興治. 大朱留王紹承基業.
   □至十七世孫國罡上廣開土境平安好太王二九登祚, 號爲永樂太王. 恩澤□于皇
   天, 威武極被四海. 掃除□□. 庶寧其業. 國富民殷, 五穀豊熟, 昊天不吊卅有九,
   晏駕棄國, 以甲寅年九月卄九日乙酉遷就山陵, 於是立碑 銘記勳績, 以示後世焉.
   其詞曰.

永樂五年歲在乙未. 王以碑麗不息□□, 躬率往討. 叵富山負山, 至鹽水上, 破其丘部落六七百當, 馬牛群羊, 不可稱數. 於示旋駕, 因過㳍平道, 東來□力城, 北豊, 五□□, 遊觀土境, 田獵而還. 百殘新羅, 舊是屬民由來朝貢. 而倭以辛卯年, 來渡海破百殘新羅以爲臣民. (최태영 주; 不貢因破百殘倭寇新羅以爲臣民-이형구, 「광개토대왕릉비 신연구」, 동방학지, 1981.)

以六年丙申, 王躬率水軍, 討利殘國. 軍□□ 首攻取壹八城, 曰模盧城, 幹弓利□□□城, 閣彌城, 牟盧城, 彌沙城, □舍蔦城, 阿旦城, 古利□□利城, 襟彌城, 奧利城, 勾牟城, 古模耶羅城, 頁□□□□□, 而耶羅□□城, □□□□□□□双城, 沸□婁

2쪽

利城, 彌鄒城, 也利城, 大山韓城, 掃加城, 敦拔□□□□□, 婁賣城, 散□城, □□城, 細城, 牟婁城, 亏婁城, 蘇灰城, 燕婁城, 析支利城, 嚴門□城, 林城, □□□□□□城, 就鄒城, □拔城, 古牟婁城, 閏奴城, 貫奴城, 彡穰城, □□□□□羅城, 仇天城, □□□□□其國城, 賊不服氣, 敢出百戰, 王威赫怒, 渡阿利水, 遣刺迫城. 橫□□□□便國城百殘王因逼, 獻出男女生口一千人, 細布千匹, 歸王自誓, 從今以後, 永爲奴客. 太王恩赦□迷之愆, 錄其後順之誠. 於是□五十八城村七百, 將殘王弟並大臣十人, 旋師還都.

八年戊戌, 教遣偏師觀帛愼土俗, 因便抄得莫新羅城, 加太羅谷 男女三百餘人. 自此以來, 朝貢論事.

九年己亥, 百殘違誓與倭和通, 王巡下平穰. 而新羅遣使白王云, 倭人滿其國境, 潰破城池, 以奴客爲民, 歸王請命. 太王恩後, 稱其忠□□違使還, 告以□□.

十年庚子, 教遣步騎五萬, 往救新羅. 從男居城, 至新羅城, 倭滿其中, 官兵方至, 倭賊退.

□□□□□□□來背急追至任那加羅從拔城, 城卽歸服. 安羅人戊兵拔新羅城□城, 倭滿倭潰. 城六

□□□□□□□□□□□□□□□□□九盡臣□來安羅人戊兵滿□□□□ □□ □□□□□□□□

□□□□□□□□□□□□□□□□□□□□□□□□□□□□□□□□□□□□

□□□□□潰

3쪽

□□□□□羅人戊兵. 昔新羅□錦未有身來朝□□□□□□土境好太□□□□ □□□□□僕勾

□□□□朝貢.

十四年甲辰, 而倭不軌, 侵入帶方界. □□□□□石城□連船□□□□□□□□
平穰

□□□□相遇. 王幢要截盪刺, 倭寇潰敗. 斬煞無數.

十七年丁未, 敎遣步騎五萬, □□□□□□□□□師□□合戰, 斬煞蕩盡. 所穫鎧鉀
一萬餘領, 軍資器械不可稱數. 還破沙溝城, 婁城, □□□□□□□□□城

廿年庚戌, 東夫餘舊是鄒牟民王屬, 中叛不貢. 王躬率往討. 軍到餘城, 而餘城國駢
□□□□□□□□

□□王恩普處. 於是旋還. 又其慕化隨官來者, 味仇婁鴨盧, 卑斯麻鴨盧, □立婁鴨
盧, 肅斯舍□□□□□□盧. 凡所攻破城六十四, 村一千四百. 守墓人烟戶. 賣勾余
民國烟二看烟三, 東海賈國烟三看烟五, 敦城□四家盡爲看烟, 于城一家爲看烟,
碑利城二家爲國烟, 平穰城民國烟一看烟十, □連二家爲看烟, 住婁人國烟一看烟
廿二, 梁谷二家爲看烟, 梁城二家爲看烟, 安夫連廿二家爲看烟, □谷三家爲看烟,
新城三家爲看烟, 南蘇城一家爲國烟. 新來韓穢, 沙水城國烟一看烟一, 牟婁城二
家爲看烟, 豆比鴨岑韓五家爲看烟, 句牟客頭二家爲看烟, 求底韓一家爲看烟, 舍
蔦城韓穢國烟三看烟廿一, 古□耶羅城一家爲看烟, □古城國烟一看烟三, 客賢韓
一家爲看烟, □模盧城四家爲看烟, 各模盧城二家爲看烟, 牟水城三家爲看烟, 幹
弓利城國烟一看烟二, 彌鄒城國烟一看烟□□□□

4쪽

□□□□三家爲看烟, 豆奴城國烟一看烟二, 奧利城國烟二看烟八, 湏鄒城國烟二
看烟五, 百殘南居韓國烟一看烟五, 大山韓城六家爲看烟, 農賣城國烟一看烟一,
閏奴城國烟二都烟廿二, 古牟婁城國烟二看烟八, 琢城國烟一看烟八, 味城六家爲
看烟, 就咨城五家爲看烟, 彡穰城廿四家一看烟, 散那城一家爲國烟, 那旦城一家
爲看烟, 句牟城一家爲看烟, 於利城八家爲看烟, 比利城三家爲看烟, 細城三家爲
看烟.

國罡上廣開土境好太王, 存時敎言, 祖王先王, 但敎取遠近舊民, 守墓洒掃, 吾慮舊
民轉當羸劣. 若吾萬年之後, 安守墓者, 但取吾躬率所署來韓穢, 令備洒掃. 言敎如
此, 是以如敎令, 取韓穢二百廿家. 慮其不知法則, 復取舊民一百十家. 合新舊守墓
戶, 國烟卅看烟三百, 都合三百卅家. 自上祖先王以來, 墓上不安石碑, 致使守墓人
烟戶差錯. 惟國罡上廣開土境好太王, 盡爲祖先王, 墓上立碑, 銘其烟戶, 不令差
錯. 又制, 守墓人, 自今以後, 不得更相轉買, 雖有富足之者, 亦不得擅買, 其有違
令, 賣者刑之, 買人制令守墓之.

"너기옵노니 넷비르슨 한배추모님금의 터 처음 만드실제 북부여(北扶餘) 하늘
님의 자제로 나시니 어머니 가람님자 딸아기시라 알조개오 나려나매 아들 나
으니 거룩한ㅁ이 잇ㅁㅁㅁㅁㅁ메어라 하사 ㅁㅁ남으로 나려 길이 扶餘奄利
한물로 드니 마마| 말슴호대 나는 하늘님 손이오 어머니 가람님자 딸아기온 추
모님금이라 날도아 ㅁ을 잇대오 거븨로 듸우라 이 소리마저 즉재 ㅁ을 잇대오
거븨 듸워지어늘 그런 뒤 나아건너가 비류곡 忽本 섯녁 잣묏우에서 서울을 이룩
하시옵곤 누릿자리 아니 길기신두로 누렁미리 보내어 나려와 마마 마종하니 마
마| 홀본 동녁뫼에서 누렁미리업어 하늘에 오르실째 이을 아들 유류님금을 도라
보고 니르사 녜올길로 다살물 일희게 하시니라 한 朱留님금이 이으사 터와 일을
밧드시더니 열닐곱대 손주 나랏뫼우 넙이 땅지슭을 여른 편안한 됴흔 한 님금에
이르러 두아홉제 님금자리에 오르시니 브르대 길히 길거운 한님금이라 하나라
은혜와 덕이 한하늘에 사못고 무서옵오 매옴이 네바라레 버러입어 ㅁㅁ을 스
르저더러 모다 제노룻에 편하니 나라|가 수멸오 백성이 부르오 다삿 나다리 탐
스리 여므더니 하늘이 불상이 아니 아심이런디 서른 또 아홉다외신제 느쾨머에
나라를 바리사 甲寅年九月卄九日 乙酉에 묏능소로 옴겨가시니 이에 비를 세우
오 공로를 써 뒷누리에 뵈우니라."

이제 이 비문을 考按하건대 銘序 비록 雅古하나 사실로 중요한 述作은 銘文에
讓할 밖에 없으니, 銘文이 마땅히 일보의 진전이 있어야 할 것이어늘 이 글로 보
면 그렇지 아니하여 銘文의 椎朴함이 구독키 어려운 데가 있을 뿐 아니라, 辭致
가 순연한 土風이 있어 한문의 行運하는 것과 여간 틀리는 것이 아니니 비록 寫
錄은 國字 아니나 이를 당시 氣臭의 餘遺라고 아니할 수 없다. 또 무공을 서술할
뿐이요, 外地의 行義를 쓰지 아니한 것으로만 보아도 武事로써 首德을 삼았던
것을 상상할 수 있다.

行文한 것을 細觀하면 간간 이두를 쓴 것이 있다. 비 序의 '엄리대수(奄利大
水)'라고 쓴 엄리(奄利)가 이두이니 『삼국사기』고구려본기 제일시조 동명성왕
기 중 行至淹㴲水注에 일명 蓋斯水在今鴨逯東이라 한 것과, 『동국이상국집』동
명왕편 南行至淹滯, 欲渡無舟艤句注에 "일명 蓋斯水, 在今압록동북"이라 한 것
과의 二文이 곧 이에 대한 증거이다.

엄리(奄利)를 얼른 보아서는 무엇인지 알 수 없으나 엄체(淹滯)라 엄표(淹㴲)라
한 것을 가지고 보면 淹자의 義로 머믄다 씌인다 하는 것과 滯字의 義로 막히
고 아니 나려가는 것을 互通할 수 있은즉, 이로 조차 표(㴲)가 㴲의 와(訛)로 체

(滯)와 동음으로 誤錄됨이 아닌가 하는 附疑가 생기게 된다. 다시 일명 개사수(蓋斯水)라 한 注를 據하매 斯는 「ㅅ」의 借字로 볼 것이니 於斯가 '엇'이 되고 異斯가 '잇'이 되는 유례가 한둘이 아니요, 蓋는 지금 음으론 개나 旣의 음류인 槩, 漑를 개로 읽는 것을 보아도 개가 '기'로, 기가 'ㄱ'로 전음됨을 徵할 것이라, 그와 ㅅ을 합하여 '깃'이라 하면 古音으로는 지금 씻의 본음이니 씻과 엄체(淹滯)가 동일한 것인 줄 알 수 있으며, 이로 좇아 考索하야 보면 蓋斯 淹滯가 一인 동시에 엄표가 淲, 滯의 音類로 된 訛誤임을 알 수 있으며, 또다시 고색하여 보면 奄利가 또한 동일한 것인 줄 알 수 있다. 다만 사(斯)는 ㅅ이오 利는 ㄴ인 차가 있을 뿐이니 엄리는 '엔'으로 읽을 것이다. 고구려의 문자가 이두를 間雜한 것이 이러함을 알 수 있는 것이다.

이것은 분명히 해석되는 것을 標擧한 바이나 지명의 列書한 것이 거의 다 이두이며, 「신라ㅁ錦未有身來朝」라 한 것을 보면 錦이 임금의 금을 音錄한듯 하고, 「破其丘部落六七百當」이라 한 것을 보면 當이 마땅의 마를 供하여 馬只, 麻只와 같은 稱謂인듯 하고, '압로(鴨盧)'가 여러번 지명 끝에 붙은 것을 보면 아루, 알의 轉으로 古良夫里, 莫夫里, 古沙夫里, 毛良夫里의 夫里, 즉 우리, 울과 동일한 칭위인 듯 하니, 『삼국사기』나 『삼국유사』 같은 것은 후인의 찬술한 것이라 방언을 이두로 바꿀 수 있으매 당시 사용하던 徵驗이 되기 어려우나, 그때 세운 石刻의 문자로부터 現出한 것은 이른바 즉탑(卽搨)한 眞跡이라 아니할 수 없다.

문자 | 이미 圓妙보다 樸質이 勝한 지라 얼른 보아 알삽한 데가 많고 또 國貌를 他容으로 粉飾치 아니하였으므로 轉語가 鈍하여 용이히 辨解할 수 없는 데까지도 있다. 그러나 상하의 文義가 樞紐가 되고 사실의 본말이 關捩가 되는 것이라 大節에 이르러서는 疑眩이 거의 없을 수 있다. 우선 이 비문의 문제되는 一句 「倭以辛卯年來渡海破百殘新羅以爲臣民」이라 한 것을 어떻게 읽을까. 일본학자 간에서 정론이 되다시피 백잔, 신라를 신민삼았다고 하고 조선인사 중에서도 이 말에 附隨하는 이가 많다. 학문은 獨立한 一道라 여기다가 다른 의념을 개재케 할 것이 아니니 祖先의 實事인 다음에는 榮, 辱에 掩, 露가 있어 무엇할 것이랴. 백잔, 신라가 신민되었던 것이 문자로서 명확할진대 이대로만 읽을지라 異論이 있을 수 없으나 이 글의 理勢로서 그렇지 아니하니

一. 事實의 모순

「倭以辛卯年來渡海破百殘新羅以爲臣民」이라 한 것이 결정사실이면 첫째, 광개토왕이 병신년에 백제를 칠 때 일본군과 접촉이 없이 순연히 백제병과만 싸우다가 國城에 이르러 국왕과 맹약한 것을 보아 백제의 주권이 그때까지 의연하였음

을 볼 것이니, 前六年의 남에게 破降되지 아니하였던 것을 생각할 수 있으며, 둘째, 신묘 이후 九年인 기해에 「新羅, 遣使白王, 云倭人滿其國境, 潰破城池」라 하였으니 九年전 부속됨을 實이라 하면 새삼스레 滿其國境, 潰破城池의 急이 있을 리 없고, 전에는 신민을 甘作하던 신라로서 무슨 마음으로 援救를 隣邦에 구하였으랴. 이 결코 附庸, 寓公의 일이 아니며 「九年전 남의 臣民된 族類의 일이 아닌 것을 요지(了知)할 수 있다.」

二. 文理의 괴열(乖捩)

어느 글이든지 그 글안의 辭例가 있나니 전후가 왕청되거나 一語가 互異되거나 하여 例가 성립치 못하면 문자라 할 수 없고, 그 문자ㅣ그런 것이 아닌데 독자ㅣ이를 착란하면 求라 할 수 없다. 이 글 안에 以爲臣民과 같은 사례가 있으니, 「新羅, 遣使白王, 云倭人滿其國境, 潰破城池 以奴客爲民, 歸王淸命」이라 한 중에 「以奴客爲民」 五字가 곧 이 예이다.

저것을 결정사실로 본다면 이것도 결정사실로 볼까. 隣邦에 원병을 청하는 국왕으로서 벌써 자기부터 적국의 백성이 되었다고 선양(宣揚)하는 것은 어느 때나 必無할 것이요, 또 滿其國境이라 함이 아주 수도를 범치 아니하였다는 표시이며 潰破城池라 함이 쳐들어온다는 의의라 「十年庚子, 敎遣步騎五萬, 往救新羅, 從男居城, 至新羅城, 倭滿其中」이라는 것을 보면 男居城으로 新羅城에 이르렀다 함이 深入하지 아니하고 그 국경에 접어듦을 보인 것이라 倭滿其中이라는 것이 저 위의 滿其國境이라는 것과 照應되는 사실이니 주권문제에까지 이르기에는 너무나 요원치 아니하냐. 그런즉 「以奴客爲民」은 결정사실로 볼 수가 없다. 이로써 저를 例하매 「文理의 不順함을 가릴 수 없다」.

그런즉 「以爲臣民, 以奴客爲民」을 어떻게 읽을 것인가? 이는 決定詞가 아니라 未來語이니 「신민을 삼으려 한다, 날로 백성을 삼으려 한다」 이렇게 읽을 것이다. 중국 古文의 이같은 유례가 많으니, 『春秋』 권七 文公十四년, 「秋七月晉人納捷菑于邾, 不克納」하다 한 것을 보면 위에 쓴 納은 납하려 함에 그치는 것이며, 同卷十九 昭公八년, 冬十月壬午楚師滅陳公子招放之于越殺陳孔奐葬陳哀公傳,

「九月, 楚公子棄疾帥 師奉孫吳圍陳, 宋戴惡會之, 冬十一月壬午滅陳, 輿嬖袁克, 殺馬毀玉以葬, 楚人將殺之, 請實之, 旣又請私, 私於帷, 加絰於顙而逃」라 한 것을 보면 「殺馬毀玉以葬」이 이 또한 하려함에 그치는 것이며, 『史記』 韓信傳의 「吾以爲將, 以爲大將」은 삼으면 어떠냐 하는 말이요, 『史記』 周勃傳의 「以公主爲證」은 공주로서 증인을 삼으라는 말이라 「上下의 文義와 事實의 본말을 따라

스릴 것을 당부한 것은 특히 주목할 일이다.

이시영이 『감시만어』에 기록한 고구려사 부분은 다음과 같다.

6세기 들어 수가 중국을 통일하고 조공을 요구하며 여러 차례 대군을 동원하여 고구려를 침입했으나 실패했다. 수문제의 뒤를 이은 수양제는 612년 113만 3천8백(수송병을 합하면 수백 만) 대군을 동원하였으나 살수싸움에서 영양왕의 동생 건무(영류왕)와 명장 을지문덕에게 대패하여 겨우 2천7백 명이 살아 돌아갔다. 수나라는 이후에도 네 번이나 고구려 침입을 시도하다가 번번이 지고 이로 인해 결국 망하고 말았다.

당나라 때도 호전자 당태종은 15만 3천 병력으로 필사의 전의를 보이며 침입해 안시성을 포위했다. 그러나 월여에 성을 파하지 못하고 성주 양만춘의 화살에 눈이 맞아 회군하고 그로 인하여 미구에 죽었다.

"고구려 하나쯤 멸망시키는 일은
주머니 속 물건 하나를 꺼내는 것처럼
쉬운 일이라고 큰소리치던 당태종!
어찌 알았으랴? 고구려 병사가 쏜 화살에 그의 눈이 실명될 줄은!"
이것은 고려의 목은 이색 선생이 지은 시이다.
"천추에 대담하시다 양만춘 장군이여
화살은 용 눈썹을 쏘아
그 눈알을 떨어뜨렸구나."

다른 것이어늘 이를 博觀치 아니하고, 또 全篇의 문장을 總觀하여 文理의 자연한 형세를 보지 아니하고 淺意를 加하여 이를 단정코자 함이 어찌 오류가 아니랴. 고증의 상세는 따로 別著가 있으려니와 우선 세간의 紛設을 辨正하여 둔다.」

(편집자 주: 1930년 발표된 정인보의 「조선문학원류초본」 중 광개토대왕릉비 전문 중 한·중·일·서양의 여러 탁본에 공통되게 나타나는 비석 1쪽 1행의 글자 '夫餘'가 『삼국사기』『삼국유사』 등에 기록된 한자 '扶餘'로 바뀌어 있다. 또한 최태영이 말하는 '이도여치(以道興治)'가 정인보의 『조선문학원류초본』에는 '이도흥치(以道興治)'로 기록되어 있다. 동양사학자 유승국은 저서 『한국의 유교』 중 「광개토왕의 통치이념과 유교」 항목에서 '이도여치'를 '以道與治'로 표기했고 이형구는 저서 『광개토대왕비』에서 이도흥치(以道興治)로 표기했다.)

이것은 조선조 김삼연(金三淵)이 1712년(숙종 38년) 연경으로 가는 김창업을 전송하는 자리에서 지은 시의 한 구절이다.

중국의 원말, 청초에 해당하는 시기의 인물들인 두 사람의 시 모두 당태종이 고구려군의 화살에 실명한 사실을 실증하고 있다.

이것은 고대 한국사의 대표적인 승전보이며, 우리 역사에서 나라를 국난에서 지켜 낸 가장 통쾌한 장면들 중의 두 개가 바로 고구려의 수·당 격퇴인 것이다.

3) 백제의 소도 의식

백제는 고구려의 분파이며 『삼국사기』에 기록된 최치원의 난랑(鸞郎－신라의 화랑)비 서(序)에 전하는 바대로 소도(蘇塗) 별읍이 고속(古俗)을 버리지 아니한 것 등으로 보아서 같은 이념을 구현하였음을 알 수 있다.

4) 신라 건국이념의 구현 - 진흥왕순수비

삼국 정립시대의 신라 24대 진흥왕(534년생, 재위 540–579년)은 선대법흥왕(재위 514–539년)의 생전에 위에 올랐다.

법흥왕은 율령을 영포하고, 15년에 신하들 반대에도 불구하고 근신이차논의 순교에 힘입어서 불교를 공인하고, 16년에 살생금지령을 내리고, 금관국의 내항(來降)을 보았다. 23년에 연호를 처음 제정하더니 만년에는 왕위를 종제인 진흥왕에게 맡기고 왕비와 함께 출가하여 영흥사에서 불교를 독신하며 수도하다 돌아갔다.

진흥왕은 545년 이사부(異斯夫)로 하여금 국사를 수찬케 하고, 예악을 숭상하고, 고구려에서 신라로 귀화한 혜량(惠亮)을 승통으로 중용[11], 백고자강회와 팔관재회를 열게 하였다. 국토를 넓히고, 가야를 평정하고, 북제(北齊) 및 진(陳)과 외교하고, 연호를 개칭하여 자주적임을 보였다 (23년).[12] 벼농사를 시작하고, 단군 이래 소도무사의 전통을 이은 고구려의 조의선인을 모방하여[13] 원화·화랑도를 일으켰다.[14] 유·불·도 삼교를 평등히 대우하며, 화랑은 삼교의 교지를 포함한 자라 하여 타교(他敎)보다 위에 자리하게 하고, 각 교도의 상호 출입을 허하는 등 실로 경세가의 실(實)을 보였다.[15]

진흥왕은 555년 4순수비(지방시찰비, 관경비)를 세웠는데, 이는 한국 내에 현존하는 한국인 손으로 된 가장 오랜 비이다.

신라 이념의 구현을 보여주는 대표적 유물인 네 곳의 진흥왕순수비문은 하늘과 조상을 숭앙하며 그 정신으로 총 단결하여 홍익인간의 이념을 실현한 것을 알게 해주고 있다. 그 네 곳의 비 ① 창녕(昌寧)비 ② 북한산(北漢山)비 ③ 황초령(黃草嶺)비 ④ 마운령(磨雲嶺)비 혹은 만덕산(萬德山)비 중에서 황초령비와 마운령비 두 비문에다 북한산비의 남은 몇 자를 맞추어 보면 그 전문을 알아볼 만하다. 이제 그 4개 비문에서 국가의 이념을 표현한 부분을 내 나름으로 맞추어 보면 다음과 같은 요지를 알 수 있다.

---

11. 『三國史記』, 열전 제4 거칠부전. 거칠부가 진흥왕 12년(551년) 고구려를 쳐서 이기고 돌아오던 도상에서 전일 유학시절 생명의 은인이던 혜량법사를 만나 말에서 내려 읍배하고 수레에 함께 태워 가지고 와 왕에게 뵈이게 했다 한다.

12. 앞책, 진흥왕 12년 기사(연호 개칭).

13. 『申采浩全集』, 中冊, 104쪽, 120쪽. 동, 上冊, 372쪽, 383쪽, 384쪽. 북애, 『규원사화』, 단군기(敬神 官職).

14. 『三國史記』, 진흥왕 37년 기사(화랑도를 일으킴).

15. 『申采浩全集』, 中冊, 『조선사연구초』, 105쪽(三家의 源流三).

"대저 순수한 풍습이 베풀어지지 못하면 참 도리가 어긋나고, 교화가 퍼지지 못하면 사특한 것이 다투어 일어난다. 따라서 제왕이 통치이념을 세우는 것은 모두 자기의 몸을 닦아 백성을 평안하게 하고자 아니함이 없다. 천명의 운세가 나에게 돌아와 나는 위로 건국태조의 기업(基業)을 계승하였으니, 몸을 스스로 삼가 하늘의 도를 어길까 두려워하며, 또 천은을 입어 운기(運記)를 얻어, 신지(神祇)에 명감(冥感)되고, 천부(天符)에 합하였고, 이로 인하여 사방 영토(境)를 넓히고 인구(民)를 더 많이 얻게 되었다. 이웃 나라와 사귐에 있어서는 신의와 유화(柔和)로써 교제하였다. …"는 것이다.[16]

16. 진흥왕순수비문, 『최남선 전집』, 2책 531쪽 이하, 「신라 진흥왕의 재래 三碑와 신(新)출현의 마운령비」.

昌寧碑란 것은 경남 昌寧읍 東의 牧馬山 西麓下에 있는 것으로서 1914년에 비로소 세상에 소개되었다. … 창녕비가 나타난 뒤 황초령비·북한산비와 합하여 세간에서 진흥왕 三碑라고 일컫는다. 연대의 빠름과 기사의 확실함으로써 창녕의 비는 가장 많은 역사적 가치가 부여되는데, 北境의 二碑에는 의문되는 점이 얽혀 있음으로써 더욱 그렇다 하지 않을 수 없다.

第一 창녕비

(全27行, 行27-18字, 循石幅不齊, 高5척4촌, 幅5척5촌, 厚1척, 字徑1촌3분, 해서)
(1)辛巳年二月一日立 寡人幼年承基政爲輔弼後□□□□ (2)□末□□立岸□□□赦□□□□□□□校□後地土□狹圍 (3)□□□□不□□□□□□山□□及普捨山海□谷 (4)野裖除村模□□□□□□□□□此□□□□ (5)而巳土地疆域山林戶封□□□□□□也大等與軍主幢主道 (6)使與外村主審煦故□□□□□仕海州白田畓□□與 (7)山鹽河川師校以□□□□□□□□□□□□□□道人 (8)□煦之雖不□□□圭□□□□□□心□□阿□□□□□于之 (9)其餘少小□知士□湌□□□□者□□上大等與古奈末典 (10)法慈□人與上□□□□□□□□□□□□看其身受 (11)爵 于時會□□□□□□□葛文王□□未漢□□ (12)屈裖智大一伐干沙喙□智一尺干□□折□智一尺干□□□ (13)□智一尺干喙□夫智迊干沙喙武力智迊干喙□里夫智□□ (14)干沙喙都言智□□干沙喙□對智一吉干沙喙忽珎智一□干

喙 (15)珎袖□次公沙尺干喙□□智沙尺干喙□述智沙尺干喙□□□智 (16)沙尺干喙
比叶□□智沙尺本波末□智及尺干喙□□□智□□□干 (17)沙喙刀下智及尺干沙喙□
□智及尺干喙鳳安智□□□干大 (18)等喙居七夫智一尺干喙□□智一尺干沙喙子
力智□□□干 (19)大等喙未得智□尺干沙喙智聰智及尺干四方軍主比自伐 (20)軍
主沙喙登□□智沙尺干漢城軍主喙竹夫智沙尺干碑袖 (21)城軍主喙登福智沙尺干
甘文軍主沙喙心麥夫智及尺干 (22)上州行使大等沙喙宿□智及尺干喙次叱智奈末
下州行 (23)使大等沙喙春夫智大奈末喙就□大舍干抽悉ナ可 (24)西阿郡使大等
喙比戶智大奈末沙喙湏□夫智奈末□ (25)爲人喙德文兄奈末比子伐停助人喙覓薩
智大 (26)奈末書人沙喙等智大舍村主奕聰智迊干麻叱 (27)智得干

(최남선; 字側에 ·을 붙인 것은 용어상으로 추정한 문자다.)

第二 북한산비

(全12行, 行32字, 上部缺, 縱5척1촌, 橫2척3촌, 厚5촌5분, 字徑1촌, 해서)

(1)□□□□□□□□□眞興大王及衆臣等巡狩管境之時記 (2)□□□□□□□□□
□□令甲兵之德□□□□□□□□霸主設示賞方□□ (3)□□□□□□□□□□□
□所用高祀□□□□□□相戰之時新羅太王□□□ (4)□□□□□□□□□□□德
不□兵故□□□□□強建文大淂人民□□□□ (5)□□□□□□□□□□□是巡
狩管境訪採民心以欲勞□如有忠信精誠□□□ (6)□□□□□□國盡節有功之徒可加
賞爵物以□心引□衆路過□城陟 (7)□□□□□□□□□□□□見道
人□居石窟□□□□刻石詠辭 (8)□□□□□□□□智一尺干内夫智一尺干沙喙
□□智迊干南川軍主沙喙 (9)□□□□□□□□未智及干未智大奈末□□
□沙喙屈丁次奈 (10)□□□□□□□□□□天則□空幽則□□□□劫初立所
造非□□□□ (11)□□□□□□□□□□□□□□□□□□歲記我
萬代名 (12)(全行泐)

(최남선; 字側에 ·을 붙인 것은 용어상으로 추정 또는 황초령비에 의해 補入한
문자다.)

第三 황초령비

(全12行, 行35字, 上部 및 左下部缺, 고3척8촌, 폭1척5촌, 字徑8分, 해서)

(1)□□□□□□□□□八月二十一日癸未眞興太王巡狩管境刊石銘記也 (2)□□□
□□□世道乖眞玄化不敷則耶爲校竸早以帝王建號莫不脩己以安百姓然朕 (3)□
□□□□紹太祖之基纂承王位兢身自愼恐違□又蒙天恩開示運記冥感神祇應
(4)□□□□□四方託境廣獲民土隣國誓信和使交通府□忖撫育新古黎上于謂道
化 (5)□□□□未有於是歲次戊子秋八月巡狩管境訪採民心以欲勞□有忠信精

誠□□ (6)□□□□□□□國盡節有功之徒可加賞爵物以章勳効 廻駕頂丁□□□
□回□□ (7)□□□□□□□□□者矣 于時隨駕沙門道人法藏慧忍 大等喙
部居柒夫 (8)□□□□□□□□知迺干喙部服冬知大阿比知夫知及
干未知□奈末 (9)□□□□□□□□丫大舍沙喙部另知大舍裏
內從人喙部□嚴次 (10)□□□□□□□□喙部興難大舍藥
師喙部萬兄小□奈夫 (11)□□□□□□□□□□□典喙部分知
吉之 公欣平小舍□末買 (12)□□□□□□□□□□□喙部萬
阝沙干助人沙喙部尹知奈末

(최남선; -을 붙인 것은 현존 第二石 중의 문자이고, ·을 붙인 것은 「金石過眼
錄」 소재 古拓본으로 보충한, 지금은 없어진 第三石 중의 문자다. 이 글도 今西
씨에 의했으나 행의 자수를 더 정정하고 그 판명된 약간의 字를 보충했다.)

이른바 진흥왕 三碑 중 창녕비에는 문제될 것이 없고 북한산비에도 대체로 이
의가 없지마는, 황초령비에 이르러서는 그 소재지가 재래로 신라의 東北境으로
일러온 지점에 비하여 훨씬 전방임으로 해서, 이 牴牾(저오)를 해석함에 있어 紛
議가 생기고, 旁證이 적은 관계로 해서 판정이 용이치 않다.

『삼국사기』의 기재에 의하여 『眞興王征服地理考』를 저술하여, 신빙할 만한 이
유 있는 『삼국사기』 진흥왕 이래의 기술과 모순되는 황초령의 비는 근본부터 믿
을 수 없는 것이고, 또 그 비문 자체에도 많은 疑點이 있고 建碑의 목적에도 기
괴한 점이 있어서, 당시의 대세에도 저어하는 소이를 지적하여, 이 비가 믿을 만
한 것이 못 된다고 단언한 이는 津田左右吉 씨의 『조선역사지리』(제1권 124항
이하)이다.

이 부인설에 대하여 今西龍 씨는 비 자체의 臨場審定에 의하여 비에 아무런 의
심을 둘 여지가 없고, …, 또 書風이 절대로 후대의 것이 아니라는 것을 깨닫고
는 비에 대한 疑念을 완전히 포기했고…, 조선의 사정을 通曉한 뒤에는 … 것을
깨달았다고 말한 것은 주의할 만한 말이다. … 이름 그대로의 운무의 峰을 볼 뿐
약간 구름이 미어지는 사이로 성벽의 사진만 찍고 하산 … 朱老人 댁에 내려와
촌인들로부터 비에 얽힌 여러 가지 전설을 알아보았다.

경성에 돌아와서 사진의 遝來를 기다려 10월 상순에 이것을 조선사편수회에
제출하였고, 그달 27일 경성제국대학의 小田省吾 씨, 총독부박물관의 藤田亮策
씨, 편수회의 末松保和 씨 등 일행의 답사가 있게 되어, 학계에 한 충동을 준 것
은 이미 일반에 알려진 바와 같다.

新碑의 大體에 대해서는 末松保和 씨의 「咸南 利原郡 萬德山에서 발견된 신라

진흥왕의 戊子巡狩碑(조선 제176호 소화 5년 1월)」에 기술되어 있으므로 이제 여기에는 例에 의하여 비의 文面을 소개하는 데 그치겠다. 그러나, 余는 이 비를 磨雲嶺碑라고 일컫고 싶다는 것을 여기에 부기해 두련다.

第四 만덕산비 혹은 마운령비

(兩面刻, 陽面10行, 行26字, 陰面8行, 行25字)

[陽面]

(1)太昌元年歲次戊子ㅁㅁ卄一日ㅁㅁㅁ興太王巡狩ㅁㅁ刊石銘 (2)記也 (3)夫純風不扇則世道乖眞旨化不敷則耶爲交競是以帝王建號莫 (4)不脩己以安百姓然朕歷數當躬仰紹太祖之基套承王位競身自 (5)愼恐違乾道又蒙天恩開示運氣冥感神祇應符合筭因斯四方託 (6)境廣獲民土隣國誓信和使交通府自惟忖撫育新古黎誓猶謂道 (7)化不周恩施未有於是歲次戊子秋八月巡狩管境訪採民心以欲 (8)勞賚如有忠信精誠才超察厲勇敢强戰爲國盡節有功之徒可加 (9)賞爵物以章勳効 (10)引駕日行至十月二日癸亥向涉是達非里ㅁ廣ㅁ因諭邊堺矣

[陰面]

(1)于時隨駕沙門道人法藏慧忍 大等喙部居柒夫

(2)智伊干沙喙部另力智匝干喙部服冬智大阿干比知夫知及干 (3)未知大奈末及珎夫知奈末執駕人喙部萬乎大舍沙喙部另知 (4)大舍裏內從人喙部沒乎次大舍沙喙部非尸知大舍騶人沙喙 (5)部爲忠知大舍旨人喙部與難大舍藥師篤支次小舍奈夫通典 (6)本波部加良知小舍ㅁㅁ本波部莫沙知吉之及伐斬典喙部夫 (7)法知吉之裏內ㅁㅁㅁㅁㅁㅁㅁ名吉之堂來客裏內客五十外 (8)客ㅁㅁㅁㅁㅁㅁㅁㅁㅁㅁ智沙干助人沙喙部舜知奈末

시방의 利原郡은 옛적에 時利라 하여 단천(端川)에 속해 있었는데, 세종 18년(1436년)에 단천군 마운령 泡南의 時叱間·施利의 兩社와, 北靑府 東多甫社 泡北, 곧 尹瓘(윤관)의 고적이라 하는 侍中臺와, 후일 이시애의 반군을 토평한 곳임으로 하여 이름난 蔓嶺 이북의 분지를 메어 현을 두고 시방의 이름으로 고친 곳으로서, 땅은 작지만은 역내 도처에 「되무덤(胡貴)」이라는 巨形 고분과 대소 허다한 城堡가 있어 고대 민족생활의 일 중심지이었다.

「東國地志」 이하에 단천에 진흥왕비가 있음을 말한 것은, 이 마운령이 본래 「豆乙外大嶺」이라 일컫은 단천 땅이었기 때문이니(여지승람 단천부 산천조), 그 의거가 단천 割地 이전의 자료에 의한 것임을 알 수 있으며, 따라서 이 비가 예로부터 알려져 있었으나 뒤에 와서 망각되었음을 추찰할 것이다.

이 비문은 '신인(神人)합일' '자유와 평화' '바른 도에 어긋나지 않고, 교화하는 것' '자주정신' '사해(四海)를 덮는 은택과 위무(威武)' 등 단군의 홍익인간 이념과 동명왕의 이도여치 원리와 연결되는 내용을 보여주고 있다. 특히 '신의'를 강조한 것은 한국 전통사상의 일면을 보여주는 것이니, 한국 고유의 전통사상을 중시한 최치원이 저서 『유설경학(類說經學)』 대장(隊仗)에서 인의예지신의 5상(五常)을 논할제 "인의예지가 모두 믿음(信)에 그 바탕을 두지 아니하면 공허한 것이 된다. 믿음은 인의의 주재이며 예지의 근저인 것이다. 믿음이 있는 자가 덕을 이룰 수 있기 때문이다"라고 신의의 중요성을 강조한 것도 그 때문이다.[17]

5) 조의국선과 화랑도

북애의 『규원사화』에 의하면 고대의 임금들은 즉위하면 제일 먼저 하느님과 단군 조상을 제천하여 섬겼다. 그러한 소도의식의 관직으로 국선(國仙), 조의(皁衣)라는 것이 있었다. 고조선의 개조 단군은 그 자신이 연원이 된 국선의 집단적 수련전통을 세웠다. 신채호 이래 이처럼 단군

그런데 이 마운령은 황초령보다도 더 몇백 리 밖의 지점이고 보면(함흥에서 황초령까지는 백기십리, 함흥에서 마운령까지는 약 340리이다), 황초령의 땅을 진흥왕의 척토(拓土)로 허여치 않으려는 자에게는 마운령비의 출현은 오히려 경신해담(驚神駭膽)의 일이 아닐 수 없다.

저 姜必東외 小傳인 윤관의 위작설도 이와 같은 小心의 일 발로라 볼 것이요, 그리하여 비를 眞物이라고 할 때에는 池內 씨의 황초령비에 대함과 같은 위치變異論도 생긴다. 그러나 그것이 황초령비만일 때에는 혹은 위치의 이동을 말할 수 있을지 모르지마는, 이제 또 마운령비의 실재가 알려지고 보면 이 方便論도 지지할 길이 없다는 것을 알 것이다. … 진흥왕이 어떻게 해서 이곳을 너머 타국의 판도에 巡狩할 수 있었겠는가. … 그렇지마는 마운령비가 반드시 윤관의 模造擬同이라고 속단할 수 없음은 물론이다. …

17. 최치원, 『類設經學』, 隊仗卷之一 信項.

이 연원이 되어 한인 고유의 도를 실천하는 집단을 선비, 혹은 선배, 선인(先人)이라 하고 중국 도교의 신선과 구별하기 위하여 낭도 또는 국선이라고 부른다.

조선 고유의 현묘지도를 기반으로, 몸을 버려 의를 온전히 하며 국민을 위하는 국선들의 실천적 사신전의(捨身全意)의 기풍은 부여의 구서(九誓)와 삼한의 오계, 고구려의 조의국선 및 다물이념과 신라 화랑도의 세속오계로 이어졌다. 부여의 구서는 대체로 효·충·신·용·인을 뜻하는 삼한의 오계와 화랑도의 오계를 종합한 것이었고, 다물은 고구려 시조 고주몽의 연호로서 회복을 뜻하는 고구려의 정치이념을 말한다. 단군의 이름에도 다물이 있었으며 고주몽과 동천왕과 명재상 을파소, 명장 을지문덕과 을밀선인의 다물이념, 연개소문 등도 모두 단군 이래 국선정신의 해설, 실천자였다.

고대에 삼국이 모두 국가사업으로 국사를 편찬한 것은 바른 전통과 자기의 정신을 분명히 전하고자 함이었다. 삼국 모두 국가에서 대학을 설립하고 교육하였거니와, 한자가 전래되어 사용된 것은 그보다 오래전의 일이다. 또 고구려와 고려, 근조선에서는 사립 교육기관이 융성했는데, 고구려의 경당(扃堂)은 상류계급 자제의 교육을 위한 태학(太學;국립대학)과는 달리 각지의 평민 자제를 위한 교육기관으로, 글과 활쏘기를 익혀 인재를 양성하며 유사시에는 나라를 위하여 나서게 하였다.[18]

신채호에 의하면 일찍이 고구려에는 그밖에도 단군왕검에 연원한 선배(先人)의 전통을 이은 무사훈련단 조의선인(皂衣仙人; 옷에 검은 띠를 둘렀던 듯하다)이 있었다. 신라에서 진흥왕이 일으킨 화랑은 단군제단

---

18. 『舊唐書』 및 『唐書』, 동이전 고구려조에 "人俗이 好學하여 諸種 서적을 애중하며 각지에 경당(扃堂)이라는 대건물에서 미혼자들이 독서와 습사(習射)를 부지런히 한다"고 하였다.

과 삼한과 백제 소도제단의 무사, 곧 그때의 선배(선비), 고구려의 조의
선인에 연원을 둔 훈련단이라고 한다.[19] 그 단(團)이 신라에 와서 이두로
선비의 선(先)이 선(仙)으로 되고 또 중국 선교(仙敎)의 仙(仙人, 神仙)
과 구별하기 위하여 화랑(국선, 선랑, 풍류도, 풍월도)이라고 부르게 된
것인데, 후세에 와서 한인(韓人)의 선(先, 先人, 國仙)을 중국 仙敎의 仙
(仙人, 神仙) 유파와 혼동하고 있다고 신채호는 개탄하고 있다.[20] 최치원
의 「난랑비(鸞郎碑) 서(序)」에 언급된 선사(仙史)에 대하여 신채호는 "선
사(仙史)는 화랑의 연원사이니, 고기(古記)인 선사와 『화랑세기』는 모두
멸종된 화랑의 역사라" 하고, 화랑이 고구려의 조의선인(皂衣仙人)·선
비의 유파(遺波)라 하고 단군 이래 소도무사(蘇塗武士)에 연원함이 선사
(仙史)에 기록되었던 것이라고 하고 있다.[21] 또 북애의 『규원사화』에 의
하면, 고대의 인군이 군위를 계승하면 먼저 상제(큰 主神) 및 단군을 섬
겼다. 관직으로는 대선(大仙), 국선(國仙), 조의(皂衣)라는 것이 있었다.
발해 때까지도 보본단(報本壇)이라는 것이 있었다고 한다.[22]

이병도 "선사(仙史)는 화랑(또는 국선)의 역사"라고 하면서, 김대문
의 『화랑세기』를 이름인지도 모르겠다고 하고, "이는 화랑도의 생활양
식과 수양방법이 유·불·선 삼교와 공명하는 점이 있다는 것을 너무 과
장하여 설명했기 때문에 자칫 잘못하면 화랑도가 삼교의 영향으로 성립
된 것 같이 오해하기 쉽다. 물론 화랑도의 정신이 후일 삼교의 영향으로
일층 더 발전을 보게 된 것은 사실인 듯하다"고 말하고 있다.[23]

---

19. 『申采浩全集』, 上册 『조선상고문화사』, 372, 383, 386쪽 (화랑의 원류).
20. 앞책, 中册 『한국사연구초』, 108쪽.
21. 앞책, 上册, 370-372쪽, 383-387쪽, 中册, 118-121쪽.
22. 北崖, 『揆園史話』, 단군기.
23. 『三國史記』, 이병도 역, 64쪽, 주 1, 7.

그 선인(先人), 화랑이 신라 말 고려 초에 와서 유도(儒徒)에게 잔멸(殘滅)되었다는 것이다.[24] 고려 때 송나라인으로 고려에 귀화한 호종단(胡宗旦) 등이 각지를 유람하면서 국선화랑의 유적을 모조리 파쇄했다는 것이다.[25]

신채호는 신라의 화랑도가 길러낸 인재가 몇 백인데, 국내의 사료를 모두 말살해 버리고 겨우 중국인 문헌에 남겨진 몇 명에 대해서만, 그나마도 내용 설명은 빼내고 마지못해 몇 자 인용하고 있는 사대주의자인 『삼국사기』의 저자 김부식의 심사는 송인(宋人) 호종단보다도 더 심한 자라고 혹평하였다.[26] 신채호는 후에 고려의 이지백(李知白)이 화랑의 중흥을 꾀하였고, 예종과 의종도 국선(國仙)에 관심을 표명한 바 있고, 근조선 초에까지도 민간에 유전되었다고 한다.[27] 고려 때 송나라 사신으로 온 서긍에게 조의선인은 머리 깎고 길을 닦는 일종의 재가화상, 승려인양 비쳤다. 이시영도 우리 한족(韓族)이 한사군 설치에 앞서 일찍부터 국선·선랑·조의·화랑 등의 깊고 굳은 뿌리가 상고시대 이래로 있었음을 밝혔다. 그는 저서 『감시만어』에서 한족(韓族)의 일체 진화가 한사군 이후부터 발원된 것처럼 논단하고 있는 현대 중국인 황염배(黃炎培)를 반박하고 있다.[28]

화랑을 논함에 있어 주목할 점은 화랑이 오랜 전통을 간직하면서도 여러 외래사상을 섭취하고 발전시켜서 독특한 전통사상을 창작한 점이

24. 『申采浩全集』, 上冊, 383-384쪽, 中冊, 제104-106쪽.
25. 앞책, 上冊, 『조선상고문화사』, 제1편 제2장 조선역대문헌의 화액, 화랑 유적을 파쇄한 宋人으로 고려에 귀화한 호종단, 370, 372, 383-384쪽.
26. 앞책, 上冊, 제371-372, 384쪽. 中冊, 111, 104-105, 120쪽.
27. 앞책, 上冊, 제384쪽, 中冊, 107, 109쪽.
28. 李始榮, 『感時漫語』, 32쪽.

다. 원광(圓光, 535-630)의 세속오계 내용이 그것을 잘 보여주고 있다. 원광은 한족(韓族)의 바탕 위에 불교뿐만 아니라 도·유의 제 사상을 충분히 섭취한, 주체성이 강한 박학의 학승이었음을 주목해야 한다. 그때 신라의 실정이 호국불교를 필요로 했고, 도교나 유교 같은 배타성 강한 타교(他敎)가 아직 성행하기 전 불교는 포용성·관용성이 많았기 때문에 화랑정신을 신라에 토착화시키는 데 성공했다고 볼 수 있다.

중국에 오래 유학하여 지식을 넓히고 제사상을 충분히 파악하고 귀국한 원광이 청년 화랑들 요청에 답하여 가르친 세속오계-사군이충, 사친이효, 교유이신, 임전무퇴, 살생유택은 외래의 도·유·불 등 제 사상을 당시 신라인의 현실생활 논리로 토착화시켜 국가 통일에 이바지하기 알맞도록 섭취한 것이다. 후일 세속오계는 신라의 삼국통일에 실제로 크게 이바지한 전통사상이 되었다. 유승국이 지적한 것처럼, 총단결이 시급히 요구된 만큼 효보다 충을 앞세우고, 신(信)도 도의(道義)로 생사를 같이 하는 신의로 심화하고, 무조건의 불살생이 아니라 가려서 죽이게 하였다. 자연을 찾고 노래하며 춤추는 것도 낭만적 무위의 자연을 찾고 오락이나 하는 것이 아니라 심신을 단련하고 적극적 감투력을 기르는 유위(有爲)의 자연 애호이고, 그 속에 천인합일의 종교적 요소를 지닌 독특한 것이었다.[29]

진흥왕 이래 신라의 삼국통일까지 1백 년 가까운 전통을 지닌 화랑도였다. 그러나 김춘추가 성골이 아닌 신분으로 신라의 정권을 잡은 혁명적 수단이야 비판적으로 볼 것이 아니지만, 그가 당에 요공하며 끝내 당나라군을 불러들여 고구려·백제를 친 것은 단군 이래의 조의선인의 정

29.『三國遺事』, 卷第四 義解 第五 圓光西學. 柳承國, 『한국의 유교』(1980), 94-100쪽 (신라시대 유학-화랑의 고유성과 외래성).

신을 짓밟은 것이었다. 최동도 『조선상고민족사』에서 김춘추의 행동은 화랑도의 악용, 국선도 정신에 대한 반역이라고 비판했다.

6) 유학의 전래

유학은 한자와 함께 들어온 만큼 불교보다 일찍 들어와서 널리 영향을 주었다. 한자를 배우는 데 따라 부지중 유학을 알게 되어서 처음에는 단편적이다가 삼국시대부터는 학교가 설립되어 경전과 사서들을 공부하게 되었다. 늦어도 삼국시대부터는 한자를 이용하여 이두·향찰·구결이라는 우리의 글을 만들어서 사용하였다. 광개토대왕릉의 비문, 진흥왕순수비, 화랑의 세속오계, 문무왕의 유소 등에는 그 표현 어구에 적어도 유교로부터 섭취한 냄새를 풍기고 있다. 불교가 전성한 삼국통일 전후의 신라에서도 불교를 신앙하면서도 교육과 정치제도는 유교에 많이 따랐다. 그리고 불교가 전래된 때의 경전은 모두 한역(漢譯)된 것이었다.

삼국 중에도 백제가 그 위치와 여러 유민의 혼성국인 특수한 사정으로 인하여 중국 한(漢)의 문화를 먼저 받아들여서, 일찍이 『천자문』과 『논어』를 위시하여 유학을 일본에 전하게까지 되었다.[30] 무교와 토속신앙도 도교와 불교뿐만 아니라 유교의 전래에 따라 현저하게 변천되었다. 예를 들면 신라에서 순장 풍습은 유교의 영향으로 금지되었다. 신라에서 율령을 선포하고 불교를 공인한 법흥왕의 바로 전대인 지증왕 3년(502)에 순장금지령이 내렸다. 동 4년인 503년에 신라어로 부르던 나라이름과 존호를 한자로 고쳐서 신라왕이라고 개칭하게 된 것으로 보아도

---

30. 柳承國, 『한국의 유교』, 39, 69, 72-77, 195-106쪽. 최태영, 이 책 주 176 및 그 본문.

그 영향을 알 수 있는 일이다.[31] 선진국인 고구려에서는 신라보다 수백 년 앞서 247년에 중천왕이 순장을 금했다.[32] 그리고 왕조가 바뀔 때마다 문란해진 전제(田制)를 개혁하였고 후세에 실학파 학자들이 전제개혁을 주장한 것은 전통적 애민(愛民)·이민(利民)정신의 발로이지만, 흔히 맹자 등 유교의 영향이 없지 않았다고 한다.

삼국이 모두 당태종 때(640년) 당에 유학생을 보냈는데[33], 그들이 유학과 함께 당의 모든 문물제도를 수입했음은 물론이다. 그때 신라에서 이름난 일반 유학자로는 외교문서에 능한 강수(强首)와 한자를 이용하여 이두라는 우리 문자를 만들었다고 전해진 설총과 박식한 문장가로 내외에 알려진 최치원 등을 꼽는다. 그들은 모두 자주성을 지녔고 또 편협한 타교(他敎) 배척논자가 아니었다. 신라는 그 후에도 계속하여 유학생을 당에 보냈는데, 그들을 통하여 차차 신라의 선비들이 당나라 말기의 부화한 여풍(餘風)을 받아들여서 신라도 말기에는 혼란, 퇴폐, 침체되었다.

유학은 한편으로 사대사상을 조장한 것도 사실이고, 역법(曆法)과 함께 들어온 중국의 음양·도참·풍수지리·명당설 등이 후세에까지 오래 유행하여 폐해를 끼치기도 했지만, 한자가 유학과 함께 일찍 들어와 삼국시대부터는 대학에서 경서와 사기(史記)가 정식으로 교육되었다. 고려 말부터 근조선 전기간에 걸쳐 성리학이 발달되기까지 그렇게 오랫동안 유학이 한국에 뿌리내린 것은 그 논리규범과 정치사상이 한국의 고유사상을 해명하고 섭취함에 알맞고 또한 필요한 점이 많았기 때문이

---

31. 『三國史記』, 신라본기 제4 지증마립간 4년(503년) 10월 기사.

32. 앞책, 고구려본기 제5 동천왕 22년 기사.

33. 앞책, 신라본기 제5 선덕여왕 9년, 고구려본기 제8 건무왕 23년, 백제본기 제 5 무왕 41년 기사.

라고 보아야 한다. 그런데도 유학보다 늦게 전래된 불교가 삼국시대에 큰 힘을 얻어서 유교보다 먼저 성행하게 된 데는 여러 가지 원인이 있었던 것이다.

후일 유교가 머리를 들기 시작한 것은 고려 전기(前期)에 구(舊)유학이 본격적으로 수용되면서부터이고, 신(新)유학(성리학)의 수용기부터는 유학의 배타성이 극에 달하였는데, 거기에는 또한 그렇게 될 고려 말 및 근조선의 특별한 원인이 있었던 것이다. 그 배불숭유는 고려를 타파하고 근조선 설립에 공을 세운 유학자 사대부들의 권력유지책과 관계가 깊은 것이었다.

7) 불교의 성행

후래한 불교가 먼저 성행하게 된 내력

신라에서 도교와 유교보다 늦게 들어온 불교가 먼저 성행하게 된 데에는 여러 가지 이유가 있었다. '그때 신라의 실정이 호국불교를 절실히 필요로 했다'는 것이 가장 중요한 이유임은 물론이다. 마침 유능한 국왕들이 연속 불교를 독신하여 불교가 공인되었다기보다도 국교처럼 되었고, 학덕 있는 내외 고승들이 연속해 나타났다는 것과, 그때까지는 중국의 도교나 신(新)유학 같은 배타성 강한 타교(他敎)가 아직 성행하지 아니했다는 것 등이 역시 중요한 원인이라고 할 수 있다.

진흥왕이 신라에 귀화한 고구려인 혜량(惠亮)법사를 승통으로 중용하여 백고좌강회(百高座講會)와 팔관법회(八關法會)를 처음으로 열었는데, 그것이 신라의 불교와 법이념 발전에 지대한 영향을 주었다. 그것이 신라와 고려에서 백인의 고승을 모아 호국불경—흔히는 인왕경을 강해하는 국가적 대의식을 거행하는 시초가 되었기 때문이다.

『삼국사기』와 『삼국유사』에 기록된 것만도 신라에서 흔히 국왕 이하 고위자가 참석하여 혜량·원광·원효 같은 여러 고승의 강설을 청강한 대행사가 10회 이상이요, 『고려사』와 『고려사절요』에 기록된 것이 150여 회이다. 그런 강회에서는 「금광명경」 「금강삼매경」, 기타의 호국불경을 강설한 일도 더러 있었고, 어느 경전이었는지 명시되지 않았지만, 인왕도장을 열었다고 기록된 것이 40여 회이었다고 기억된다.

호국경세불경이라고 하면, 위에 말한 것을 포함하여 아홉 경전이나 된다. 그중에도 인왕도장이 많은 부분을 차지하게 된 첫째 이유는 비교적 그 효공과 의식이 알기 쉽게 지시되어 있다는 것이다. 둘째는 당나라에서 대성한 원칙(圓測)의 「인왕경론주소」가 인왕경 신앙의 매개자가 되었을 듯하다는 것이다. 중국에서 원칙이 이룬 학문적 업적에 대하여는 여기 기술하지 아니하고, 박종홍의 『한국사상사』; 원칙의 유식철학을 읽을 것을 독자들에게 권한다.[34] 셋째는 그 의식과 신비적이고 타력신앙적인 취향 때문에 대중화되기가 쉬웠다는 것이다. 이것은 형식화, 미신화하기 쉽다는 큰 결점이 없지 않았지만 나라와 개인에게 여러 재난이 닥쳐왔을 때, 인왕도장을 열어 반성하고 반야바라밀(여러 욕심을 떠난 無分別智, 완전한 佛智慧)을 실천하면 그 재난을 물리칠 수 있다고 믿었던 것이다. 연속되는 외침을 극복해야 했던 민족에게 그것은 더욱 중요한 신앙이었을 것이다.

원칙의 해설에 의하면 조화와 질서가 무너진 상태인 팔난(八難)을 물리치고 호국을 보장하는 것이 반야바라밀다이다. 그들이 말하는 인왕은 도로써 나라를 다스리는 자요, 인왕의 호국은 곧 완전한 불지혜의 수호이다. 내우외환을 극복하려는 국왕들의 책임감과 신앙심이 호국을 위한

---

34. 朴鍾鴻, 『한국사상사』, 54-84쪽(圓測의 유식철학).

인왕강회를 열게 된 것이다. 국가와 가정이 멸망하는 난을 구하려면 불지(佛智)를 이해하도록 국왕과 인민을 깨우쳐서 그대로 받아들여야 한다는 불교의 인과설에 의한 국가관을 밝힌 것이 인왕경인 고로, 국왕이하 모든 불교 신앙자가 이 경전을 애호하고 그 경전에 있는 의식을 국가적으로 거행하게 되었다. 그와 같은 민족주의적 의식과의 관련 때문에 원나라의 직접 지배가 심했던 14세기 전반에는 적을 물리치기 위한 인왕도장(道場)은 금지 당했음이 이기영의 『한국불교연구』에 나온다.[35] 그러다가 억불숭유정책이 뚜렷해진 근조선에 들어와서 민족 대행사 중의 하나이던 인왕강회는 없어지고 말았고, 일본은 단군숭배 정신까지 정책적으로 말살했다.

선덕여왕 때 대국통(大國統) 자장율사의 청에 따라서 이웃나라의 항복과 국토 통일을 기원하는 황룡사 구층 국방탑을 세워 신라불국토설을 완성했다. 그러나 그의 건의로 김춘추와 발맞추어 649년 선덕여왕3년에는 당나라 의관을 착용하는 등 주체성 없는 친당정책을 추진하고, 그 다음해 650년에는 연호를 바꾸어 당의 연호를 사용하기 시작했다 . 그처럼 친당의 정도를 넘어서 사당(事唐)에까지 이른 것은 삼국 중 가장 힘이 약하고 후진국인 신라가 고구려·백제 양국의 침공을 막고 자국의 명맥을 유지하기 위해, 즉 긴박한 상태를 벗어나기 위해서는 그 길밖에 없다고 생각한 결과라는 것을 전혀 이해 못하는 것은 아니지만, 그래도 그 정도를 넘쳤던 것이라고 생각된다.

원효의 독창적 사상

원광이 호국불교의 방향을 지시해 주고 세상을 떠난 때, 50대의 자장

---

35. 李箕永, 『한국불교연구』 제190쪽(14세기 전반에는 元이 仁王道場을 금함).

은 당에 가 있었고, 원효는 24세의 화랑출신 청년이었다. 신라의 삼국통일을 전후한 시대에 독창적 호국불교 전통을 세운 위대한 대표자가 바로 화랑 출신인 원효대사(元曉, 617-686)이다. 원효는 대오한 바가 있어 당 유학을 미련없이 단념하고 전쟁터의 유한한 생을 초월하는 영원한 생을 추구하게 되었고, 스승도 별로 없이 불전 연구에 몰두하였다. 그는 형식적 계율에 얽매이지 않는 자유로운 무애거사가 되어 철저한 만법귀일(萬法歸一)의 대중적 견지에서 통일적 불교, 통불교를 건설하고, 신라 불국토의 이상을 실현하기 위한 과감한 개혁의 꿈을 대중에게 심어주었다.

원효의 『대승기신론소』와 『금강삼매경론』 및 『십문화쟁론(十門和諍論)』, 기타 저서들에 의하면, 원효의 근본 사상은 인간존엄·인간평등·여래장(사람은 누구나 불타의 씨앗을 지녔다는 사상)·귀일심원(歸一心源; 모든 것이 마음먹기에 달렸으므로, 깨끗한 마음을 되찾아서 회귀해야 된다는 것)·상구보리하구중생(上求菩提下救衆生; 이익중생, 즉 自利 他利)·자재무애·행지(行智)구비·화쟁(和會, 원융) 등의 몇 가지로 요약할 수 있다.

백가(百家)의 이론을 정리한 총결산 저작이라고 하는 『십문화쟁론』의 중심사상이 바로 화쟁이다. 거기에서 그는 무교파적 통불교를 건설하기 위한 논리적 근거를 제공하여, 전 불교를 화동(和同) 회귀하려 한다. 그렇기에 종래 그는 원효대성 화쟁국사라고 존칭되었다.[36] 피안의 극락보다 장래의 현실사회에서 대중의 복리를 어떻게 증진시킬 것이냐 하는 데 정력을 더 기울이고 마침내 민중 속에 뛰어 들어가서 중생과 함께 사회·국가 활동을 실천하여 국가에 봉사하였다. 그는 국왕으로 하여금 그

---

36. 『高麗史』, 世家 권11 제30장(증 원효대성 화정국사).

이상을 실현하는 데 힘쓰도록 치국의 요체와 안민의 도를 고취하였다.

그의 일생을 구분해 보면, 소년기에는 수학·교양·단련에 힘썼고, 장년기에는 민중계몽·사회구제·국가광정(匡正)·종교지도 등 여러 방면에서 실제 봉사하고 만년에는 저술에 전념하였다. 그래서 그의 지식은 넓고도 깊고, 저술은 중국과 일본에까지 널리 선포되어 많은 감동을 주었기에, 그의『금강삼매경론』은 중국 학승들에 의하여 '소'라고 불리지 아니하고 '논'이라고 불리었다. 사람들이 그의 종교를 무슨 종이니, 무슨 파니 하지만, 불교 경전에 우열이 없다고 본 그가 일종 일파에 편벽되게 치우쳤을 리가 없다.

그의 정치이념은 "역사의 탁류를 막고 그것을 정화하려는, 자비심(불지혜)를 가진 일심(一心)이 올바른 통치자(仁王)와 이에 협동하려는 일심이 올바른 인민들이 점진적으로 질서 있고 조화된 공동체를 이루려고 노력하여, 역사의 흐름을 그런 창조적 방향으로 돌려놓아서 신라 국토를 정토화(이상의 현실화) 하는 것"이었다. 그런 노력이 곧 섭수중생(攝受衆生)·성취중생·이익중생·귀일심원의 운동이다.

원효가「해심밀경(解深密經)」의 십바라밀다라는 보살행의 실천도를 설명하여 보시의 덕에 이르러서, 재(材)의 보시(財施)가 법(설교)의 보시 못지않게 중요함을 말한다. 그 재시는 무외(除害)의 보시, 즉 평안과 상호신뢰·상호부조에 의한, 두려움이 없게 됨을 보장하는 무외시에까지 확장 심화되어야 한다고 강조한 것으로 이해된다.

원래「해심밀경」육해탈행인 보시, 지계, 인욕, 정진, 정려(禪定), 지혜 중의 보시를 위에 말한 세 가지로 확대하고, 보시는 아무런 욕구도 기대도 없이 구제의 대원을 일으켜서 일체 생류(生類)를 행복하게 하려고 오랜 고난을 받는 것이다. 이것이 성자가 광대한 소원(所願)·묘원(妙

願·승원(勝願)을 행하는 소이이다. 그 보시는 시(施)하되 시한다는 생각도 없는 것이라고 하고 있다. 거기에 참된 이익중생의 묘원의 의미가 있는 것이다.[37]

원효의 영향을 받은 진덕여왕은 즉위 전부터 승만이라고 불렀는데, 불교의 승만경에는 승만의 십서원 중의 하나가 "불(佛)의 깨달음을 얻을 때까지 자기를 위하여 축재하지 않고 모든 것을 빈곤한 자를 돕는 데 쓰겠다"는 것이라 하였다. 또 삼대 원이 "일체중생을 평안하게 하여 진리를 체득하는 지혜를 얻게 하고, 일체중생에게 그것을 설교하고, 신명과 재산을 버릴지라도 진리를 받드는 것"이라 한 것으로 보아서, 보시도 중생을 구하기 위한 것임을 모두 알게 하였음이 분명하다.[38]

원효에 의하면 정리(整理)는 통화(統和)이며 순일(純一)이어서, 만법이 귀일하여 일(一)에 섭(攝)할 수 있고 공평무사하여 진속염쟁(眞俗染諍)이 모두 화회(和會)한다는 교리를 발전시키고, 선시불심(禪是佛心)이요 교시불어(敎是佛語)라는 것을 통화적으로 실천하기에 힘쓴 결과 신라 경애왕 때에 벌써 선과 교의 통설(通說)이 시작되었다.[39] 고려 공민왕 때에 보우를 왕사로 봉하고, 원융부를 설치하고[40], 조선 세종 때에는 선교 양종으로 줄여서 각각 장무(掌務)하게 하였다.[41] 효종 때에는 지리산 화엄사를 선교 양종의 대가람으로 정하고 전국 사찰을 통제하게 했다.[42]

---

37. 「解深密經」이 解脫六行 중 첫째인 보시에 대한 설명. 李箕永 저『한국불교연구』, 438-439쪽.
38. 「勝曼經」, 十誓願章 및 三大願章.『三國史記』, 신라본기 제5 진덕여왕 초두에 「진덕왕명 승만」이라고 있다.
39. 『三國遺事』, 卷第二 紀異第二 경애왕 기사.
40. 『高麗史』, 세가 권39 공민왕 5년 4월 제3장 전엽.
41. 『조선왕조실록』, 세종 6년 권24 제2장 후엽.
42. 趙明基,『신라불교의 이념과 역사』, 128-129쪽.

이와 같이 종파색 없이 한 절 안에서도 각자 뜻대로 간경·참선·염불 무엇을 하거나 서로 반목함이 없이 화합할 수 있는 것은 원효사상에 연원을 둔 한국불교의 특색이라고 한다. 교리적으로도 신라의 경흥(憬興)·대현(大賢), 고려의 의천·보조, 조선의 청허(서산)·유정(사명당) 등이 모두 원효의 사상을 받들어 선과 교를 겸수하였고 통불교적 교리를 연구 발전시켰다.

신라가 불교에 처음 접촉하게 되었을 때 마찰과 충돌이 대단했다가 이 교를 공인하게 된 것은 외래의 사상을 받아들임에 있어 비판적 태도로써 취사하였음을 의미하는 것이다. 그러했기에 원광·원효 이래 모두 신라 실정에 알맞는 특색 있는 사회전통을 만든 것이다.

그러면 끝으로 원효는 화랑들에게 어떤 경전에 의하여 관행(觀行)하라고 말했을까 생각해 보자. 화랑이 특히 미륵경을 섬겼다고 한다.[43] 원효가 관행을 닦는 자 상중하 삼품(三品)에 공통된 염원으로 "미륵을 보는 것"을 들고 있는 점으로 보아서, 원효가 미륵신앙을 고취하였으리라고 짐작된다.[44]

「미륵보살소문본원경」 중에 미륵은 석가모니보다도 42겁이나 먼저 보리심을 발했으면서도 성불하지 않고 있다. 그 이유는 국토와 중생을 정화 수호하고자 함이니, 그것이 미륵보살의 본원이라는 말이 있다. 그러고 보면 원효가 화랑들에게 미륵경에 의한 미륵신앙을 고취하였으리라는 이기영(李箕永)의 말은 일리가 있다.[45] 미륵보살이 선재동자에게 "나는 염부제 남계 마리국내 구제취락 바라문가 종성(種性) 중에 태어났다. 이는 저들의 교만심을 없애려 했기 때문이다. 그리고 부모와 친속

43. 『三國遺事』, 卷第三 塔像 第四 彌勒仙花 末尸郞 眞慈師條.
44. 『원효대사전집』, 「미륵상생경」 宗要 117쪽, 보련각, 1978.
45. 이기영, 『한국불교연구』, 416-418쪽.

을 화도(化度)하려 했기 때문이다. 여기에서 목숨이 끝나면 도솔천에 태어난다. 거기의 제천을 화도(化度)하려 하기 때문이다"라고 그의 대원을 말하였다는 것이다.[46]

「불교호국경세자경」 중의 하나로 잘 알려진 「금광명최승왕경」 사천왕품에는 "왕 된 자는 자리(自利)와 타리(他利)를 위하여 정법으로써 나라를 다스리며, … 설사 왕위를 잃고 생명에 해를 당한다 할지라도 끝까지 악법을 행하지 않고 악을 보면 이를 퇴치해야 한다"는 말과[47], 또 "자리 타리의 대자비를 성취하고 공사상에 철저하여 만심을 일으키지 말고 항상 반성하며 정법을 즐기고 타인을 이익되게 하라"는 십종행의 실천을 권고하는 말이 있다. 위의 미륵이 선재동자에게 한 말은 이것의 실례담이라고 할 수 있다.

상술한 신라의 호국불교 – 특히 삼국통일 전후의 사상을 보면 불교사상 중에 얼마나 한국의 전통적 법사상에 섭취되기 알맞은 것을 지니고 있었는지를 알 수 있다. 불교는 신라의 좋은 전통사상을 발전시켰을 뿐만 아니라 중국에 역수출되고, 삼국의 불교 문화는 어느덧 넘쳐흘러서 한문과 불교와 모든 일반문화, 생활도구까지 함께 이웃나라인 일본에 전해진 것은 세상이 다 아는 바이다.[48] 서기전 2, 3세기부터 도일인이 일본에 문화를 전수하기 시작했지만, 불교뿐만 아니라 유학도 발달되어서 백제는 천자문과 논어를 위시해 한문과 유학을 일본에 전했음은 이미 말한 바이다(이 책의 주159).

---

46. 『원효대사전집』, 「미륵상생경」 宗要 , 117-118쪽.
47. 『고려대장경』, 동국대학, 제9책 「금광명최승왕경」 제21장.
48. 趙明基, 『신라불교의 이념과 역사』, 38, 73-79, 87-88 및 89쪽의 註 3,4,5,6, 제102-106, 117-118, 184-187쪽. 이기영, 『한국불교연구』, 224쪽 및 244쪽. 이기백, 『한국사新論』, 개정판 231쪽 및 255쪽(일본의 생활과 문화 전반에의 공헌).

호국경세 제 불경의 사상

위에서 본 것처럼 불교사상, 특히 호국경세의 제경전은 통일전후 신라의 법사상 중에 섭취되기 매우 알맞은 것이었으므로, 불교호국경에 대하여 말해 둘 필요가 있다.

불교의 호국이란 호법의 의미가 있다. 그래서 정법의 나라는 영구히 번영한다는 것이다. 「인왕경(인왕반야바라밀경)」과 「금광명경(금광명 최승왕경)」 등은 불교 호국경들 중에서도 저명한 것이지만, 경전 그것이 무조건 국가를 보호하는 것이 아니라 그것을 믿고 받드는 나라를 수호한다는 것이다. 국왕은 그 경전의 말하는 바가 진리임을 믿고, 널리 펴고 호지해야 한다.

따라서 정치의 요체는 정치의 중심을 불교의 정법에서 구해야 한다. 공정 무사한 정의와 보편 순정한 애정이 그 기조이다. 정치는 인민으로 하여금 악을 그치고 선을 닦으며 정법으로 돌아가게 하는 것이다. 정치는 곧 교화이다. 약자를 돕고 가난한 자를 구하는 모든 경륜도 결국은 교화의 한 수단이거나 교화의 한 표현이어야 한다. 왕은 왕권으로서 인민에게 시여하고 국민생활을 정법 진리의 세계로 이끌어야 한다. 그래서 불타는 왕도를 논하고, 국왕의 은혜를 알게 하며, 또 국민의 사회봉사를 역설한 것이다. 그 교화가 미치는 곳에 국정의 대개혁과 개인 생활의 개선이 나타난다.

인도 마갈타국의 아쇼카 왕이 서기전 200년 즉위해 불교를 믿고 모범적 임금이 되어 정치의 근본을 정법의 신념에서 구하고, 관원에게 정법의 선양을 명하고, 죄업을 멀리하게 하며, 법의 시행에 유념하며, 자선사업과 공익 시설에 힘쓰며, 세계 전도를 시작하여 먼 곳에까지 교를 폈다. 정교(政敎)의 상자(相資)를 이상으로 하여 일대 운동을 일으키고, 인도를 통일하여 대 왕국의 건설을 성취했다.

그가 죽고 얼마 안 되어 그의 왕조도 망했지만, 그 후의 큰 나라들이 모두 그를 본받아서 전도한 결과 신라에서 호국불교의 꽃이 만발하여 세계정신과 함께 민족정신을 잃지 아니하는 독창적 지도정신으로 단군의 건국정신 구현의 한 몫을 담당했던 것이다. 거기에는 여러 가지 원인과 인연이 있었지만, 그 내용이 건국이념을 구현함에 필요하고 알맞은 점이 많았기 때문이다.

몇 가지 예를 보면 그것이 성행한 까닭을 쉽게 알 수 있다. 통일 전후의 신라와 고려에서 가장 많이 행해진 것이 인왕경회였음으로 보아 호국불경 중에도 「인왕경」(동국대학교 발행, 고려대장경 제5책 pp. 1021-1033 불설 인왕반야바라밀경에 의함)이 가장 알맞은 점이 많았음을 알 수 있다. 인왕경에 대해서는 이미 말하였으므로 금광명경(동국대학교 발행, 고려대장경 제9책 p. 1326 이하에 의함)과 다른 몇 경전에 대해 간단히 말해 두려 한다.

금광명(金光明)은 불타의 삼신(三身)과 삼덕(三德)을 황금과 광명으로 구상화한 것이고, 최승왕경(最勝王經)이란 왕의 여러 경전 중 최고임을 의미하는 것이다. 여기서 통치하는 것은 전 세계 이웃나라 국민을 교화하는 것이다. 그것은 정법의 융흥으로서, 자비·대애(大愛)를 주지(主旨)로 하며, 재리를 탐하지 말며, 재시 다음에는 반드시 법시(정신적 구출)가 따라야 하며, 먼저 육체를 구하고 그 다음에 정신을 구제하는 것을 경세(經世) 구제의 본의로 하고 있다. 자기 개인의 신명을 바쳐서라도 이타의 업을 완수해야 하는 희생정신을 높이 평가한 대승불교의 큰 이상을 실제에 응용한, 개인과 국가 사회를 도화(導化)하는 대광명인 것이다.

이 경을 듣고 공양하며 다시 퇴전하지 아니하면 무량의 공덕을 성취하고, 그 왕은 무상진실의 시주가 되어 영원한 복을 얻는다고 한다. 사천왕호국품에서 사천왕은 이를 듣고 환희하며, 그러한 나라와 왕을 옹호하며 중생을 위하여 이를 널리 선포하여 길이 복리를 얻고 속히 성과를 얻어 퇴전함이 없이 보리가 될 수 있게 보호하여 지킬 것을 다짐했다는 것이다.

정법정론품에서는 치국의 요체를 설명하였다. 여러 왕으로 하여금 그 교를 수행하고 세상을 교화하여 오래 그 위를 보전하며 국민과 함께 모든 이익을 받게 해달라는 요청에 응하여 불타가 설법하고 있다. 왕은 자국 내에 비법을 행하는 자를 보면 이를 방임하지 않고 법에 의하여 처벌하며 악법을 제거하고 선근을 닦아 대임을 완수하여 자리와 타리를 위해 정법으로서 치국해야 하므로, 설사 왕위를 잃고 생명에 위해를 당할지라도, 악법을 행하지 말며 악을 퇴치하되, 평등하게 모든 사람을 도화(導化)할 책임을 져야 한다고 다지고 있다. 또 사신품(捨身品)에서는, 타리를 도모하는 성자의 행위는 불타가 되는 근원이다. 진리를 위해서는 자신을 희생하여 사신(捨身), 이타(利他-餘骨이 미래에 모든 사람이 利를 얻게 할 것)를 서원하였다는 것이다.

다음은 「대승본심지관경(大乘本心止觀經)」 보은품(동국역경원 발행 한글대장경 제10책, 본연부二 보은품 p. 270 이하에 의함)을 들 수 있다. 심지경이라 함은 마음밭(心田)을 대지에 비유한 것이다. 보은품은 부모의 은·사회의 은·국왕의 은·불법승 삼보의 덕교의 은 등 4은에 보답할 것을 상술하고 있다. 거기에는 삼보와 불이 삼신(三身 - 自性身·受用身·變化身)을 구유함을 설명하고 있다. 실로 제인(諸人)은 서로가 대은을 받고 있는데, 성왕(聖王)은 치국의 법으로 제인을 이롭게 하여 만인을 안락하게 해야 한다고 하고 있다. 그와 같은 성왕을 정법왕이라고 한다. 정법왕에게는 십덕(十德) 즉 십종의 보시행과 십종의 친근행과 십종의 진실행이 갖춰져 있다는 것이다. 이 4은품(四恩品)을 듣고 이를 광포함으로 제신의 보호를 받아, 생사를 초월(해탈)하고 정토에 왕생하여 불타를 보고, 교를 듣고, 속히 진리를 체득함을 얻어서 최고의 지혜에 도달하리라 하고 있다.

「불위우진왕설왕법정론경(佛爲優塡王設王法政論經)」(동국대학교 발행, 고려대장경 제16책 pp. 264-271에 의함)은 불타가 우진왕을 위하여 왕법정론을 설명한 것으로서, 그 내용은 십종의 실정과 십종의 왕의 덕행을 설명하고 왕보쇠망의 5원인과 왕이 마땅히 수호해야할 5법을 설명한 것이다. 그 요지는 국본(國本)을 배양하고, 은애로써 교화하며, 국무를 등한히 말며, 만민의 복리를 실현하며, 인재 등용을 적절히 하여 현세의 안락을 도모해야 한다는 것이다.

「대살차니건자소설경(大薩遮尼乾子所設經)」(동국대학교 발행, 고려대장경 제10책 pp. 1018-1035에 의함)은 니건자와 그 무리가 엄치왕에게 왕도와 정치의 요체(열가지 선업 등)를 설명한 것이다. 왕은 인민을 위한 주군이 되어야 한다. 인민으로 하여금 처할 곳을 얻게 하지 못하면 왕도가 설 수 없다. 인민을 적자처럼 보호하며, 항상 그들의 고락을 통찰하며, 그들의 안녕을 보전하고 행복을 증진시키기 위하여 상벌을 분명히 하고, 법에 의하지 않고서 벌하지 말며, 죄를 벌하고 사람을 미워하지 말며, 벌은 자비심으로 개과천선하게 하는 수단임을 알아야 한다. 때를 가려서 인민을 사역해야 한다. 전쟁은 정법에 의한 의전(義戰)에 한해서만 이를 인정한다고 하고 있다.

「수호국계주다라니경(守護國界主陀羅尼經)」(長谷川良信 日文現代意譯,

pp. 140-168에 의함)은, 대비태장출생품(大悲胎藏出生品)에서 성자에게는 대애심(大愛心)에서 발하는 32종의 사업이 있다고 하고, 여래서각사업품(如來西覺事業品)에서는 불타에게도 32종의 대사업이 있다고 하고, 다라니공덕궤의품에서는 평등의 자비를 역설했다. 아도세왕수기품(阿闍世王受記品)에서는 백성의 고혈로 왕의 상마(象馬)에게 기름칠하는 것이 되어서는 안 되며, 과중한 부담 때문에 고통을 받게 해서는 안 되며, 인민의 자재를 강탈하여 부호 귀족배를 부익부하게 만들고 사치를 극하게 하여 빈자를 더욱 고통스럽게 해서는 안 된다고 하고, 그와 같은 비행을 하면 진리를 막고 정법의 가호를 받을 수 없다고 하였다.

「승군왕소문경(勝軍王所問經)」(동국대학교 발행, 고려대장경 제10책 pp. 565-567에 의함)에는 불교신자 교살라국 승군대왕의 요청에 응답하여, 불타가 「왕자는 인민을 자기 자식처럼 돌보아야 한다」 하고, 또 「왕자의 부귀도 필경은 포말과 같다」고 만유의 무상변천을 설하여 진실한 도(道)를 권고한 설법이 경의 내용이다. 그 설교에서 부귀와 권세는 물질적 방향으로 달리기 쉬울 뿐 아니라 현실에 붙잡혀서 정신생활을 경시할 염려가 많은데, 그것이 사람을 불행하게 함은 물론이요, 만인의 불행에 지대한 관계가 있으므로 모두가 무상함을 깨달으라고 정신생활을 강조했다.

인군된 자는 정의로써 일국을 다스려야 하며 불법한 행위를 해서는 안 된다. 현세를 구하는 길은 진실한 도를 닦는 것뿐이므로, 스스로 진실한 도를 지키는데 그치지 말고 타인들도 진실한 도를 행하도록 권하는 것이 선한 세계를 만들기 위한 노력이다. 지자(智者)만이 진실도에 안주하며 확고 부동하며, 정진하여 많은 선을 닦으며, 청정행을 닦고 진실계에 도달하는데, 진실계에 도달하면 죽음의 공포도 없어진다는 것이다.

「불설간왕경(佛說諫王經)」(동국대학교 발행, 고려대장경 제11책 pp. 573-574에 의함)은, 국왕 불리선니가 적을 평정하려다가 도리어 적에게 패하여 불타에게 나아가 가르침을 청하매, 불타가 그 문제보다도 왕도를 설명하고 만유의 무상함을 가르치고, 충간을 받아들여 절도를 지키고, 인과의 도리를 믿고, 지옥의 고초를 생각하여 다른 사람을 학대하지 말고, 정법으로 치국하며, 모두가 선을 행하도록 백성을 교화하고 어루만져 가르칠 것을 가르친 설법의 내용이다.

「육도집경(六度集經)」(동국대학교 발행, 고려대장경 제11책 pp. 285-306에 의함) 보시편에는 다음과 같은 말이 있다. 「육도집경」은 불타가 수도자이던 시절 육바라밀 수행을 기록한 경전이다. 보시·지계·인용·정진·선정·지혜를 육도라고 한다. 도(度)라고 함은 생사의 바다를 건넘을 뜻한다. 육종의 수행에 의하여 피안의 진실세계에 도달함을 말한다. 그런데 그 경전 보시품에 따르면 보시는 단순히 물건을 주는 것이 아니고 인류애의 구체적 표현으로서 연민 자혜인 것이다. 그것은 진리를 추구하는 수도자의 경건한 기도이다. 이것이 호국경세의 기조이다. 영원한 평화라고도 하고, 계급간의 조화라고 하는 것도, 그 근본은 무한한 사랑이며 진리 순정한 사랑이기 때문이다. 그것 없이는 그 큰 목적을 달성할 수 없는 것이다.

어떤 수도자가 태자로 환생해서 기아로 고생하는 백성들을 보고 "그들의 불선(不善)함은 모두 나의 죄이다" "국민의 행복을 위해서는 내 몸을 바쳐도 좋다" "나는 인민이 당하는 고통을 차마 볼 수 없다. 내가 어떤 죄과를 받을지라도 인민의 고통을 제거해 주십시오"라고 자원하여 마침내 성불했다는 것이다.

옛날 화묵이라는 왕자가 있어 인정을 평등하게 베풀고 백성을 자식처럼 사랑하고 정법으로 치국한 결과, 범죄자가 없고 불타의 가르침을 믿고 선에는 복이 따르고 악에는 재앙이 따른다는 것을 믿었다. 그런데 가난한 사람이 살림이 빈곤하여 도적죄를 저지르고 악인 줄은 알면서도 하루 살기가 어려워서 죄를 범했노라고 자백하매, 왕은 이를 연민히 여기고 그 고백을 가상하여 스스로 반성하고 자괴하여 탄식하기를 "백성의 주림은 내가 주리게 한 것이요, 백성의 추위는 내가 헐벗기는 것이다. 인민의 고락은 모두 나의 책임이다"라 하고 국고를 열어 빈민을 구제했더니, 그 후로는 나라에 범죄자가 하나도 없었다. 왕은 오복을 누리며 살다가 죽어서 천상에 살게 되었다. 한번은 청빈한 불교신자를 불타가 상탄함을 듣고, 여러 승려가 "보시행을 존귀하게 여김은 그 마음세입니다. 자비심에서 발하는 보시는 미미할지라도 복됩니다. 보시를 싫어하고, 보시를 좋아할지라도 교만하고 불경건하다면, 그 보시는 복되지 못합니다"라고 소감을 말했다 한다.

그리고 또 다음과 같은 설법을 하였다. 옛날 유람이라는 수도자가 있었는데, 높은 지위와 부를 누려서 구제하였다. 불타를 공양하는 것은 보시 중에서도 최고의 것이지만, 불교에 귀의하여 오계(盡人 不殺, 守淸 不盜, 執貞 不犯他妻, 奉信 不欺, 孝順 不醉)를 엄수하며, 항상 참회의 생활을 보내면 그 복은 유람이 모든 것을 성인현자에게 보시하는 것보다 낫다. 그러나 수계함은 오히려 평등하게 생물을 돌보아 키우느니만 못하다. 나물밥에 거적자리라도 불(佛)에 귀의하여 자비희사(慈悲喜捨) 사심(四心)을 품고, 오계를 지키면 그 복은 무량하다고 하였다.

그밖에도 「불설우진왕경(佛說優塡王經)」(동국대학교 발행, 고려대장경 제6책 pp. 1189-1191에 의함)은 구심국(拘深國)의 우진왕이 총희 무비의 요언에 빠져서 왕비를 해하려 하다가, 불타로부터 여색에 미혹되면 군신의 사이를 어지럽히고 사회질서를 문란케 하고 왕도를 파괴하고 정법(진리)을 가린다는 교훈을 듣고 불교에 귀의하였다는 것이 그 내용이다.

호국경전의 근본은 법화(法華)·화엄·반야 등 제경전의 佛의 진리를 믿고 단계적으로 수행하며 교화하고 전파하여 모든 욕정을 정화하고 공(空)사상을 깨닫는 것이다. 「상구보리 하화중생」의 대원을 성취하도록 이익중생(自利他利)의 대도를 국가 정치에 구현시키려는 것임은 물론이다. 그러므로 호국경세 제경의 내용이 신라 호국불교 사상의 해설·단군의 건국이념 구현에 매우 알맞는 것이었음을 넉넉히 알 수 있는 것이다.

중국내의 불교가 모두 중국불교가 아닌 것처럼, 한국의 호국불교는 인도나 중국의 불교가 아니다. 또한 한국내의 불교라고 해서 그것이 모두 한국의 불교는 아니다.

8) 통일신라 건국이념의 구현 - 문무왕의 유소

반도를 통일한 문무왕에 이르러 신라 호국불교의 꽃이 만발하였다. 문무왕은 고승을 초대하여 도화(道話)와 국태민안의 법요를 듣는 것이 상례이었다. 문무왕은 언제나 국방에 힘썼지만, 특히 왜구의 침입을 염려하여 평시에도 항상 지의법사에게 "내가 죽어 후세에 호국대룡이 되어 불법을 받들고 나라를 수호하려 한다" 하매, 법사가 "용의 축보란 무슨 말씀입니까"라고 물었다. 왕은 "내가 세간의 영화를 싫어한지 이미 오래다. 만약에 짐승으로 환생해서라도 나라를 수호할 수 있다면, 나의 본뜻에 바로 맞는 것이다"라고 하였다.[49]

---

49. 『三國遺事』, 卷第二 紀異 제2 文虎王法敏 원문 "…龍爲畜報何…"라는 것을 '龍爲畜 何'라고 붙여 읽는 이와 '龍爲畜 報何'라고 떼어 읽는 이가 있어서 韓譯함에

문무왕 21년(681) 7월에 왕이 돌아가니 군신이 왕의 유언에 따라 동해 구의 큰 돌 위에 장사하였다. 이것을 대왕암이라고 한다. 속전에는 왕이 용으로 화한 고로 그 돌을 대왕암이라 한다고 한다. 문무왕이 용이 되어 들어갔다는 곳에 문무왕 때 기공하여 신문왕 때 완공한 감은사 유적이 있다.[50] 왕이 사후에 용으로 화했다는 것은 믿을 수 없는 속전이지만, 유소에 따라 불교식으로 화장하여 분골을 해중에 뿌리고 큰 바위에 장사한 것은 명백하다.[51]

『삼국사기』 신라본기에 기록된 문무왕의 유소는 다음과 같다.

내가 어지러운 운을 만나고 전시를 당해 서정북토(西征北討)하여 강토를 극정하고, 반하는 자를 치고 협조하는 자를 불러들여 원근의 땅을 다 안정케 하였다. 위로 조종의 끼치신 염려를 위로하고 아래로 부자의 숙원을 갚았고, 전사자와 생존자를 널리 추상(追賞)하였다. 내외에 벼슬을 골고루 주었고, 무기를 녹여서 농구를 부어 만들고, 백성을 인수(仁壽)의 성에 있게 하였다. 부세(賦稅)를 가볍게 하고, 요역을 덜어 집이 풍요하고 인구가 늘고, 민간이 평안하고 국내에 우환이 없으며, 창고에 곡식이 산더미같이 쌓이고 영어(감옥)는 죄수가 없어서 풀이 우거졌으니 유(암처)·현(명처)에 대하여 부끄러울 것이 없고, 사(士)·인(人)에 대해서도 저버린 것이 없다고 할 수 있다.

그런데, 그동안 내가 풍상에 침모되어 고질을 이루고, 정무에 노심하여 다시 고질이 뿌리깊게 되었다. 운은 가고 이름만 남는 것은 고금이 한가지라, 홀연 명계로 돌아간들 무슨 한이 있으랴. 태자는 일찍이 현덕을 쌓고 오랫동안 동궁에 있었으니, 위로는 재상으로부터 아래로 뭇 관원들까지 가는 자를 잘 보내는 의에 어긋나지 말고 살아있는 자를 잘 섬기는 예를 궐하지

의문이 있으나, 나는 조명기 박사의 앞책 198쪽에서처럼 붙여서 '용의 축보란 무슨 말씀입니까(그것이 될 말입니까)'로 읽기로 했다.
50. 『신증여지승람』, 권20 제18장 후엽말(慶州佛宗條).
51. 『三國史記』, 이병도역, 신라본기 第七 문무왕하 제125쪽 주 1, 주 7.

말라.

　종묘사직의 주(主)는 잠시라도 비어서는 안 되는 것이니, 태자는 곧 관 앞에서 왕위를 계승하라. 산곡은 변천하고 세대는 바뀌기 마련이다. 저 오왕 손권의 북산 무덤에도 지금은 금빛 채색 향로를 볼 수 없고, 위주 조조의 서릉 망대에도 오직 동작의 이름만 듣게 될 뿐이다. 옛날 만기(萬機)를 총찰한 영주도 마침내 한 무더기의 흙이 되고, 초동은 무덤 위에서 노래하고 여우와 토끼는 그 곁에 구멍을 뚫으니, 분묘란 한갓 재물만 허비하여 역사책에 비방거리를 남길 뿐이요, 헛되이 인력만 소비할 뿐 죽은 넋을 살릴 수 없다. 고요히 생각하면 그지없이 슬픈 일이다.

　이런 류는 나의 원하는 바가 아니니, 임종 후 10일에는 곧 고문(庫門) 바깥뜰에서 서국(인도 불교)식에 의하여 화장할 것이며, 상복의 경중은 본래 상규가 있으니, 상의 제도는 되도록 검약을 좇을 것이다.

　변성(邊城) 진수(鎭守)와 주·현의 과세도 일체 필요한 것이 아니거든 헤아려 폐하고, 율령과 격식도 불편함이 있는 것은 곧 개혁하라. 사방에 공포하여 이 뜻을 알게 하라. 주관 관원은 즉시 이를 시행하라.[52]

　위의 문무왕 유소에는 농후한 불교 윤리의 색채와 약간의 유교 논리적 색채가 가미되었을 뿐이요, 진흥왕의 순수비와 연맥되는 전통적 이념을 구현하기에 왕 자신이 힘썼다는 것과 후대에도 그렇게 하라는 뜻이 역연히 나타나 있다. 문무왕은 이와 같은 유소로, 광개토대왕릉의 비문과 진흥왕순수비문의 정신을 이어받아 나라와 백성을 위하여 염려하고 단군의 이념을 구현에 힘썼음을 밝혔다.

　그리고 문무왕은 경흥법사를 국사로 삼으라고 고명하였다. 아들 신문왕은 즉위하여 경흥법사를 국로(國老)로 삼아 삼랑사(三郎寺)에 머물게 했다. 법사는 많은 저서를 냈다. 그의 사상은 대체로 원효와 크게 다름 없었고, 학파를 초월했고, 미륵하생경소에 주력한 듯하다.

　왕의 유소에서 주목할 것은 법령을 실제에 맞도록 개정하라는 점이

52.『三國史記』, 신라본기 第七 문무왕하21년(유소).

다. 특히 주체성을 가지고 국민의 부담을 경감한 것과 국인에게 편리하도록 율령과 격식을 개혁하여 법을 신라의 실정에 맞도록 개정하고 공포시행에 미비함이 없도록 하라고 다음 왕에게 부탁한 것은 전대에 당의 제도를 정책상 너무 모방하였기 때문에 한 말인 듯하다. 원래 신라의 율령은 고구려·백제보다 늦게 법흥왕 7년(520)에 처음 제정하고, 동 16년(529)에 살생금지령을 공포하고, 태종무열왕 원년(654년)에 실무자들에게 명하여 상세히 참작하여 이방부격(理方府格) 60여조를 수정(修定)한 바 있다. 이 시기는 김춘추가 정책상 복제까지 당을 모방하던 때이므로 당률에서 많이 받아들였을 것이 분명하므로, 통일신라 실정에 맞도록 편리하게 개혁할 것을 지시한 것이라고 짐작된다.

이런 점에서 통일신라의 첫 임금인 문무왕은 법사상사상(法思想史上) 중요한 기점을 마련하였다고 볼 수 있다. 이것이 고려와 조선조 율곡 등 위민사상가들의 변법론의 연원이 되었다고 할 수 있다.

9) 통일신라 말부터 고려의 통일 전까지의 지도이념

신라 왕조를 상·중·하 삼대(三代)로 구분하는데[53], 상대에는 성골들이 왕위를 차지했고, 중대에는 진골들이 차지했다. 하대에는 귀족들이 중대의 왕권 전제주의적 경향에 반항하여 처음의 본의와는 달리 결과적으로는 무법 무질서의 실력전 시대를 이루었다. 하대 150년 동안 20명의 왕이 즉위했고 그중 상당수가 내란에 희생됐다. 김주원을 제거하고 원성왕에게 왕위를 차지하게 한 것부터도 귀족들의 책동결과라고 한다.[54]

---

53. 앞책, 신라본기 第十二 경순왕 9년 기사 말미.
54. 앞책, 第十 원성왕 초두 기사. 동, 헌덕왕 14년 기사. 이기백, 『한국사신론』 개정판, 114쪽.

김주원의 아들은 그 때문에 반란을 일으켰다가 실패하였다. 희강·신무 두 왕의 경우가 그 실력전의 표본이다.

그 후에는 지방 세력가들이 진출하게 되고, 중앙 정부의 재정 곤란이 국가의 중대 문제가 되어 과중한 부담에 견딜 수 없게 된 농민의 반란이 사방에서 일어났다. 그중에 신정권을 수립하고 신라와 대립한 인물이 나타났는데, 진성여왕 때의 농민 출신 견훤의 후백제와[55], 신라왕자지만 정권싸움으로 쫓겨 가 북원(北原)의 적괴 양길의 부하가 되었다가 자립하여 왕이 된 궁예의 후고구려[56]가 쓰러져가는 신라와 정립하게 된 고로 이를 후삼국이라고 한다.

그러면 통일신라 말기와 후삼국, 발해와 고려 건국초의 사상은 어떠했느냐 하는 것이 우리의 관심사이다.

통일신라는 헌강왕 때 수도 경주에 기와집이 즐비하고 나무 대신 숯을 연료로 하며 항간에 노래소리가 끊이지 않는 화려한 생활을 이룩했다. 그러나 오래 버티지 못하고 호화 안일 부허한 생활에 젖어서 인심이 해이해진 데다 말년에 흉년이 잦고 질병이 유행하고, 과도한 불사(佛事) 비용과 사치한 생활로 인한 낭비, 지방 호족들의 과세권 행사 등이 원인이 되어 중앙정부의 재정 상태가 말 못하게 되었다. 신라의 지배층이 정신을 차리지 못하고 열락을 일삼았음은 견훤이 수도로 쳐들어올 때까지 포석정 놀이를 하고 있다가 변을 당한 사실과[57] 제49대 헌강왕 6년 가을 왕이 좌우와 더불어 월상루에 올라 사방을 바라보면서 신하와 주고받은 대화와[58] 제51대 진성여왕의 궁중 음란과 혼란한 정사, 뇌물이 공행(公

55. 앞책, 신라본기 第十一 진성여왕 6년 기사.
56. 앞책, 第十 진성여왕 5년 기사. 동, 第十二 효공왕 2년, 3년, 5년 기사.
57. 앞책, 신라본기 第十二 경애왕 9년 기사 말미.
58. 앞책, 第十二 헌강왕 6년 9월 기사.

行)한 사례만 보아도[59] 신라 말의 혼탁한 실정을 알 수 있다. 국민들이 견딜 수 없게 되어 납세를 거부하며 각지에서 반란을 일으켰는데도 정신을 차리지 못하고 아무런 대책도 세우지 못할 정도에 이르렀다.

신라 말기에는 음양오행, 산수지리, 도참 명당설과 신비주의와 미신이 성행하기 시작했다. 명당설은 일찍이 신라 초기에도 있어서, 석탈해가 소시부터 지리의 지식이 있어 호공의 집터가 길지임을 알고 꼬임수를 써서 빼앗아 살았다는 기록이 『삼국사기』에 있거니와[60], 신라 말 고려 초에는 당으로부터 역학과 함께 음양지리의 풍수설, 도참설이 들어와서 신라 말과 후삼국과 고려 초에 걸쳐 타력 의존적이고 신비적·미신적 풍조가 성행했다.

도선이 불교의 선근공덕사상에다가 음양오행설을 결합한 풍수설은 그 현저한 예이다. 고려 태조왕건의 훈요십조에도 그런 사상이 상당히 강조되었고, 고려말 묘청의 혁명에도 풍수설의 미신적 요소가 혁명수단으로 이용되었다. 후세에까지 택지·읍지, 그보다도 묘지를 선택하는 풍습 때문에 산송(山訟) 같은 법률문제를 많이 일으켰다. 한족(韓族)이 한문과 함께 유·도·불 삼교의 사상을 받아들여 고유의 현묘지도를 발전시킨 것은 부인할 수 없는 일이지만, 음양오행설과 도참까지 받아들이는 등 우리 고래의 신앙과 무교를 퇴화시킨 것도 사실이다.

어찌되었거나 혜공왕대(재위 765-779)부터 점차 왕족(귀족) 지배층 간 내부 알력이 심해지고 호족의 발호가 격화되었다. 삼국통일 전후와는 정반대로 국왕의 자질이 용렬해지고 불교계가 타락하여 자력 소생의 의지가 약해졌다. 통일 전후 신라의 단결·독립·자주·독창의 정신은 간데

---

59. 앞책, 第十一 진성여왕 2년 기사.
60. 앞책, 第一 탈해니사금조 초두.

없고 명당설과 미신이 성행하고, 외국 모방과 사대사상에 젖어 버렸다. 그 시대에도 당에 유학한 수재가 많았지만, 그들 중에는 사대주의와 도참설을 수입한 자도 많았다. 견훤과 궁예도 미신과 신비주의적 요소를 이용하는 전제적 폭군으로 전락했고, 고려말의 신돈이나 묘청도 그런 풍조를 타고 그것을 이용한 사람들이다. 왕권의 전제에 반항한 귀족들도 본의와는 달리 단순한 무법의 실력행사자가 되어 버렸다. 풍수지리설도 호족으로서 그들의 존재를 정당화하기 위한 방편으로 받아들였다. 궁예와 도선 같은 자가 그 대표이다.

원효의 민중종교, 신라정토 신앙과 원융·통불교사상은 없어지고, 미신적 타력신앙의 개인주의적 종교로 전락하였다. 이런 상황 아래서 5교(五敎)가 일어나고 경전에 따라 종파를 구별하는 교종(敎宗)과, 그에 대조되는 입장에서 선종구산(禪宗九山)이 성립되었다. 법맥을 존중하는 좋지 못한 경향을 당으로부터 수입한 것이다. 선(禪)의 유행도 신라 하대 불교계의 신경향으로, 개인주의적 경향이 있어서 분산적인 호족들로부터 환영받아 서로 관련을 가지게 되었다.

한편 유교는 아직 정치이념을 펴리 만큼 강력한 개혁을 주장할 정도로 성장하지는 못했지만 삼국정립 이래 삼국이 모두 국가에서 태학을 설립하고 한학(漢學)을 교육하고 과거제도의 수입을 시도한 결과 유학사상·유교논리가 보급되었다. 장차 고려시대 상반기의 포용성 있는 구유학이 수용되고 고려 말기부터 조선조에 걸쳐서는 배타적인 신유학의 수용기를 맞을 준비가 차차 되어가고 있었다.

신라 하대인 말기부터는 육두품 귀족들이 그들의 학식과 실력에 의하여 관계에 진출하려는 움직임을 보였다. 최치원도 골품제도에 대하여 비판적 태도를 취한 육두품 출신이었다. 후일 고려 초기에 강력하게 유교 정치이념을 제공한 유학자의 대표적인 인물 최승로(崔承老)도 신라 육두품의 계통을 이어받은 사람이다. 최치원이 헌강왕 11년(884) 봄 당나라로부터 귀국하매 왕은 그에게 요직을 주고, 최치원도 나라를 위하여 경륜을 펴보려 하였다. 또 노친에게 효도도 하였다. 그러나 불과 수년에 국왕이 두 번이나 바뀌어 진성여왕이 즉위하며 국정은 혼탁하고 흉년까지 겹치고 각지에서 내란이 일어났다. 포부는 실현할 수 없고, 그를 시기하는 사람들은 그의 동정을 주목하므로, 내직을 사양하고 자원하여 지방관이 되어 몇 고을의 태수로 전전했다. 진성여왕 8년에 시무십여조(時務十餘條)를 올려 아찬 벼슬을 받았다. 그러나 나라는 이미 기울어져 그의 경륜을 실현할 가망이 없게 되었다. 진성 10년 그는 가족들과 함께 가야산으로 들어가 유랑생활을 했다 한다. 그런 사적들이 있은 것은 분명하나, 그 사적과 연대에 대한 기록들 간에 차이가 있어서 그 연대는 확정하기 어렵다.

진성여왕도 11년에 인책하고 양위했다. 최치원이 올린 시무십여조는 기록이 남아 있지 아니하다. 다만 그 내용에는 국정개혁과 특히 상벌과 임용을 공평히 하고 과거제도를 바로잡아 실력에 따라 인재를 등용할 것과 모든 정사의 폐단을 개혁할 것 등이 있었음을 추측할 수 있다. 그를 당인화(唐人化)한 사람이라고 한 것은 너무 혹평이다.

그와 함께 3최(三崔)라고 일컬어진 다른 두 사람은 비판적이라기보다 반신라적 방향으로 기울어 최승우(崔承祐)는 후백제의 벼슬을 하고, 최인연(崔仁渷, 또는 최언위(崔彦撝))은 고려 신하가 되어 당시 신라제도에 반항적 태도를 보였다.[61] 그들의 유학을 이어받은 학자들이 강력한 유교 정치이념을 제공한 것은 후일 고려조에 들어가서의 일이다.

---

61. 이기백, 『한국사신론』 개정판, 115쪽(육두품 세력의 대두).

이 절을 끝맺음에 즈음하여 특히 주목할 것은 고구려와 백제가 멸망함과 함께 많은 상류층 인물들이 일본에 망명한 결과 일본에 가서 많은 고생과 피나는 개척지의 강탈을 당하면서 일인의 생활과 문화 전반에 크게 공헌했다는 사실이다. 그 사적은 그대로 남아 있다.[62]

10) 발해의 의의 및 발굴에 대한 기대

나당연합군에 고구려의 평양이 함락되어 압록강 남쪽은 무너졌으나 그 강북에는 항복하지 아니한 고구려의 성역이 11개 성이나 남아 있어서 말갈족과 함께 당나라에 항거하고 있었는데, 그들이 후에 발해국으로 발전했다. 나당 양국이 연합하여 백제와 고구려를 멸할 때 나당 중 어느 한나라만의 힘으로는 여·제 중 어느 한나라 만이라도 격파할 수 없다는 것을 역사가 증명하는 바이었으므로[63], 고구려와 백제가 연합할 수 없는 때를 기다리고 또 각 나라가 내부 분열로 어지럽게 된 때를 기다려, 나당 두 나라가 연합해 한 나라씩 격파한 것이다.

그것은 일찍이 제갈공명이 222년경의 우리 삼국을 바로 보았기에, "동방의 국민성은 예가 두텁고 의가 커서, 나라가 위급한 때에는 단결하여 능히 싸워 막는다. 산과 바다를 의지하여 천연으로 험난하다. 상하가 화목하여 백성이 안락하게 지내므로, 공취를 도모할 수 없다. 위가 어지럽고 아래의 마음이 떠나서 틈이 생겨 수교하려고 찾아오면 그때 강한 병력을 가지고 공격하여 이길 수 있을 것이다"라고 전략을 말한 적이 있다

---

62. 근래 일본에 여행하고 돌아온 한국인들은 누구나 보고 왔다. 김승한 편저 『일본에 심은 한국』을 위시하여, 여러 여행자와 견학생들의 수기에서 흔히 볼 수 있는 것이어서 고증의 필요조차 없다.
63. 후술 이시영의 발해의 전후 내력 및 주 200 참조.

한다.[64]

당이 바로 이 병서의 전략대로 한 것이다. 신라와 당은 어쩔 수 없어서 연합하여 공격은 하였지만, 양국이 서로 다른 야심이 있어서 당은 여·제의 영토 전부를 자기 직속으로 만들려는 욕심을 품고 싸운 것이다. 전일의 한사군 설치 이상의 민족적 위기임을 알게 된 신라는 문무왕 16년인 676년에 당과 대결하여 당군을 반도에서 내쫓는 데 성공했다.

그때 당은 문무왕의 동생 김인문을 신라왕으로 임명하고 군대를 움직여서 신라를 침공했다. 그러나 신라군에게 패한 당군은 하는 수 없이 평양에 설치하였던 안동도호부라는 것을 만주의 신성(新城 - 撫順 근방)으로 옮겨, 신라의 반도 지배권을 인정한 결과 신라는 그런대로 대동강과 원산만을 긋는 선 이남의 땅을 차지하게 되었는데, 실은 당의 힘보다도 발해가 무서워서 신라가 그 선을 넘지 못했던 것이다.

당이 만주로 안동도호부를 옮겼으나 고구려 유민을 무마하기 위해 보장왕을 요동도독·조선왕으로 봉하여 요동에 가 있게 하였는데, 그가 복국 반당운동을 일으킨 때문에 곧 소환하고 그의 아들 덕무(德武)를 안동도독으로 임명하였더니, 그의 자손이 그 직을 계승하여 차차 독자적 지위를 확보하고 소고구려국이라고 부르기에 이르렀다.

뒤에 설명하는 것처럼 압록강 북의 넓은 고구려 고토에는 고구려의 계승자를 자임하는 발해대국이 건립되었기 때문에 신라의 삼국통일은 반도의 대부분을 통일한데 불과한 불완전한 것이어서, 실은 통일신라와 발해의 남북 양국이 대립하여 있었지만 그런대로 독립된 기반 위에서 한족(韓族)의 독자적 역사 발전의 터전을 마련하여 그 사회와 문화가 한국사의 주류를 이루었기 때문에 신라의 반도 통일은 중대한 역사적 의

64. 姜舞鶴, 『홍익인간』 251쪽 이하 제갈공명의 東方論. 武候 제47 동이.

의가 있다고 할 수 있다.

그러나 우리는 조상들이 요동에서 활동한 것을 자랑으로 알며 압록이북 대륙을 지키지 못한 것을 못내 애석해 하고 있다. 중국인이 『신당서』 북적열전 발해조에 발해국을 「해동성국」이라고 하고[65], 메이지시대의 일본인 학자 츠다(津田左右吉)가 「만주벌에 핀, 이전의 어떤 것과도 비교할 수 없는 아름다운 꽃(空前之美花)」라고 한 것은[66] 그만한 까닭이 있는 것이다. 그뿐 아니라 고구려 패망 후 강남의 신라와 강북의 발해가 대립하여, 평화적 국교는 전혀 없었지만 발해는 반도의 방파제 구실을 하였다. 더구나 발해가 글안군에게 패망한 뒤 그 일부는 수백 년 동안 반항을 계속했을 뿐 아니라, 요(글안)가 발해인의 저항을 막기 위해 928년 백성을 모두 이주시키자 왕족 귀족 등 지도층이 장기에 걸쳐 여러 차례 집단적으로, 그 역시 고구려의 후신을 자임한 확고한 동족의식의 고려에 합류한 것을 생각하면 발해의 대고구려 정신을 경시할 수는 없는 것이다.

이 방면에 많은 암시를 준 이는 『발해고(渤海考)』의 저자 유득공(柳得恭)이다. 그 책의 서문에서 그는 "한족(韓族)의 신라와 발해가 남북 두 나라로 대립하였으므로 고려는 남북사를 만들었어야 할 것인데, 그렇게 하지 아니한 것은 큰 잘못이라"고 단정하였다. "대(大) 씨는 고구려인이요, 그 영토는 고구려의 땅인데 토문(土門) 이북 압록 이서(以西)를 누구의 것이 되거나 모른다고 하였기 때문에 고려는 약소국이 되고 말았고, 10만여 명의 유민이 왔는데도 그들에게 물어서 발해사를 편수하지 아니한 때문에 몇백 년이 지난 후인 이제는 잘 알 길이 없게 되었다"고 한탄

65. 『新唐書』, 北狄列傳 발해조「至是遂爲海東盛國」.
66. 津田左右吉, 『渤海史考』, 極盛시대 宣王之治積 40쪽「漢史所以讚爲 海東之盛國
也. 此可謂滿洲之野, 所聞空前之美花矣」.

하였다. 다만 유득공의 저서 제5쪽에 인용된 서목 중에 『삼국유사』가 빠진 것은 이해가 안 되는 일이다.[67]

고구려가 망할 때 영주(榮州 - 현 朝陽)에 옮겨가 있던 고구려의 유장 대조영이[68] 글안의 추장 이진충(李盡忠)이 영주에 있던 당의 도독을 죽이고 반란을 일으킨 것을 계기로[69] 영주를 벗어나 고구려의 대집단과 고구려의 속민이던 말갈의 여러 부족을 거느리고 동으로 이동하였다. 그는 천문령(天門嶺)에서 진격해 오는 당군을 격파하고, 고구려 지배하에 있던 지역(옛날 부여가 있던)인 백두산 동북 송화강 유역(현 길림성 돈화현 동모산)을 거점으로 새나라를 세우고 이름을 진(震)이라 했다(699년, 신라 효소왕 8년). 당 현종에 의하여 국가의 승인을 얻고 발해라고 일컬어지면서부터, 그 이름이 세상에 널리 불려져 713년 국호를 발해로 개칭하게 되었다.

그들은 안으로는 고구려인 세력을 수습하며 송화강 유역의 말갈부족들과 연합하고, 밖으로는 당의 북진을 위협하던 돌궐과 연결하면서 세력을 확장하였다. 대조영의 뒤를 이어 유능한 지도자들이 계속 나타나 고구려의 강북 옛 땅을 회복하고 부여의 유속을 유지하며 사방을 공략하였다.

그런데 북애는 『규원사화』 단군기에서 말갈과 여진·금·요도 모두 단군의 후예라고 기술하였다. 그러므로 요제와 금제도 삼신위의 묘(廟)를 설치하고 단군 등을 받들었다는 것이다.[70]

---

67. 柳得恭, 『渤海考』, 序및 引用書目.

68. 앞책, 6쪽.

69. 이기백, 『한국사신론』 개정판, 89쪽 말.

70. 北崖는 『揆園史話』 단군기에 『三國志』 魏書와 『北史』의 「勿吉傳」 「括地志」 『金史』 『遼志』 『山海經』 등을 인용하면서, 옛날에 숙신의 후신인 말갈은 개마, 태백

이시영도 그것을 다시 설명하고, 배달민족의 기원과 발해의 전후 내력을 다음과 같이 설명하였다.[71]

　　배달민족의 기원은 단군의 개화로부터이고, 한중 양족에 관련된 역사가 이로부터 시작되고, 단군과 요는 동시대의 임금이고, 복희씨와 순임금은 배달족이 살고 있는 곳에서 태어났다고 하였다. 또 북애처럼, 5사(五事)와 360여사(餘事)의 각 분담자까지 열기하였다. 그리고 기자도 단목(檀木)으로 사당을 짓고 환검(桓儉) 등 삼신위를 모시고 제사를 지냈다고 한다.

　　삼국시대가 5, 6백 년 경과하였을 때, (…) 신라가 당군을 끌어들여 고구려·백제를 파하였으나 당이 고구려 영토를 당나라 직속으로 만들려 하매 나·당의 결전 끝에 당나라가 신라에 패하여 다시는 오지 못했다. 발해가 압록강 이북의 고구려 구토를 회복하여 오래 존속하다가 글안에게 패망하여 그 유민 다수가 고려에 귀속하였다.

　　중국의 금사(金史)도 말갈족은 고려에 신복(臣服)하고 살았고, 고려는 갈라전(曷懶甸)에 9성(九城)을 쌓았다 한다. 고려는 그래도 요동의 일부를 차지하고 있었는데, 조선에 이르러 강역이 두만·압록에 멈추고 말아 한번 축소되고 보니 다시 떨치지 못하고 위축되어 쇠약해진 채로 오늘까지 수백 년이 흘렀다.

발해에 결합한 말갈족은 원래 고구려에 속해 그 문화에 영향을 받고 있었고, 당나라에 이용된 다른 일파와는 달리 고구려 유민과 연합하여 발해라는 새 나라를 세운 터이다. 발해는 고구려의 계승자로 자처한 때문에 처음부터 나·당과는 날카롭게 대립해 왔다. 그러면서 발해는 신라와 당 틈에서 그들과 대립하는 강한 세력으로 발전하면서, 그 지정학적 위치 때문에 당의 북진을 위협하던 중국 북방의 돌궐과 또 해동의 일본

에 해당하고 여진은 고구려의 부락으로 개마산 동쪽에 살았는데, 盖馬·不咸·太白·長白 등은 다 같은 山이라고 설명하고 있다.

71. 李始榮, 『感時漫語』 韓譯, 7-13쪽, 22쪽에 북애처럼 遼·金도 三神位의 廟를 설하고 받들었다고 하고 있다.

과 교통하게 되고, 그런 관계로 인하여 더욱 고구려의 후계자·부흥자임을 자각하게 되었다.

제2대 무왕(武王) 때 일본에 보낸 최초의 국서에 "고구려의 옛터를 회복하고, 부여의 이어오는 관습을 가지고 있다(復高句麗之舊居, 有扶餘之遺俗)"이라고 하였다.[72] 제3대 문왕 때 일본에 보낸 국서에는 '고구려 왕'이라고 칭하였다.[73] 그 영역도 옛날의 부여와 고구려 대륙과 반도의 일부분을 차지한 대제국이었다.

발해의 세력이 점점 강해져서 만만치 아니해짐에 따라 신라는 발해를 무서워하게 되고, 당은 그 국가를 승인하고 왕호를 주기에(封王하기에) 이르렀다(713년, 신라 성덕왕 12년).

그뿐 아니라 말갈족의 내부 분열로 발해와 나당연합군과의 전쟁이 일어나서 발해가 승리한 때문에, 삼국간의 관계로 한족(韓族)에게 유리해졌다. 가장 완강한 흑수부(黑水部)의 추장이 당에 귀의하매, 당이 흑수부도독부를 설치하고 그 추장을 이용, 말갈의 통일을 방해하는 충돌을 조장하여 그 배후를 견제하였다. 발해는 이를 토벌하려 하였는데, 왕제(王弟) 문예(門藝)가 이를 반대하고 당으로 망명하였다. 왕이 당에 대하여 그 처치를 요구하다가 당의 거절을 당하자 그 보복과 시위책으로 해적대 수군을 내어 732년 당의 산동반도 등주(登州)를 공격하였다. 당 현종이 놀라 당에 와있던 신라인 김사란(金思蘭)을 귀국시켜 군사를 일으키게 해 나당 양군이 발해를 동서 양측에서 공격하였으나 실패했다. 그

---

72. 金毓黻, 『渤海國志長編』, 十八 제5장 후엽. 津田左右吉, 『渤海史考』, 70쪽 高句麗文化之秘入. 이병도, 『한국사 고대편』, 653쪽. 『續日本記』, 권十 聖武紀 神龜5년 정월조.

73. 津田左右吉, 『渤海史考』, 70쪽 自稱 고구려왕. 이병도, 『한국사 고대편』, 653쪽. 『續日本記』, 권21 廢帝(淳仁) 天平寶字 3년 정월 唐年조.

래서 당은 신라의 대동강 이남 영토를 승인하면서(735년) 신라와 발해의 대립을 조장하는 데 그치고, 마침내 등주에 사신을 접대하는 신라관과 함께 발해관의 설치를 보게 되었다. 신라는 북의 국경에 장성을 쌓아 발해를 방비하였다(721).

그와 같이 신라는 반도의 대부분을 차지하게 되었고, 그보다도 발해는 유력한 나라가 되었지만 신라보다 문화에 뒤떨어진 터라 당으로부터 학문·종교·제도 등 제 문화를 수입하였고, 조공 형식으로 당과 교역하였다.

발해가 일본과 교섭한 것은 교역에 큰 의의가 있었던 것처럼 알려져 있지만 사실은 대단히 중요한 정치적 연관이 있었음을 2002년 알게 되었다.[74] 『속일본기』 권 24에는 신라 경덕왕 20년(761) 일본의 백제계 일왕인 순인천황 때 신라를 칠 준비를 하던 기록이 나온다. 순인은 미노, 무사시 두 지방 소년 각 20인씩에게 신라말을 학습시켜 통역사를 양성하고, 각 지방별로 병사 1만 수천, 배 1백 수십 척, 지도층의 자제 60-70인, 수수(水手) 7천인 내외를 검정, 조달토록 하고, 활과 말의 조달, 진법의 연습, 병기의 제조를 명했다. 왜왕 중애천황(가야국왕으로도 알려져 있다)과 신공왕후에게 제사하는 가시히노미야(香椎廟)에서 군대를 조련했다. 그런데 이 일을 반대한 정적들에게 순인이 폐위당해 죽었다.

여기까지는 『속일본기』에 나와 있는 대로이며 이 기사의 배후는 이제껏 파악되지 못한 채였다. 나로서는 이 기록의 앞뒤를 더 찾아 이들이 신라를 치러 가려던 용기가 어디서 났나, 어떤 절차를 밟아 그런 대담한 생각을 했는지 더 알아내고 싶었다. 여러 책을 읽어 일본과 발해가 피차에 40여 회 왕래하며 형제국으로 지냈다는 사실에 주목하게 됐다.

---

74. 최태영, 『한국 고대사를 생각한다』, 눈빛출판사, 2002, pp. 96-97.

일본 국사 『연희식(延喜式)』에는 발해국 사신이 두만강 바로 위(블라디보스토크 부근 크라스키노 항구)를 출발해 동해를 건너 일본의 항구에 닿아 환영식을 받고 사당에 올라 가지고 온 물건을 놓고 제사를 먼저 지내고 곧이어 나라의 대궐로 달려갔다고 기록돼 있다. 일본 노도반도의 그 항구 후쿠라(福良津)에서는 최근 발해 사신 일행이 도착해 묵었던 유적을 발굴했다. 40여 차례 그렇게 사신이 오간 결과가 발해–일본이 동맹해 신라를 치려다 결국 중단한 것이었다.

백제는 일본으로 가서 일본이 되었지만 발해는 고구려의 후신임을 내외 역사가 증명하고 그 국왕이 일본으로 보낸 국서에 '부여의 유습을 이어받은 고구려의 왕'이라고 자임하였다. 일본이 발해를 형님국으로 섬겨 두 나라가 형제의를 맺었다. 이들은 만주에서 군사를 합쳐 신라를 칠 예정이었다. 백제를 수복하고 싶어한 일본과 고구려를 수복하고 싶어한 발해가 '고토를 찾으러 가자'며 힘을 합하기로 한 것이었다. 그러나 전쟁을 반대하는 파벌이 순인왕을 폐위했다. 그후 우리의 북조 발해도 망하고 발해 유민의 주력은 고구려의 후신으로 자처한 고려로 돌아갔다.

발해의 영역은 무왕(재위 720-737) 때에 벌써 북만주 일대를 차지해 독립왕국을 이루었고, 문왕(재위 737-793) 때에는 당의 안록산의 난을 계기로 소고구려국에도 손을 뻗쳐 요동반도까지 지배하게 되고, 제9대 선왕(재위 818-830) 때에는 발해국의 극성기를 이루었다. 그러는 동안에 철기문화가 일반화되어 농(農)·목(牧)도 향상되었을 것이다.

발해국의 수도는 고왕의 건국 초부터 문왕 초기까지는 중경 현덕부[中京 顯德府; 발상지인 구국(舊國), 不咸山 白頭山 즉 장백산의 동북, 송화강 유역, 현 길림성 돈화현(敦化縣) 오동성(敖東城) 동모산(東牟山) 부근]를 국도로 하였다. 문왕 18년, 755년경에 중경에서 약 300리 떨어진 상경 용천부(上京 龍泉府; 오라(烏喇), 지금의 영고탑 서남, 忽汗河의 東)로 국도를 옮겼다가, 30년 후 문왕 말년인 785년경에 한때 동경 용원부(咸北·琿春·江原 방면 등 3설이 있다)로 옮겼고, 제5대 성왕(成王, 大華璵王) 때인 794년-795년경 다시 상경으로 옮겨 발해국이 망할 때까지 (모두 15대 229년 동안) 다시는 국도를 옮기지 아니했다.

국도를 상경으로 옮긴 이유는 국토의 확대에 따라 상경의 지리적 위치와 자연 환경, 물산이 풍부한 생산 조건, 교통의 편리, 통치 지구가 점점 흑룡강과 현 러시아 오소리강 유역으로 확대됨에 정치의 중심이 북쪽으로 옮겨가게 된 것과 관계가 있다고 보아야 할 것이다.

발해가 문왕·무왕·선왕 등의 활약으로 국세가 가장 성했던 선왕 때 그 판도는 동으로 동해에 이르고 서는 글안에 접하고 남은 현 요령포석(遼寧蒲石) 하구까지, 북은 흑룡강에 이르러 현 중국 동북부의 대부분과 러시아 연해주의 전체, 한반도 일부를 포함하고, 지방 5천리를 5경 15부 62주 130여 현으로 나누었다. 오경은 위에 기술한 삼경 외에 남경 및 서경이 고구려의 고토에 있었다.[75]

최근 중국의 조사발굴에 의하여 육정산(六頂山) 발해의 묘지(특히 육정산 고분군, 발해 전기 왕실과 귀족의 묘지, 그중 제3대 문왕의 제2녀로 774년 부왕 생전에 죽었으므로 그녀의 조부인 제2대 무왕의 묘 진능서원(珍陵西原)에 배장된 정혜공주 묘비와 그 유물)와 중경·상경의 자리가 확정되고, 그 터와 유물이 발굴되어 고증됨으로서 사료가 약간 보충

---

75. 발해 盛時 영역은 4界와 地方 5000리, 5경 15부 62주 130여 현으로 나누었음은 전게 『新唐書』, 柳得恭의 『발해고』, 津田의 『渤海史考』, 徐相雨의 『발해강역고』, 정약용의 『대한강역고』, 唐宴의 『발해국지』 등에 기재되어 있다. 그중에서도 津田의 저서에는 일본 학자들 간에 현 소재지에 대하여 의문되는 것에 대한 여러 의견을 詳論하고 있다.

되고 의문이 더러는 해소되었다.

그들의 연구발표 중 왕승례(王承禮)의 『돈화 육정산 발해묘 발굴기』와 진현창(陳顯昌)의 『唐代 발해 상경 용천부 유지』(최무장韓譯)에 의하여 다음과 같은 결론을 내릴 수 있다.

왕씨에 의하면, 육정산 고분군은 발해 전기 왕실과 귀족의 영지(塋地; 묘지)이다. 정혜공주의 묘비는 위에 기술한 바와 같다. 돈화 오동성은 발해 전기 도성-구국(舊國)의 옛터이고, 거기서 상경과의 거리와 지형 등이 「신당서」발해전의 기록과 일치하며, 묘지와 유물의 차별로 보아서 계급의 대립이 대단하였음을 알 수 있다.

출토물에 의하여 철기 동기 도기 도금 행엽(杏葉)의 제작 등 생산수준이 고도에 달하였다. 당왕조와 밀접한 관계를 가져서 정치 경제 문화에 큰 영향을 받았는데, 한자를 사용하며 한문학의 조예가 깊었다. 고구려 문화의 영향을 볼 수 있으나 즙안의 봉토(封土) 석묘(石墓)에 비교하면 사회발전 수준의 격이 고구려보다 많이 낙후되었다.[76]

진현창에 의하면, 흑룡강성 영안현(寧安縣) 동경성(東京城) 부근의 발해고성은 발해 상경 용천부의 유지이다. 발해는 229년간 지속했는데 상경은 가장 규모가 크고 국도로서 가장 적합한 대성이어서 잘 선정되었다고 한다. 발해국 최성기의 판도는 이미 말한 것처럼 동방성국을 이루었고, 나라가 강대해짐에 따라 그에 적합한 대규모의 새 도성을 물색하여 상경 용천부로 옮겨 정착한 것은 이미 기술한 바와 같다. 926년 요(遼)가 발해를 멸망시키고 요태조가 발해를 동단국(東丹國)으로 개칭하고, 상경을 천복성(天福城)으로 개명하고 태자 배(倍)를 그 왕으로 봉하

---

76. 王承禮, 『고구려·발해문화-중국 고고학자의 발굴보고서』 최무장 韓譯,142-162쪽.

여 통치하였다. 그 후 요태종이 발해인의 반항을 방지하기 위해 928년 동평(東平; 지금의 遼陽)으로 그 백성을 모두 이주시킨(盡遷其民) 뒤로 상경은 심한 파괴를 당하여 폐허가 되었다. 청말 민국(民國)년간 내외 학자들이 연구한 결과, 흑룡강성 영안현 동경성 부근의 발해고성이 상경의 유지임이 확정되었다.

진현창은 발해인들이 근면하고 지혜롭고 용감하였는데, 그들 자신의 고구려 민족문화 기초 위에 당의 문화를 섭취하여 다채로운 고대문명을 창조하였다고 하고 있다. 그는 상경 용천부의 장관은 당시의 발달된 대규모 농목업과 공예 건축 경제 문화가 고도로 발전된 것을 보여주는 전형이라고 한다. 상경은, 통치기간이 50년으로 가장 길었고 문치로 이름이 높고 유·불에 관한 한적(漢籍)을 깊이 익히고 유·불 양교의 사상을 크게 제창한 문왕(文王)이 창건하였는데, 성과 전각의 확장 증축은 그 후 여러 대에 걸쳐 영조된 것이다.

상경 외성(外城)내에서 10기의 절터가, 교외에서도 절터가 발견되었는데 정교하고 잘 배열되었다. 부근에서는 불상과 건축물의 잔편들이 채집되었고 석등(부도석)과 대 석불이 지금까지 보존되어 있다. 상경 교외의 묘지는 역시 평민묘와 귀족묘로 구분되어 있다. 아깝게도 고분은 청대에 이미 도굴 당했다고 한다. 목단강(牧丹江)에는 다섯 군데에 옛 다리 유지가 있어 당시의 상경이 번화하고 교통이 발달되고 지리적으로 중요한 위치에 있었음을 알게 해준다. 1975년 상경 유지에서 사리함이 출토되었다. 당(唐)대의 것과 같은 정도의 정교품이었다고 한다.[77]

이상으로 발해가 신라보다 강대한 나라이었고, 고려보다 강한 고구려

---

77. 陳顯昌, 『고구려·발해문화-중국 고고학자의 발굴보고서』 최무장 韓譯, 163-164쪽 上京遺地.

정신과 부여 유속, 따라서 단군의 전통을 이어받고 동족 의식과 민족적 자각이 높았으나, 물질문명과 일반 문화로는 고구려보다 낙후되었음을 알 수 있다. 내부에 말갈이라는 이질적 요소가 들어있었지만 그 법사상은 대체로 고구려의 법사상과 같았으며, 불교와 유교사상의 윤리를 함께 열심히 연구하여 성행하였기에 불교 절이 많았고, 동시에 국가 관직 명칭에까지 충·인·의·지·예·신이라는 이름을 붙인 6부를 설치하였다. 나라는 망하였지만 그 잠재력은 후일의 금(金)·요(遼) 등 강대 세력의 바탕이 되었다.

발해국이 패망한 후에도 고려는 그래도 요동의 일부를 차지하고 있었다. 조선시대에 이르러 영토가 두만, 압록에 그치고 오늘날까지 세월이 흐르게 되었다. 요동의 옛 영토는 다 남의 땅이 되어서 한족(韓族)으로서는 발해가 요동의 마지막 주인을 한 것이다.

조선 말기에 들어와서는 청과의 분쟁에도 불구하고 압록강 서쪽 지역 중에 간도지방(지금의 연변 조선족 자치주)은 우리나라 국토로 획정되어 많은 조선사람들이 압록강 넘어 이곳에 가서 살았다. 이를 관리하는 우리나라 관청과 관리가 1900년대 초까지 간도에 가 있어서 내가 직접 보기도 했다. 그 관리들을 믿고 조선인들이 간도로 간 것이다. 간도는 신교육과 애국의 땅이기도 해서 고종의 헤이그 특사 대표인 이상설은 간도에 신교육기관 서전서숙(瑞甸書塾)을 세워 조선인을 교육했다. 일제강점 뒤 간도를 중심으로 나라를 건설하려고 애국자들이 다 모여 신흥무관학교도 세우고 안창호도 간도에 땅을 마련할 예정이었는데 1900년 한국을 배제한 채 일본이 청나라와 간도영유권을 청에 귀속시킨 간도협약을 맺은 것이다.

일본이 을사보호늑약의 체결로 외교권을 강탈한 뒤 남만주 철도부설

권과 무순탄광 개발권 등을 얻는 대가로 청나라에 불법으로 내준 간도는 현재 중국에 편입됐다. 요동은 다시 못 찾더라도 이토 히로부미가 조선을 무시하고 불법으로 내준 간도는 분명 우리 땅이다. 중국은 어리석어서 외국에 양보했던 칭다오, 마카오, 홍콩을 되찾았다. 우리 간도는 이제 중국한테서 찾아와야 되는데 우리는 남북이 갈려 있고 조선족의 생활여건이 중국 사회에 기반을 두고 있어 문제해결이 쉽진 않다.

그런데 지금은 외지가 된 그 고토에서 발해의 정신적 유물이 발견되고 있어 고고학적 뒷받침을 기대할 만하다. 특히 언어와 문자에 관하여 고대 한족(韓族)의 특유한 점이 발해에도 있었으리라는 것을 다시 주의해 두고 싶다. 귀중한 고고학적 유물과 독특한 문자를 발견하여 해독할 날을 기대하는 심정 때문에 여기에 길게 기술하는 바이다.

11) 발해 문자와 한국의 고문자

끝으로 발해의 문자에 대한 의문과 기대를 말하면서, 곁들여 한국 고문자에 대한 그것을 말해 두려 한다. 진현창은 상경 용천부 유지에서 발견된 유물을 설명하면서 "주의할 가치가 있는 것은 발해 건축용 기와에 많은 문자가 인각된 것이다. 고고학자들은 이것을 문자비(銘文瓦)라고 부르는데, 이것은 발해문자를 연구하는 진귀한 자료가 된다. 발견된 문자외(文字瓦)의 글 중에 한자가 10분의 8을 차지하고 있다"라 하고 있다.

나는 그 나머지 10분의 2에 대하여 의문을 발하게 되었다. 그것이 고구려의 고문자와도 관련이 있는, 특유한 발해 고문자가 아닐까 하는 것이다. 발해의 고문자가 있었다는 것을 이시영은 저서 『감시만어』에서 일찍이 다음과 같이 말한바 있다.

한족(韓族)의 언어는 삼국이 분립되어 있던 시대를 전후해 대체로 통일되어 있었다. 그러나 토화(土話)는 동일하지 않은 말이 조금 있었다. 만청(滿淸)의 건륭황제(1711-1799)는 『만주원류고(滿洲源流考)』에서 금나라의 근원은 만주와 고려이며 근본은 서로 동일한 것이다. 각 지방에 토화가 있기 때문에 서로 같지 않은 것이 있으나 삼한의 관제 명칭에는 신라 중엽 이전까지도 한(韓)의 문자를 써왔다. 진수(陳壽; 西晉人, 233-297)가 쓴 『三國志』에는 삼한의 관제가 우가(牛加)·마가(馬加)처럼 육축(六畜)의 이름을 딴 것이 있어 조류(鳥類)의 명칭을 딴 중국의 관제와는 다르다고 했으며 발음을 음역함에 있어서 어거지로 끌어다 붙이고 모욕을 가함이 대단히 많다.

한국은 역대의 경적과 문자들이 입은 화도 5차나 있어서 금서된 것, 가본이 진본으로 바뀐 것, 『신지비사(神誌秘詞; 신지는 단군시대에 글을 관장한 관리)』처럼 진적이 없어진 것, 또 『백제고사』 『고구려고사』 『발해사』처럼 책명만 남은 것, 신지가 쓴 비사를 고구려 대홍영(大弘英)이 한역(漢譯)한 『구변진단도(九變震檀圖)』처럼 한역문만이 남아 있는 것 등 가지가지의 경우가 있다.

한인(韓人)은 아주 상고시대부터 특유한 문자를 가지고 있었다. 문화(文化) 유(柳)씨 족보에 쓰여진 부여조의 왕광(王光)(그의 서법을 보면 전자(篆字)를 닮기도 하고 부적 같은 느낌을 주기도 한다), 평양 법수교(法首橋)에 있는 고비(古碑), 경남 남해군 암벽에 각인되어 있는 글자(남해군 지방기념물 6호)가 혹시 서시(徐市; 진시황 때 장생불사약을 캐러 온 사람, 일명 서복, 서불이라고 한다.)가 남겨 놓은 흔적이 아닌가 의심도 해보지만 이미 진시황 때 쓰던 전자(篆字)도 아니요, 범자(梵字)도 아님이 명명하게 밝혀졌으니 한인(韓人)의 고대문자임에 틀림없을 것이다. 또 『삼국사기』에 신라 헌강왕 때 보로국(寶露國)이란 나라의 사신이 흑수국(黑水國)을 통하여 신라에 통화를 요청했는데, 이때 나무조각에 고문자로 새겨진 글을 나뭇가지에 걸어 놓고 돌아갔다는 기록이 있다. 그리고 당나라 시인 이태백 전서 『옥진총담(玉塵叢談)』에, 발해국에서 당나라에 국서를 보냈는데, 당 조정에 그 글을 해득하는 자가 없고 오직 이태백(701-762)만이 해득하고 답장을 써보냈다는 것이다.[78]

78. 李始榮, 『感時漫語』 韓譯, 13-19쪽.

또 고려사람 장유(張儒; 고려 4대 광종 때 접빈사로 널리 알려진 사람)가 중국 오(吳)및 월(越)지방에 가 있을 때 바닷물에 떠내려 온 거문고 밑바닥에 새겨진, 그곳 사람들이 그 뜻을 아지 못하는 글(신라의 표음식 향찰이었던 것 같다)을 한시(漢詩)로 해독해 주었다는 「동부한송정곡(東部寒松亭曲)」 따위는 모두 우리 고대 문자의 예이다.

이런 사실은 한인(韓人)이 고대부터 특유한 문자를 가지고 있었음을 알게 한다. 한족의 언어는 삼국이 분립되어 있던 시대를 전후해서 대체로 통일되어 있었다. 그러나 나는 이시영에 덧붙여 우리말이 몇 천 년 동안 그렇게 살아서 자연적으로 통일됐으리라기보다 삼국이 한 가지 말을 쓰려는 노력이 국가정책적으로 있었을 것이라고 본다. 각 지방의 토화(토화)는 동일하지 않은 말이 조금 있었고, 삼국은 각국이 비밀을 유지하기 위하여 각기 다른 이두를 사용한 일도 있었던 것 같다고 이시영은 보았다.

신라와 고려의 고가(古歌)인 향가와 이두·향찰 같은 것이 지금까지 남아있고, 신채호는 삼국이 모두 각각 이두를 사용하였다고 말한 바 있고, 정인보는 고구려 광개토왕릉비에도 "행문(行文)한 것을 자세히 보면 간간 이두를 쓴 것이 있다"고 『조선문학원류초본』에서 지적하였다.[79]

그 예로 1세기 고구려 초에 편집한 고사(古史) 『유기(留記)』 백 권이 있었는데, 제26대 영양왕 11년(600)에 태학박사 이문진(李文眞)이 이를 요약하여 『신집(新集)』 5권을 산수(刪修)하였다 하니, 고사는 고구려 문자(이두 같은 것)로 길게 만들어졌으므로 한문으로 간명하게 줄여 만든 것이 아닌가 생각하게 된다.[80]

한(韓)족의 고유글자가 있으니 한문·이두 쓸 것 없었는데 한문이 들어

---

79. 정인보, 『朝鮮文學源流草本』 第一編 17~18쪽.
80. 『三國史記』, 고구려본기 第八 영양왕 11년 기사.

와서 가림토책 간수하지 못한 것은 우리의 잘못이다.

거창 출신 정치학자 신도성은 우리 고대사에 관심이 많았고 한결같았다. 대전대학에 가 있다가도 의문이 생기면 그 길에 서울로 달려오곤 했다. 어느 날은 밤중에 내 집에 찾아와서 "삼국시대 삼국의 말이 서로 같았나요?" 하고 물었다. "그 당시 서로 통역을 세웠다는 말이 없으므로 같았다"라고 나는 대답했다. 그는 "그럼 의문이 다 풀렸습니다" 하고 다시 대전으로 돌아갔다.

가림토로 쓴 책이 부지중 하나도 안 남고 다 없어졌는데 그래도 그 시대 요동 땅에는 우리 글의 오랜 흔적이 남았던 게 분명하니까 세종이 「훈민정음」을 지으면서 성삼문 같은 학자들을 요동에 열세 번이나 보내 음운을 연구해 오게 한 것이다. 우리 학자들이 만난 명나라 한림학사 황찬(黃瓚)은 요동에 유배와 있으면서 그곳 현지 언어에 지식이 있던 학자였을 것이다.

우리 글은 일본 글과 달리 모음이 많다. 아래 아(·)의 원 발음도 지금과는 달랐을 것이다. 또 갑골문화가 요동반도·남만주·한반도 등지에도 일찍이 신석기시대부터 유행하였고 역사시대에 이르러서도 부여·고구려·백제·신라·가야 등지에서 계속하여 사용되었다는 것이 이형구 교수에 의하여 발표되었다.[81]

유승국의 논문에서는 근년 은허(殷墟) 무정(武丁)연대의 갑골문자 해독으로 은이 동방족(韓族)을 장기 연속 공격한 연대가 고조선 단군조 말기, 단군이 가족만 거느리고 아사달에 입산한 연대와 부합함을 알게 되었다. 나는 계속 발표되는 갑골문화의 고고학적 연구를 주시해 왔는데, 최근 한국의 갑골문화에 관한 이형구의 연구발표에서 많은 암시를 받았

---

81. 이형구, 「갑골문화의 기원과 한국의 갑골문화」, 「정신문화」 1982년 겨울.

다. 그의 논문 요지는 다음과 같다.

발해연안 북부 지역에서 기원한 갑골문화가 이를 사용하던 민족과 함께 점차 서남쪽 중국 중원지방으로 옮겨가 용산(龍山)문화, 초기 상대(商代)문화를 거쳐 은대(殷代)문화에 이르러 성행했을 것으로 추정한다. 이것이 또 동쪽으로 전파되어 요동반도·남만주·한반도 등지의 신석기시대로부터 청동기시대와 철기시대에 걸쳐 유행하는 한편, 역사시대에 이르러서도 부여와 삼국과 가야 등에서 계속 사용되었음을 문헌자료를 통해서도 찾아볼 수 있었다. 그것이 한반도에서 다시 고대 한·왜 교통로를 거쳐 왜에 전해졌다. 위의 제 지역 제 민족의 갑골문화는 재료·방법·그 목적까지도 은대의 갑골문화와 유사하다.

이들 갑골문화의 중요한 의의는 왕 내지 민족의 수장이 신에 의탁하여 제천·제지(祭祇)·정벌·년세(年歲)·화복·전렵(田獵)·질이(疾痍)·생육 등을 위한 점복활동이 행해진 점은 은대와 고대 우리나라와 같다. 흔히 우리나라 고대 정치사회를 제정일치시대라고 하는데, 이는 은대의 전통으로 왕이 점복을 정점으로 하여 제(祭)와 정(政)을 주재하였던 것이다. 그러므로 종합한 제 특성은 곧 동이문화의 특성이기도 하다. 만일 이 의견이 성립될 수 있다고 하면 문화·사상·종교(민속) 등을 규정하는 데 일조가 될 수 있지 않을까 한다

나는 큰 관심을 가지고 그에게 '우리나라의 갑골문자도 많이 발견되어 은허의 갑골문들처럼 해독될 가망이 있느냐'고 물어보기도 했다. 내가 갑골문자에 한정하지 아니하고 우리나라의 고대 문자로 된 고문서가 발굴되어 해독될 날이 있기를 바라는 것은, 옛날 우리의 영역이 매우 넓었음을 생각하면 단순한 꿈만은 아닌 것도 같다.

이형구는 제와 정이 점복을 정점으로 했다는 것과[82] 신라 제2대 왕 남해차차웅 때는 점복·제사·국정 삼자가 나뉘지 아니하여(三者不分) 나라

---

82. 동논문, 214쪽 하단.

의 대사는 모두 점복을 한 후에 행했으므로 가위 점제정무(占祭政巫)의 합일이라는 것을 설명하고 있는데[83], '점복을 정점으로 했다'는 것은 좀 더 연구할 문제라고 생각된다. 그것은 지금 내가 말하려는 한국 고대에 한국인 특유의 고대문자가 있었다는 것과는 별개의 문제, 즉 국가이념의 구현 방안에 관한 것이므로, 후일 다른 기회에 논하려 한다.

12) 고려의 법사상

왕건 태조의 총결합 성취

그때 개성의 호족 출신 왕건(王建)이 궁예 밑에서 전공을 세워 시중(시중; 수상)까지 되었다가, 신라 경명왕 2년, 918년에 부하 제장의 추대를 받아 왕위에 올랐다. 궁예는 처음부터 신라를 향한 적개심이 강한 데다 사람을 의심함이 심하여 부하를 많이 죽이고 자칭 미륵이라 하며 불교의 신비적 요소를 이용하여 호화포악하매 경명왕 2년 부하들에게 피살되었다.

왕건은 국호를 '고려'라 하고 연호를 '천수(天授)'라 하며 서울을 개성으로 옮겼다. 왕건은 궁예나 견훤과는 달리 친신라 정책을 써서 신라인

---

83. 동논문, 210쪽 상단; 고대 삼국 초부터 후삼국 말까지에 대한 기술에서 단군의 건국이념이 고구려 광개토왕비, 신라 진흥왕순수비, 통일신라 문무왕의 유소 등에 구현된 것을 알아보았다. 또 단군 개국시대부터 고구려와 백제의 소도(蘇塗)무사, 조의국선(皂衣國仙)의 전통을 계승한 신라 화랑도 정신과, 원효대사의 독창적 호국불교 신앙, 도가(道家)철학 및 도교, 한문과 함께 들어온 유학의 영향을 개관하면서 최치원이 「난랑비(鸞郞碑) 서(序)」에서 말한 것처럼 모든 외래의 제 사상을 우리에게 알맞도록 섭취할 수 있는 차원높은 밑바탕인 한국 고유의 '현묘지도'를 기술했다. 또 고구려 정신과 부여 유속을 이어받은 발해의 역사적 의의를 찾아보고, 통일신라 말기 내지 후삼국의 후퇴 혼란한 사상을 기술하였다.

들의 호감을 얻었다. 그는 견훤을 타도하고, 신라의 전통과 권위의 계승자로서 지위를 굳히려는 속셈이었다.

신라 경순왕은 경순왕 9년, 왕건 18년, 925년에 스스로 고려에 내항하여 후대를 받았다.

견훤은 자기 아들 손에 갇혀 있다가 탈출한 뒤 고려에 망명했다. 왕건이 그를 앞장세워 왕건 19년, 926년에 후백제마저 멸망시켰다.

발해는 신라가 고려에 항복하기 10년 전에 글안에게 망하고 왕실과 지배층 대다수가 여러 차례 집단적으로 고려에 오매 왕건이 그들을 동족으로 따뜻하게 맞았다. 대륙의 고토는 잃었으나, 고려는 이로써 남북의 동족을 통일하기에 이르렀다. 그러는 동안 고려는 북중국과, 후백제는 남중국과 교통했으나 중국도 오대(五代)의 난 때문에 한반도 후삼국의 정세에 영향을 끼치진 못했다.

신라말 후삼국의 혼란기를 지나서 왕건 태조(재위 918-943년)에 의하여 고려의 통일을 보게 되었지만, 사상적으로 통일된 이념이 있어 뚜렷한 목표를 보여준 것이 못 되고 우선은 내부의 분열과 충돌을 피하는 정도에 지나지 않았다.

고려 왕건 태조의 훈요십조는 그런 시대의 풍조를 반영하고 있다. 훈요십조는[84] 어떤 사상이나 종교적 신앙을 근본정신으로 한 것이 아니고 그 시대의 잡속까지, 모든 사상과 경향을 포섭하여 통일국가를 이루고 당시의 민심을 수습하기 위하여 세운 정책의 표현이라고 볼 수 있다. 그러나 우선 상하 총결합의 성취와, 무조건 당풍을 모방하지 않으려는 주체의식과 대고구려의 계승자로 자임한 태도는 단군의 근본이념과 광개

---

84. 『高麗史』, 世家 卷第二. 태조 26년 제14장 후엽-17장 전엽(훈요십조). 『高麗史節要』, 第一卷 태조신성대왕 26년(계묘)훈요. 이병도, 『韓國史 中世篇』, 79-87쪽(훈요십조 해설).

토대왕비의 정신을 구현한 것으로서 높이 평가할 만하다.

우리 조상들이 한족(韓族)의 남북통일을 성취한 고려에 넘겨준 전통사상은 모든 사상을 포섭하여 우선 결합해 놓고 차차 정리하기 위한 상하 일치단결의 정신이다. 강대한 외적들의 내침을 견뎌내면서 고려문화의 꽃을 피운 것은 단군 이래 선대로부터 물려받은 귀중한 유산인 단결이라는 무기의 힘이었다.

단군을 받들어서 민족을 합쳐 정신을 통일하고 호국정신의 상징인 국가적 대행사를 유지하지 못했던들 우리 민족이 큰 시련을 능히 견뎌 내지 못했을 것이다. 이런 의미에서 고려시대에서 설명하게 될 팔관회와 연등회 같은 유풍도 법사상과 단순치 아니한 중대한 관계가 있는 것이다.

고려가 통일국가를 이루고 나서, 한편으로는 불교를 정리하며 호국불교로 신앙생활을 유지하는 한편 교육과 제도 및 조직에 있어서는 유교사상을 지도이념으로 하며, 태도를 정비한 것은 몇 대 후의 일이라고 볼 수 있다.

그리하여 고려 전기의 포용력 있는 구유학 수용기를 지나 고려말-조선조에 걸쳐 배타성이 강한 신유학 수용기로 들어간 것이다. 그 배불숭유는 조선왕조 성립에 공을 세운 유학자 사대부들의 권력유지 정책과 관계가 깊은 것이었다.

구(舊)유학 수용기의 이념 구현

고려에서는 차차 추락한 불교를 수습하는 동시에 유교 교육을 더욱 장려하였다. 고려의 정치기구·과거제도·교육기관 기타 모든 면의 정비는 제6대 성종 때(재위 961-997년)부터 시작되어 제11대 문종 때(재위

1046~1083년)에 완성되었다.

좋은 뜻과 과감한 실행력을 겸비한 현군 성종은 견실한 사상과 충성심을 가진 유신(儒臣) 최승로(崔承老)의 보좌를 받아 좋은 전통을 발전시켰다. 왕건 태조도 총단결을 도모하고 자주정신을 강조했지만[85], 성종과 최승로도 자주정신이 투철했다.

성종의 시정개혁에 응하여 최승로가 982년 제출한 「시무책 28조」는[86] 유교경전인 공자의 『논어』에서 취한 것이 많은 것 같다.[87] 최승로는 「시무책 28조」에서 국방력의 강화, 불공정한 사회제도의 개혁, 풍속의 순화, 인력과 국비의 절약 등을 강조했다. 또 중국 제도를 본받아 개량해야 할 점도 없지 아니하나, 지리·풍토·습속이 다르므로 우리 문화의 좋은 특색은 살려서 유지하여야 하며, 우리에게 적합하지 못한 것은 구태여 중국을 모방할 필요가 없다고 말했다.

성종은 재위 16년 만인 38세에 세상을 떠났으나, 최승로의 시무책 이상으로 과감하게 개혁을 단행하였다. 성종2년 2월 방백들에게 "모든 사람이 삶을 즐기며 생명을 성취할 수 있게 해야 한다. 나는 일인의 범죄자나 백성의 빈곤함을 보면 슬퍼하며 자책한다. 내 몸은 비록 궁궐에 거할지라도 마음은 항상 백성들에게 있어서, 늦게 먹고 일찍 옷 입으며, 매양 깨우쳐 줄 사람을 구하고 있다"고 말했다.[88] 또 5년 9월 교서에 "목민관은 옥송을 지체하지 말며, 국고를 충실하게 하여 궁민(窮民)을 진휼하고, 농쌍(農桑)을 장려하며, 요역(徭役)과 부세(賦稅)를 경감하며, 처

85. 훈요 其四, 其五.
86. 『高麗史』, 열전 卷第六 통권 93, 제12장 전엽 이하, 18장 후엽(崔承老조). 『高麗史節要』, 第二卷 成宗文懿대왕 원년(임오) 최승로가 올린 時務28조.
87. 『論語』, 學而편 제일장 陽貨편 제2장.
88. 『高麗史』, 世家 卷第三 제2장후엽 성종 2년2월 기사.

사를 공평하게 하라"고 했다.[89]

이것은 모두 건국이념을 구현함이 아닌 것이 없다. 그는 그대로 시정하였다.

그리고 박사들을 각 목(牧)에 보내 지방의 자제들을 교육하여 성적에 따라 기용하고[90], 학교를 숭상하여 준재와 박식한 자로 하여금 정치를 돕게 하고[91], 서경에 수서관(修書館; 도서관)을 설치하였다.[92] 제 학교를 설치하고 전장(田庄)을 주어 학생들을 돌아보게 하는 등[93] 교육입국을 실천하고, 의약을 널리 베풀게 하였다.[94] 치국함에는 그 본무(本務)를 먼저 힘써야 하는데 그 근본은 효보다 더한 것이 없다 하고, 삼국의 현자들처럼 사자(使者)를 각 도에 보내어 궁핍한 노약자·과부·홀아비·고아를 찾아 구휼하고 효자 순손 의부 절부를 찾아 상주게 하고[95], 양경(兩京)의 팔관회를 폐지시켰다.[96] 그러나 팔관회 폐지는 잘못된 것이라는 이지백의 건의에 따라 팔관회는 후일 다시 되살아났다.

신(新)유학 수용기의 이념 구현

고려의 유교는 주자학(신유학)이 들어오기 전에는 중국 한(漢)대 유학의 수용기였다. 그 시대의 대유학자로는 문종 때의 최충(崔沖)을 꼽는

---

89. 앞책, 제10장 후엽 성종 5년 9월 기사(敎書).
90. 앞책, 제12장 전엽 성종 6년 8월 기사.
91. 앞책, 제16장 전엽 성종 8년 4월 기사.
92. 앞책, 제22장 후엽 성종 9년 12월 기사.
93. 앞책, 제15장 후엽 성종 8년 4월 기사.
94. 앞책, 제15장 후엽 성종 8년 2월 기사.
95. 앞책, 제17장 성종 9년 9월 기사.
96. 앞책, 제12장 전엽 성종 6년 10월 기사. 『高麗史節要』, 第二卷 成宗文懿대왕 5년 (병술) 10월 기사.

다. 그때 중앙집권적 귀족정치의 실시와 함께 유교의 정치이념이 귀족들의 지지를 받게 되었다. 시관(試官)과 수상을 지낸 최충 등의 사학이 득세하여 차차 학벌이 생겨났다. 그 시대 학자들은 유불을 겸통했기 때문에 거유 최충과 『삼국사기』의 저자인 사대주의 작가 김부식도 불교도들과 사이좋게 지냈다.

불교가 극도로 퇴패한 고려 말에 유학은 한·당(漢·唐) 유학의 수용기에서 송나라의 신유학인 주자학 수용기로 전환하였다. 구유학은 포용성이 있어 타교를 배척하지 아니했으나, 신유학은 도교처럼 배타성이 강해서 불교를 배척했다.

원을 통해 송의 주자학을 처음으로 고려에 들여온 학자는 충렬왕 때의 안유(安裕·安珦)이다.[97] 그 뒤 충선왕 때 백이정(白頤正)이 원에 가서 주자학을 배워다가 이제현에게 전수하고[98] 이제현은 원나라에서 충선왕의 만권당(萬卷堂)에 소치되어 원의 명유들과 교류하였다.[99] 고려의 삼은(목은·포은·도은 혹은 야은) 모두 성리학의 태두이다.

주자학이 고려에서 환영받게 된 것은 송학(宋學) 성립의 환경으로 보아 당시 고려 국가정치 차원에 알맞은 것이었기 때문이다. 나아가 조선이 배불정책을 취하게 된 것은 이성계를 추대한 사대부들이 합좌평의기관을 중심으로 이성계를 몰고 나가는데 유교적 이상을 목표로 했기 때문에 정치적 차원에서 숭유정책을 취하게 된 때문이다.

고려 말의 신세력인 친명 신유학파 중에는 고려 왕조를 중흥시켜서 그대로 유지하며 개혁하려 한 정몽주 등 절의학파와 정도전 등 정치적

---

97. 『高麗史』, 열전 卷第十八 통권 105, 제28장 이하 安珦傳.
98. 앞책, 卷第十九 통권 106, 제1장·제12장 백이정(白頤正)傳.
99. 앞책, 卷第二十三 통권 110, 제22장 후엽 李齊賢傳.

상황을 강조하며 왕조를 바꾸어 이성계를 추대하려 한 혁명파가 대립하게 되었다. 혁명파는 절의파를 폭압 암살하고 현실을 중시하는 훈구파가 되고, 절의파는 정몽주에서 길재-김숙자-김종직(김숙자의 아들)-김굉필-조광조에로 맥이 연하여 내려갔다. 그들은 화랑에 연원을 두고, 사육신과 의병에까지 연맥되었다고 한다.

그들의 절의와 충성 그리고 특히 불의와 비합법적 폭력에 항거하는 정신은 근본이념 때문이었다. 그들이 끝까지 굽히지 아니한 것은 다만 옛 임금에 대한 충성심 때문만이 아니었다. 불의와 폭력과 특히 비합법적 수단으로 나라나 정권을 차지하는 데 대하여 항거하기 위함이어서 근본이념의 귀중한 구현인 동시에 현대식으로 말하면 민주주의 수호의 일면이라고 볼 수 있는 것이다.

고려의 불교

한편으로 고려의 불교는 신라의 타락한 불교를 수습하여 의천은 천태종을 중흥시키고 지눌은 선과 교를 겸수하여 원효사상의 부흥을 시도해 보았으나, 의천은 한 가지 종파에 치우쳤고, 지눌은 대중 속에 뛰어들지는 못했다. 삼국시대 및 고려시대의 불교사상은 다른 분야에서 평론될 것이므로 길게 쓰지 아니한다.

고려 중반 무인이 집권한 동안에는 학문과 종교가 암흑시대를 만났다. 그때 유학자들은 산사에 피신하여 공부한 자가 많았다. 그러나 몽고, 기타 외적의 침공을 받으면서도 민간 의병과 승려 의병이 합하여 항전하고 적을 물리치기 위한 신앙으로 호국기도도장을 계속하며 팔만대장경 재조(再雕)의 대업을 완성하고 고려청자와 고려불화 같은 예술품을 남겼다. 후에 원의 직접 지배가 심했던 14세기 전반에는 호국항적을

기원하는 항적도장(抗敵道場)을 열지 못했다.[100]

고려불교는 차차 산간 불교 혹은 구복적(求福的) 미신으로 타락하여 더러는 서투른 도력으로 세상을 속일 수밖에 없었고, 타락한 불사는 국가에 대한 의무를 피하며 부정한 방법으로 축재하고 광대한 농토를 소유하여 국가재정의 궁핍과 전제의 혼란을 가져왔다. 조선에 이르러 호국불교의 명맥은 임진왜란에 승려 의병을 이끌고 일어난 휴정(西山, 淸虛)과 그의 제자들, 휴정의 제자 유정(四溟, 宋雲), 그리고 구한말과 일제강점기에 뜻을 굽히거나 절의를 변할 줄 모르며 3·1독립운동을 일으킨 만해 한용운에 의하여 이어졌다.

13) 조선의 법철학과 법전 편찬

조선 초 세종의 이념 구현과 조선 후대의 사림

조선왕조가 창건기를 지나서 국정이 어느 정도 자리 잡혔을 때, 다행히 세종대왕의 치세를 만나 크게 발전하였다. 그는 우수한 학자들을 집현전에 모아서 학문을 연구하며 교화에 힘쓰게 하였다. 내치·외교·국방·교육·교화·예악·과학·기술의 연구·발명·발견·출판·산업·전제·병제·세제 등 모든 면에 힘쓰고, 국민의 생활문제 해결에 힘쓰며 특히 훈민정음의 창제 보급에 정력을 기울인 자주정신이 투철한 임금이었다. 그가 단군 이래의 이념과 바른 전통을 유지 구현하고 문화를 크게 발전시킨 것은 일일이 지적할 것까지도 없다. 세종 14년(1432년) 윤준(尹准)·신색(申穡) 등에게 명하여 펴낸 『지리지(地理志)』에 단군의 개국사가 기입된 것도 의미있는 것이다.[101]

---

100. 이기영, 『한국불교연구』, 190쪽.
101. 『세종실록』, 지리지 평양조 단군기 제2장 후엽−제4장 전엽.

어느 한 가지도 백성을 사랑하고 아끼는 단군 이래의 전통적 이념 구현이 아닌 것이 없지만, 세종이 훈민정음을 완성하고서

"나라말의 음이 중국과 달라 문자와 서로 통하지 못하는 고로, 백성들 중에는 비록 말하고자 하는 바가 있을지라도 그 뜻을 발표할 수 없는 자가 많다. 내가 이를 안타깝게 여겨 새로 28자를 만들어 사람들로 하여금 쉽게 익히고, 일상 사용에 편하게 한다"고 한 구절만으로도 넉넉히 나타내고 있다.[102] 세종이 남긴 친필에 "가전충효, 세수인경(家傳忠孝, 世守仁敬 ; 집집이 충효를 전하고, 세상에선 인애와 존경을 지킨다)"는 글귀도 그의 근본정신을 나타내는 것이다.[103]

그러나 후대에 이르러서는 신유학의 도덕적 교화가 본질과는 달리 피지배 계급을 못살게 만들고, 농장(農莊)이 점점 확대되고, 학파가 정치적 당파싸움의 수단으로 전락하였다. 나라가 허해진 틈을 타 외적의 침입이 연속돼 패퇴의 길을 밟게 되었다.

그 원인은 사대사상과 편협한 배타성으로 서서히 방향을 그르치게 한데 있었다. 사대사상은 자주정신을 잃게 하고, 편협한 배타성은 모든 다른 사상과 문화로부터 고립된 폐쇄사회로 만들고, 주자학이 아닌 것은 같은 유학이라도 (예컨대 陸·王의 學 따위도) 배척하였다. 나아가서는 주자의 학을 비판하는 것까지도 이단으로 규정하여 학문과 사상의 연구발전을 모조리 막아 버리고 전통사상의 분열·분쟁으로 번진 것이 화근이 되었다.

신유학파의 훈구세력인 사공파(事功派)와 절의파인 사림 사이의 반목이 성리학상의 이기론(理氣論)과 예학의 발전에 따라 정당과 학파가 얽

---

102. 『세종실록』 권113, 제36장 후엽 세종 28년 2월 훈민정음어제.
103. 세종이 효행자에게 써준 글. 柳承國, 『한국의 유교』, 235쪽 주 6 참조.

혀서 영속적이고 복잡하고 치열한 당쟁으로 번져간 것이다. 흔히는 화랑정신에서 절의파를 거쳐서 사육신의 충렬사상과 의병정신으로 연맥되었다고 보고 있는 것 같다.

사림은 신왕조에 협력하지 아니하고 산촌에서 후진을 양성하다가 세종대 이후 또는 중종대에 정계에 진출하기 시작했다. 이들이 세조의 집권과 함께 훈구세력인 사공파와 대립하여 여러 차례의 사화를 당한 것도 실은 단순한 비협력이 아니라 비합법적 폭력, 현대식으로 말하면 비민주 비평화적 수단에 의한 집권자에 대한 끈질긴 반대사상의 표현이었던 것이다. 그러므로 거기에는 바른 전통의 유지 발전을 위한 피비린내 나는 투쟁의 의미가 있어서 그것이 또한 하나의 전통을 이루었다고 볼수 있다. 후일 율곡도 절의파의 왕도정치 지치(至治)주의자 조광조를 높이 평가하였다.[104]

조선의 성리학

한국의 성리학은 16세기에 이르러 전성기를 맞이했다. 화담 서경덕 (1489-1546)을 거쳐 퇴계 이황(1501-1570)과 율곡 이이(1536-1584)는 한국 유학의 대표가 되었다. 퇴계는 인간의 본성을 확충하며 인욕(人慾)에 떨어지지 않도록 할 것을 위주하되, 주자의 길만을 충실히 지켜 발전시키려고 했다. 그러나 율곡은 넓히 섭렵하고 주자에 대해서도 비판적이었다.[105] 학구적 도학(道學) 스승인 퇴계에 비하여 현실의 국가 사회를 경장하고 시대 실정에 맞도록 변법 자강책을 강구할 것을 주장하고, 현실 문제에 대한 구체적 대책을 많이 제출하고 경제 실리에 적합하도록

---

104. 『율곡전집』, 卷三 道峯山書院記.
105. 앞책, 卷四 答成浩原.

혁신하려한 정치가의 일면을 가지고 있었다.[106] 그래서 율곡은 실학파의 선구라고 할 수 있다.[107]

대왜(對矮)정책 같은 것을 보면 우국함에는 양인이 마찬가지였음을 알 수 있다. 율곡은 '십만양병'을 청했고[108], 퇴계는 왜와 호(胡)가 일시에 내침하면 감당치 못할 형편인데, 왜의 걸화(乞和)를 거절함은 원한을 사서 후환이 될 터이니 화(和)를 허함은 가하나 방비를 허술하게 하지 말며, 예로써 대함은 가하나 지나치게 치켜세워서는 안 되며, 양폐(糧弊)를 주어 실망시키지 않는 것은 가하지만 끝없는 요구대로 증뢰(贈賂)가 지나쳐서는 안 된다고 상소했다.[109] 양 거유의 의견대로 교린하고 무력으로 대비했어야 할 것이었지만, 정권 쟁투에 눈이 어두워져서 양자를 모두 묵살하고 말았던 것이다.

율곡은 정치가이었으므로 그의 논의에는 위민 언로개방(언론자유), 변법갱장(變法更張) 기타 볼 만한 것이 많으나 다른 분야에서 자세히 논의될 것이므로 여기서는 성리학이 한국 전통적 법사상에 영향을 준 바가 크다는 것만을 지적한다.

퇴계와 율곡의 노력에도 불구하고 무방비 상태에서 파쟁과 세도의 폐가 극도에 달한 1592년 왜적이 쳐들어왔다. 국왕과 귀족들은 도망쳤다. 그래도 그들로부터 멸시받던 민중과 절의를 숭상하는 유학자들과 산사의 승들은 의병을 일으키고 이순신을 위시한 명장들과 그 밑의 군대는 명 원병과 합력하여 싸워서 왜적을 물리쳤다. 그것은 동양 전체에 큰 변동을 가져왔다. 그런데 숨 돌릴 사이도 없이 1636년 청나라 병이 쳐들어

---

106. 앞책, 東湖問答[계미(1583년 3월) 時務六條啓, 갑술(1594년 정월) 萬言封事.
107. 앞책, 습유 卷五, 雜書 2 時務七條.
108. 앞책, 卷三十四 년보, 계미(1583년 4월) 面請.
109. 『퇴계전집』, 卷六 甲辰 乞勿絶倭使疏.

왔다. 대적할 겨를도 없어 치욕적인 항복을 했다. 그때의 주화론자와 척화론자가 다 같이 나라를 수호하려는 애국하는 심정은 마찬가지였음을 우리는 이해할 수 있다. 효종과 그의 신하 송시열의 북벌 계획이 실현되지 못한 것이 한스러울 뿐이다.

실학사상과 개화주의의 연결

실학은 그 실현을 보지 못했으나 근조선 후기의 학계와 사상계에 선구적 역할을 한 문화부흥적 사상이다. 실학사상은 방대하기 때문에 정립되기까지의 과정과 맥을 살펴보는 것은 그리 간단하지 않은 일이다. 주체의식의 강화와 역사, 특히 지지(地誌)와 국학의 새로운 경향을 중심으로 하여 간략히 기술하기로 한다.

고려말기 유학이 정(程)·주(朱)의 학을 받아들이며 불교를 배척하더니, 근조선에 들어 사림파라는 특이한 학풍이 생겼으나 여러 차례의 사화 때문에 지치(至治)주의라는 실천유학파와 숨어 사는 순수형이상학적인 성리학파로 나뉘게 되었다. 이론과 현실이 분리된 채로 성리학은 심화되었고, 그 반면 삼정의 문란으로 실천학파인 경세의 학풍은 떨치지 못하게 되었다.

임진·병자 양란 후, 국제 질서와 국내 질서가 함께 무너지고, 토지가 황폐하고 재정이 궁핍해졌다. 대동법·환곡법·균역법 등 새 법을 만들어 한때 농민들의 부담을 약간 경감해 줄 수 있었으나, 워낙 혼란해진 때문에 쉽게 회복되지 못했다.

영조, 정조시대에는 일종의 문화부흥기로 구문화의 정화의 재현과, 외래 신문화의 흡수로 학계와 사상계가 다채로워졌다. 또한 임금은 탕평책을 시행해서 당쟁과 부패한 풍조를 없애기 위해 노력하였다. 그러나 임금이 바뀔 때마다 외척과 어울린 새로운 당쟁이 끊이지 않았으며, 정권을 잡은 세력은 서양 학문과 종교에 큰 탄압을 가하여 세계 대세에 역행하며 문명에 뒤떨어지게 되었다. 행정관청이 부패하여 뇌물이 성행하고, 제도가 문란해지면서 민중은 생활의 위협과 어려움을 겪게 되어 마침내 반란과 혁신운동이 일어나게 되었다.

영조·정조가 탕평책을 써서 각파를 고루 등용하는 동안 삼색정파 싸움이 비교적 잠잠해지고 정계가 안정되고 문화·저작·출판·법전 정리에도 볼 만한 것이 있었으나 당쟁의 근본원인을 없애지 못했다. 영조가 장헌사도세자를 죽인 사실로 인하여 세자를 동정하는 시파와 그의 죽음이 정당하다고 보는 벽파가 생겨서 후일의 파쟁을 더 복잡하고 심각하게 만든 결과가 되었다.

17-18세기의 문벌정치로 소수의 가문(후에는 척족들의 세도정치까지 생겼다)이 정치를 독점하여 양반층에는 많은 잔반(殘班-가세가 기운 양반)이 생기고 농촌에는 부농이 생기는 반면 영세 농민이 유리(流離)하게 되었다. 도시에는 거상들이 상공업을 지배하여 소상인들은 몰락하고 물가가 올라서, 사회적 모순이 나타났다. 권력의 획득이 가치의 기준이 되고, 성리학과 예학의 규범도 사리사욕을 위한 정치적 집권의 쟁투수단으로 악이용되기에 이르렀다.

신분제도의 엄격화나 사상적 권위주의는 학문과 사상의 자유를 억압하고 명분론과 성리학상의 이기(理氣) 이론은 실리와 유리된 공허한 관념론으로 화하여 당쟁에 악용된 때문에, 당면 문제를 해결하기 위한 학적 반성이 요구되었다. 성리학의 내부에서 오래 정치에 참여하지 못한 재야 지식인(주로 기호지방의 남인)을 중심으로 그 문제 해결을 위한 학적 연구 발표가 생겨났다.

영조, 정조시대의 사상계에는 허황된 이론적인 성리학을 일삼는 학자도 있었으나 일부 학자들 사이에는 실용, 실천, 실리, 실제, 실증, 실존, 사실, 실무, 성실, 실사(實事) 등의 실(實)을 주로 하고 현실적이며 박학다문을 중요시하는 학풍이 일어났다. 말하자면 실학은 실사구시 즉 사실을 토대로 하여 진리를 탐구하는 학문이었으며 이용후생의 학문으로 무실력행(務實力行; 참되고 실력 있도록 힘써 실행함), 실심사천(實心事天; 성실한 마음으로 하느님을 섬기는 것), 허황된 이론을 떠난 실제적 학문, 경제의 학이었다. 여기서 경제학이란 경세제민, 즉 사회를 경영하고 인민을 구제하는 학문을 말한다.

이런 학풍이 근세 조선 후기의 특색 있고 다채로운 시대를 이루었는데, 이때의 실학자는 혜풍 유득공, 연암 박지원, 초정 박제가, 아정 이덕무 등과 같이 청나라 문물을 견문하고, 청조의 고증학 영향을 많이 받은 학자들이 있었다. 또 북경에 가지는 않았으나 새로 들어온 서적을 읽고 청의 고증학에 영향을 받아 좋은 저서를 남긴 다산 정약용, 성호 이익과 같은 학자들도 있었다.

유승국은 저서 『한국의 유교』에서 실학파 인물들에 나타난 학문적 성격을 다음과 같이 설명하고 있다.

1. 실용적 관심: 정덕론(正德論)이 거부된 것은 아니고, 주자학파에서 등한시되었던 이용후생론에 집중된 관심은 현실생활에 직접 연결되는 것으로 이런 면에서 근대적 문화조류의 성격과 일치한다.
2. 권위적인 면에 구속됨이 없는 비판적 정신: 자율적인 입장에서 자유로운 탐구의지를 존중하고, 폐쇄적인 권위나 관습화한 사회 현상을 날카롭게 비판함으로써 실학적인 영역을 개척하였다.
3. 실증적 방법: 사변철학적 경향을 떠난 객관적 현실의 문제는 경험적이고 실증적인 증명을 요구한다. 따라서 청조 고증학풍의 영향은 경전의 연구

를 비롯하여 역사, 지리, 언어, 사회, 경제 등에 관한 실증적인 연구 태도로 나타났다.

4. 개방된 수용적 태도: 그 시대의 모든 학술을 자유롭고 개방된 자세로 이해하고 양명학, 고증학, 서학, 노장 불교에 이르기까지 폭넓은 관심을 보임으로서 주자학 일변도의 정통주의를 확대한 것이다. 그렇게 하여 서구의 새로운 과학을 받아들이게 되었다.

5. 스스로 각성하는 주체적 입장: 실학의 발생은 조선 사회가 부딪친 현실문제에서 비롯되었다. 따라서 자기발전의 자각적이고 자주적인 입장에 서게 되었으며, 조선의 현실에 입각한 제도에 관한 관심을 고조시켰다. 민족의식이 구체화할 기초를 마련하는 계기가 되었다.

실학자들은 조선이 처한 현실문제에 조선의 역사, 지리, 언어, 제도, 사회, 경제 등에 관한 연구를 많이 발표하였으며, 한국학 각 분야의 저술과 제도 개혁에 관한 구체적인 논술들이 많이 쏟아져 나왔다.

홍대용은 과학지식을, 이익은 『성호새설』, 『곽우록』에서 사회 전반에 걸친 제도와 농지개혁을, 추사는 과학방법론을, 박지원은 『연암집』에서 독자적 경제사회 문화사상과 새마을운동, 신분 및 토지제도의 개혁을, 박제가는 『북학의』에서 주체의식을 가지고 청의 문물을 배워 산업 발전을 꾀할 것을 각각 주장하였다. 이밖에도 국사, 지리와 한국어문에 관한 저서로서 안정복의 『동사강목』, 이긍익의 『연려실기술』, 유득공의 『발해고』, 신경준의 『강계고』, 정약용의 『강역고』, 정상기의 『동국지도』, 김정호의 『대동여지도』, 신경준의 『훈민정음운해』, 한치윤의 『해동역사』 등이 나왔다.

그들의 학문을 학계에서 실학이라고 이름하게 된 것은 최근의 일이다. 그들이 체계를 갖춘 것은 아니었으나, 시대의 요구에 응하여 그 시대 정치와 사회 현실의 폐해를 개혁하기 위한 사회과학·자연과학·기술과학 등 모든 분야를 실증적 방법으로 연구하고, 그것을 토대로 이상사회의 구조를 구상하여 발표하고 과감한 혁신을 주장하였다. 그것이 민족적 성격을 띠었음은 물론이다. 자영농민의 건전한 발전을 위한 균분(限田)적 토지제도와 위민·민본적 교육·선거·관제·군제·행정·사법·입법 내지 정치 전반의 개혁안을 내용으로 하였다.

반계 유형원과 성호 이익, 연암 박지원, 초정 박제가 등등의 사회 각 방면 개혁론을 거쳐서 다산 정약용이 실학을 집대성하게 된다. 정약용이 순종 원년인 1801년에 있었던 신유사옥(노론벽파가 남인시파를 타도하기 위하여 개재한 천주교도 박해)으로 18년간 유배생활을 하는 동안 저작한 중앙집권 조직에 관한 『경세유표』, 지방행정에 관한 『목민심서』, 형정에 관한 『흠흠신서』의 삼부작과 「전론(田論)」 등으로 보아서 그들 개혁론의 내용을 짐작할 수 있다.

그런 정약용도 유학을 반대한 것은 아니고 공맹의 본래 사상인 수사학(洙泗學)으로 돌아가자는 것이었다. 청조의 실증적인 고증 학풍과 서양의 기술·과학·종교·사상까지 능동적으로 받아들이고, 전통적인 권위를 벗어나 자유로운 학풍을 일으키고 개방적·비판적 태도로 지식을 널리 구하였다. 유일한 사회이념으로 삼아온 주자학과 퇴패하고 부조리로 가득한 그 시대 사회를 비판하고, 개혁할 것을 제창함으로 인하여 조선 사회는 사상의 다변화가 일어났다. 그래서 양명학과 서학(천주교)과 그동안 멸시해 온 청의 문물에도 접근하려 했다.

그들의 실학사상은 구한말의 개화사상으로 연결되었다. 인칭호의 무실력행(務實力行; 그 실은 성실의 뜻이기는 하지만), 김옥균의 개화(그것은 근대 지향을 의미하는 것이지만)도 어떤 면에서는 실학의 실과 서로 통하는 것이었다.

실학의 특징으로는 실사구시(사실에 토대를 두어 진리를 구함)·이용후생·비판정신·자유로운 탐구·학문의 실증적 방법(고증학풍을 포함함) 등을 든다. 조선조 후기의 특수한 시대적 환경과 관계됨은 물론이나, 중국의 실학과 관련이 있다고 보아야 할 것이다. 중국에서는 공맹의 유학을 포함한 북학(北學)을, 노장(老莊)의 학을 포함한 남학(南學)에 대하여 실학이라고 한다. 또 명 말 이후 五선생이 경세치용을 학통으로 삼아 실천적이고 실용적인 학문을 제창하였고, 청조의 학자 중에는 실사구시로서 정곡을 삼았다고 한다.

실학이 조선조 후기의 모순을 개혁하는 데 성공할 힘은 없었으나, 전통사상을 회복하려는 의욕을 일으키고 한국 사상에 큰 영향을 주었음은 부인할 수 없다.

그러나 실학을 말하려면 먼저 성리학과 실학 선구자들의 사상을 고찰해 보아야 할 것이다. 이에 화담 서경덕과 근조선 성리학의 대표적 인물로 퇴계 이황(1501-1570)과 율곡 이이(1536-1584)의 사상을 말하지 않을 수 없을 것이다. 유승국은 저서 『한국의 유교』에서 다음과 같이 기술하고 있다.

화담은 기(氣)의 항존성을 주장하였다. 그것을 유기론(唯氣論)이라고 하는데 화담의 기는 일반인이 알기 어려운 경지의 이론이다. 퇴계는 그와 대조적으로 이존설(理尊說)을 굳게 지켰다. 그는 정통 정주학(程朱學)에 따라서 이(理)를 기(氣)보다 중요시하는 이(理) 우위설을 주장했다. 송학(宋學)에 따라서 마음은 몸의 주재(主宰)이고 경(敬)은 마음의 주재, 중심이라고 보았다. 여기서 퇴계의 경(敬)의 사상이 나오게 되는 것이다. 그는 경으로 각성된 주체로서의 인간의 본성을 확충하고 인간의 욕심에 한계를 주어서 사회 현실에 있어서 바른 것(正)과 바르지 못한 것(邪)의 근원을 밝히고, 인간이 나아갈 방향을 보여주려고 하였다. 이러한 그의 이론은 우리나라뿐만 아니라 후세의 일본에까지 커다란 영향을 주게 되었다.

율곡은 한국 도학(道學)사상의 정맥을 이어받아 정통 성리학파의 입장을 따르면서도 정주학뿐만 아니라 명나라 때 성행하던 양명학과 노장의 철학도 연구하였으며, 젊어서는 불교를 공부하였기에 일반 주자학과는 달리 지식에 대하여 개방적이며 비판적인 태도를 가지고 있었다.

그는 정암 조광조(1482-1519)를 높이 평가하여 우리나라의 도학은 조광조의 사상에서 비롯되었다고 하였다. 그는 임금의 마음을 바로잡고 백성들에게 행복과 덕택을 펴는 것을 자신의 사명으로 믿었다. 안병주(安炳周) 교수에 의하면 율곡은 조광조를 퇴계보다 위대하고 유능한 정치가로 존경하였으나 착실한 학자로서는 퇴계를 더 존경하였다고 한다. 그러나 조광조의 급진적인 개혁에 대해서는 회의적이어서 강렬한 개혁의지를 가지고 있었음에도 불구하고 점진적인 개혁을 더욱 현실적이라고 믿었다. 율곡은 이(理)에 치우친 퇴계의 주리적 이기설(理氣說)을 비판하였으며, 동시에 서화담의 기(氣)일원론에도 비판을 가하고 있다.

율곡의 개혁, 애국사상은 결과적으로 그의 애민, 중민, 위민, 구국정신에서 비롯된 것으로, 훗날 이러한 정신을 이어 조헌(趙憲; 1544-1590)과 같은 제자가 나오게 되는 것이다. 실학의 선구적 역할을 한 율곡의, 자신을 수양하고 세상을 다스린다는 수기치세설(修己治世說)을 살펴보기로 한다.

율곡이 출생하던 16세기 후반 조선은 내부에 갖가지 모순과 부패가 발생하고 대외적으로는 남과 북의 위협 조짐이 나타나던 시기였다. 필자가 율곡을 실학사상의 선구자라고 보는 근거는, 다음에 기술하는 율곡의 사상으로 충분하다고 생각한다.

율곡은 부패한 현실을 유교적 이상으로 끌어올리려고 노력했다. 유교의 근본이 수기치민(修己治民)에 있다면 율곡은 그 점에 있어서는 학문과 정치에서 그 능력을 유감없이 발휘한 유자다운 유자였다. 율곡은 반성적이며 자각적인 자세로, 유교의 근본정신에 의한 수기와 치인(治人), 도덕, 학문과 경세의 식견을 소유한 참된 유자였다고 생각된다. 율곡은 사변(경험에 의하지 않고 이성에 의하여 인식하는 것)에 치우치지 않은 학문적 연구를 했으며, 폐습교정의 방책과 사회개선을 위한 상소 올리는 것을 주저하지 않았다.

율곡은 바른 말이 받아들여지지 않는 세상을 근심하며, 당파의 이론은 현실적으로 효과가 없으면 아무 쓸모가 없다고 하였다. 결국 그러한 이론은 백성을 궁핍과 고통에서 벗어날 수 있게 하는 데 도움이 되지 않는다는 실학적인 의문을 제시하였다. 그는 앉아서 멸망을 기다리지 않고 적을 쳐서 막기 위해 사회적, 정치적으로 부패한 제도들을 개혁해야 한다고 주장했다. 율곡이 십만 군사를 양성하자고 제창한 것은 그가 맹자처럼 현실을 떠난 평화론자가 아니라 학문과 정치(경세)의 양면을 겸하여 갖춘 사상가이며, 나라를 구원하려고 애쓴 실천가라는 사실을 우리에게 보여주고 있다.

율곡은 양명학과 도교, 불교에 이르기까지 넓게 지식을 받아들였으며, 33세 때는 서장관으로 명나라에 가서 견문을 넓혔다. 특히 임금의 도덕적인 자기 수양에 큰 기대를 가지고 이를 위하여 노력하였다. 그는 당파 파쟁을 없애고, 조화있게 만들기 위하여 동인과 서인을 설득하기도 하였다. 그런 면에 있어서는 조광조에 비할 만한 것이다.

그는 경세(經世; 사회를 경영하는 것)의 이론과 백성을 평안케 하는 안민(安民)의 이론과 나라를 위한 옳은 사상과 방침으로써 국시(國是)를 먼저 정비해야 한다고 주장하였고, 참되고 실속 있도록 힘써 실행할 것(務實)을 제창하였다. 그는 백성들을 돌보는 것을 첫째로 하고 교화시키는 것을 둘째로 중요하게 보았는데 경세와 민생문제와 밀접한 관계가 있는 악법을 개혁하기 위해서는 마땅히 언로를 열어 여러 사람의 의견을 모아야 한다고 주장했다. 그리고 법을 개선하는 변법, 안민이 이루어진 연후에만 교화를 베풀 수 있으며, 교화의 방법으로 학교보다 앞설 것이 없다고 하면서 안민과 인재양성이 가장 시급한 문제라고 생각하였다.

율곡이 국방장관이라 할 병조판서의 직책을 맡고 임금 앞에서 경서를 강론하는 경연석에서 "십 년 안에 큰 전쟁이 있을 것이니 군사 십만 명을 길러 대비하자"고 한 것은 문인 김장생의 율곡 선생 행장과 연보 기타의 기록에 남아 있다. 그 같은 양병 제의는 그가 별세하기 전 해이고 임진왜란 7년 전이었던 만큼 참으로 의미 깊은 건의라고 할 수 있다. 율곡은 평안한 시절이 지속되다가 적군이 침범하면 지혜 있는 자라도 어찌할 수 없을 것이라고 말했는데 이때 유성룡은 "무사한 때에 군대를 기르는 것은 화를 기르는 것이다"라고 하여 반대했고, 경연석상의 신하들도 모두 율곡의 말에 반대했다. 그러나 훗날 전란이 일어나자 유성룡은 "율곡은 성인이다. 지금 그의 말이 착착 들어맞았다"라고 말하며 후회하였다.

율곡이 홍문관 교리로 동호(東湖) 독서당에서 월과(月課)로 왕께 올린 '동호문답'에서는 먼저 뜻을 세우고, 그후에는 실사에 힘써야 한다고 말했다. 한 가지 계책도 실시하지 못하고 있는 것은 실효, 실질에 힘쓰지 않는 까닭이라고 논술했다. 그는 시무책으로 폐해가 가장 크다고 생각한 다섯 가지 항목을 지적하고 그 개선방법을 연구하여 시정을 건의하는 구체적인 방안을 제시하기도 했다. 그것은 폐해의 방지와 시정에 대한 제안이었지만 더 나아가서 적극적인 의미의 시무책으로는 계미육조

계(癸未六條啓)가 있었다.

그러나 율곡의 여러 시정책은 그때마다 반대에 부딪치곤 하였다. 그는 선조 17년(1583) 서울 자택에서 47세로 별세하였다. 그의 단명은 실로 나라의 큰 불행이었다. 그가 별세 후 얼마 안 돼 그의 말대로 무방비 상태인 조선은 임진왜란과 병자호란을 잇달아 겪게 되었다.

학자들은 한국 유학사상의 대표격인 학자로 퇴계와 율곡을 말한다. 필자는 성리학의 철학적 이론과 수기(修己)의 면에서는 퇴계와 율곡 중 그 우위를 가릴 실력이 없으나, 은거한 학자로서가 아니라 경세의 측면과 자주적 비판의 측면에서 율곡을 더 우위로 보는 근거는 위의 여러 사실만으로도 충분하다고 본다. 퇴계도 그대로는 세상을 떠날 수 없어서 남북의 외적이 침입하면 감당할 수 없으므로 그들을 달래며, 그들과 적당히 협상해 두어야 한다고 제의했다. 필자는 퇴계의 예견을 높이 평가하면서도 십만 양병을 제의한 율곡의 대책을 더 높이 평가하는 바이다.

다음은 실학을 집대성한 다산 정약용(丁若鏞, 1762~1836)의 학문을 간단히 서술하기로 한다. 비판정신을 가진 수많은 실학자들 중에 다산을 실학의 집대성자로 보는 것은 첫째, 전통적인 모든 학문을 총체적으로 비판하여 스스로의 학문적 기반을 구축하고 있기 때문이다. 둘째, 다산학은 새로운 지식에 대하여 개방적이며 동시에 수용적이라고 보기 때문이다. 다산학에 있어서 이러한 두 번째 측면은 북학과 일맥상통하는 면도 있지만, 북학파가 이용후생의 면에 많이 치중한 반면 다산학에서는 그와 더불어 사상적인 측면에서도 새로운 전개가 시도되고 있다는 점은 주목할 사실이다.

다산의 실학은 사실에 토대를 두어 진리를 탐구하는 실사구시의 태도로 어느 한 가지 측면에 치우치지 않았으며, 한 가지 자료에만 의존하지도 않았다. 실학은 그 개방적이고 혁신적인 측면 때문에 한말의 서양식 개화정신의 선구적인 입장에서 서양식 개화파와 연결되었다고 이해된다.

또한 그 내용면에서는 정치 경제 내지 전 사회의 개조뿐만 아니라, 근본적이고 정신적인 면에서 인간으로서의 개조에 대해서는 내부로 향하는 자기 개혁의 경지에까지 이르게 하는 각성, 비판정신 및 주체의식을 중요시하는 실천윤리였다. 결국 이러한 윤리의식은 성심으로 사람을 섬기고 성심으로 하느님을 섬기는 독실한 종교인에게서 찾아볼 수 있는 지성의 모습인 것이다. 그렇게 본다면 그것은 하느님과 사람이 하나가 되는 천인합일의 경지인 것이다. 다산의 치인(治人), 목인(牧人)은 실로 사람을 섬기는 것(事人), 사람을 위하는 것(爲人), 세상을 건지는 제세(濟世), 구국의 정신이라 할 수 있다.

필자가 실학을 연구하기 전에는 실(實), 실제(實際)의 개념을 원효가 『금강삼매경』 입실품에서 설명한 "실제라는 것은 허(虛)를 떠난다는 뜻이다. 그것을 실제라고 한다(論曰, 言實際者, 離虛之稱, 究竟意, 故名實際)"라는 말을 통해서 이해하고 있었다. 원효대사는 이 설명을 통해 해탈에 이르는 것을 설명하고 있지만 그것은 실학사상에서의 실의 개념과는 거리가 있다.

후기 실학파를 이러한 시대사조의 역사 현상에 민감한 실용주의적인 학자들이라고 한다면 정다산도 후기 실학파에 속할 것이라고 다산학 연구가 이을호(李乙浩) 박사는 말하고 있다.

또한 실학파로 지목받는 유형원(1622-1673)처럼 주자학에 그대로 머물러 있는 학자, 또는 이익(1681-1763)처럼 주자학에 대하여 비판적이면서도 거기에서 완전히 벗어나지 못한 학자에 비하여, 다산 정약용이 주자학에서 완전히 벗어난 입장에 있다고 한다면 다산에 이르러서 비로소 새로운 입장이 확립된 것으로 볼 수 있다고 한다. 그리고 당시의 국내외 정세는 실학적 영향의 원인이 되었다고 한다. 즉 이는 시대의 산물이라고 본다.

다산학은 원시 유학의 수기치인(修己治人)을 바탕으로 서구의 새로운 사상을 받아들여서 독자적인 사서육경의 수기의 학과, 주자학의 보완적 의미를 가진 치인의 학을 하나로 결합한 수사학, 다시 말해 본래의 공맹학적 수기치인의 학의 개신유학이라고 한다. 또한 수신(수기)과 목민(치인)은 군자의 학의 각 반(半)이라고 한 다산의 학은 종교, 철학, 정치, 경제, 과학 등의 폭넓은 종합학문으로 이해해야 할 것이며, 그 시대적 의의를 높이 평가해야 할 것이라고 한다.

다산은 수기 혹은 치인 어느 하나에 급급하거나 치우치지 않은 전인적인 인격을 지닌 군자의 학을 목표로 했다. 또한 교육의 목적도 주체적인 입장에서 시대적 요구에 상응하는 전인교육이었다. 그러므로 그 목자(牧者)도 관료에 그치는 자가 아니요, 그 교육의 목적도 중국의 사상이나 문물을 숭배하는 모화 관료교육이 아니라 자주적·전인적인 인격을 양성하는 인간교육을 말한다.

그러나 다산학만이 비판정신에 의한 실사구시의 경세의 학인 새로운 학문의 창조자로 지나치게 평가될 이유는 없을지도 모른다. 우리는 후기 실학파로 지목되는 반계, 성호, 연암, 추사 등의 쟁쟁한 비판정신의 군상을 발견할 수 있다. 그리고 율곡에게서도 적어도 실학사상의 선구자였다고 볼 수 있는 비판정신과 수용의 태도를 찾아볼 수 있다.

이희봉(李熙鳳) 박사는 그의 논문 「다산의 경학과 정법삼편」, 강연 「실학과 민주사상-정다산의 원목(原牧)사상을 중심으로」에서 다음과 같이 논하고 있다.

　다산은 수사학(洙泗學)으로 다시 돌아갈 것을 주장하고, 유학의 본질을 수사학에 따라 수기치인의 실천적 경세학으로 단정하였다. 다산은 조선 후기의 사회개혁안을 논술한 『일표이서(一表二書)』 혹은 『정법삼편(政法三篇)』을 비롯한 많은 경세서를 통해 『북학의(北學議)』에 나타나 있는 사상에 동조하여 그의 실학사상을 완성하였다. 조선시대의 실학은 『반계수록』, 『성호새설』을 거쳐 다산의 『일표이서』에 이르러 집대성되었다. 이런 면을 볼 때 다산의 실학도 시대적인 소산이라고 할 수 있다. 그가 『경세유표』에 열거한 15조항은 국가기구의 개편, 인사제도의 개선, 재정의 확립과 산업, 경제의 진흥 등 넷으로 분류될 수 있으며 농지개혁과 식림, 수리, 치수, 치산, 산업진흥, 세금에 관한 것까지 구체적으로 언급하고 있다.

『목민심서』에서는, 그러한 개혁안이 실시된다 하더라도 성과는 일선 목민관들의 집행의 정당성 여부에 달려 있다고 하면서 목민관의 자세와 서정쇄신의 요령에 관하여 논술하고 있다. 또한 『흠흠신서』에서는 형정의 기본이념을 논하면서 단옥법(斷獄法)은 전문가를 양성해서 정문(正文)을 공정하게 적용하여야 하며, 관원의 권력이 남용되는 일이 없도록 신중을 기하여서 인권이 보장되어야 한다고 주장했다. 다산은 「원목(原牧)」이라는 작은 논문에서 다음과 같이 민주사상을 논술하였다.

"옛날에는 인민이 있었을 뿐이고 목민관이 있었을 리가 없다. 한 고을의 사람들이 이정(理正)을 세우고, 몇 당의 백성이 당정(正)을 세우고, 몇몇 당민이 어질고 덕있는 주장(州長)을 추대해서 그를 받들었고, 그 몇몇 주장이 국군(國君)을 추대하였으며, 다시 몇몇 국군이 방백을 추대하고, 4방의 방백이 황왕(皇王)을 추대하였을 것이다. 군왕의 본은 이정에서 나온 것으로, 다스리는 치자는 백성을 위하여 있는 것이다. 이정에서 국왕에 이르는 계층적 권력구조는 백성을 위해서 중망(衆望)에 의해

어진 이가 추대된 것으로, 모든 권력구조는 인민이 그 구조를 맡김으로써 수임(授任)에 의하여 만들어진 것이다."

여기에서 법은 인민의 편의를 위하여 민의에 의해 제정된 것으로 이런 면에서 근세 서구의 민주이론과 일치하고 있다. 그러나 후세에 힘있는 한 사람이 스스로 황제가 되어 그의 자제와 시복을 제후로 임명하고, 제후가 다시 임의로 그 사인으로 주장을 임명하고, 주장이 다시 임의로 당정을 임명하는 등 주종관계에 의한 권력구조가 구성되고, 법은 황제나 제후가 원하는 대로 제정되어 그 주장에게 주어 시행되었고, 다스리는 자를 높이고 인민에게 고통을 주게 되니 인민이 오로지 다스리는 자를 위해서 존재하는 것처럼 되어 버렸다고 한다. 이희봉은 이와 같이 위에서 아래로 하향 전도된 것을 다시 아래서 위로 민주적 상향 구조로 회복해야 한다는 것이라고 해석한다. 그보다도 다산 자신이 「탕론(湯論)」에서 다음과 같이 말하고 있다.

"탕왕이 걸왕을 추방한 것은 옳은 일인가, 신하로서 임금을 정벌한 것인가라는 말에 옛 도(道)이고, 탕왕이 처음 한 것은 아니다"라고 말한다. 그것은 황제(黃帝)가 먼저 한 일이다. 신하로서 임금을 정벌한 것을 죄주려고 한다면 황제가 수범이 되는데 어찌하여 탕왕을 문죄하는 것인가.

대저 천자란 것이 어찌하여 있게 된 것인가. 천자는 하늘에서 내려서 세운 것인가. 또는 땅에서 솟아나서 천자로 된 것인가. 대저 대중이 추대하여 천자가 되기도 하는데, 또한 대중이 추대하지 않으면 될 수 없다. 그런 까닭에 5가(家)가 의론하여 인장(隣長)을 개선하고… 9후(侯)와 8백(佰)이 의론하여 천자를 개선(改選)한다. 그런데, 누가 이를 '신하로서 임금을 정벌한다' 하겠는가.

그러므로 무왕, 탕왕, 황제(黃帝) 등은 임금 중에서 밝은 분이고, 제중 (帝中)의 성(聖)한 분이다. 그러므로 알지 못하고 탕왕과 무왕을 내리 깎 아서 요순보다 낮추고자 하는 바, 어찌 이를 고금의 사변에 통한 자라 이르겠는가."

이을호는 다산이 위의 사실을 언급한 것을 민주적인 구조로 회복되어 야 한다는 의미로 해석하고 있다. 또 "공자의 친(親), 의(義), 별(別), 서 (序), 신(信)의 오륜사상은 평등호혜·쌍무적인 인간관계를 바탕으로 하 는 윤리사상이다. 맹자는 민주주의자이어서 인민이 귀하고, 사직은 그 다음이며, 군주는 그보다 가볍다"고 말했다.

그럼에도 불구하고 진(秦), 한(漢) 이래 왕권신수사상을 뒷받침하기 위한 충, 효, 열 삼강(三綱)에 따른 존비(尊卑)의 일방적인 종속사상이 형성되어 있었다고 기술하였다. 그러나 "다산의 실학(개신유학)은 수사 학의 원래 순수성을 회복하여 송대의 정자와 주자 성리학에 대해 실사 구시의 2대 과학적 실증방법을 취하였고, 음양의 대대(待對) 상극관계를 조화에로 승화시키고, 태극의 통일성으로 지향하고 송유(宋儒)의 주·정 적(朱·程的) 거경궁리(居敬窮理)를 지성(至誠)의 학(學)으로 바꾸어 놓았 다"고 설명하고 있다.

실학파의 제의가 정치가들에 의하여 채택, 실시되지 못한 채 나라의 운명이 패망으로 빠져 버렸으나, 그들의 정신은 학문의 다변화, 실용화, 객관화, 근대화를 지향하는 학술적 큰 진보와 발전을 이루었다. 실학파 의 이러한 정신과 학풍은 19세기 후반의 무력 침략과 더불어 닥쳐온 서 양식 근대문명을 접하면서 능동적으로 근대 지향의 조류에 적응하려는 서양식 개화사상으로 연결되고 전통 사회와 근대 사회를 연결하는 교량 역할을 한 것이다.

서학(西學)의 전래와 그 영향에 관하여 유승국은 『한국 유교사』에서 다음과 같이 기술하고 있다. 문화가 부흥했던 15-16세기 근조선 전기에 서양에서는 봉건적인 체계를 탈피한 절대군주국이 세워지고 항해술이 발달되고, 상업자본이 육성되어 신대륙과 동방항로의 발견을 통한 무역과 식민지 개척이 활발하게 진행되었다.

포르투갈 상인이 16세기 초부터 명나라와 일본에 상륙해 교역을 시작하면서 서양세력이 동북아시아에까지 뻗치게 되었다. 한편 종교개혁 후에 천주교단은 세계 전도로 교회세력을 확대하게 되었다. 마테오 리치가 중국 광동에 온 후에 한문으로 교리책과 서양과학 서적을 저술 간행한 것을 비롯해 천주교 선교사들이 명나라 말기와 청나라 초에 걸쳐 서양과학과 사상을 중국에 소개하고 중국의 사상을 서양에 소개하기도 했다. 그들이 소개한 서양문물은 교리와 함께 수학, 천문학, 지리, 측량술, 기계, 건축, 병기에 관한 것들이었는데, 북경 사절을 통해서 조선 사회의 지식인들에게 점차로 전파되었다.

임진왜란 전후 명나라에 사신으로 왕래한 이수광과 유몽인은 마테오 리치의 『천주교실의』를 처음 소개하였다. 북경에 사신으로 갔던 이광정은 선조 36년(1603) 서양 세계지도를 전했고, 정두원은 인조 9년(1631) 북경에 가서 서양인으로부터 여러 서적과 새로운 물건을 가져왔다. 청나라에 인질로 갔던 소현세자는 아담 쉘과 교리에 관한 토론을 할 정도이었는데 1644년에 귀국하면서 천문학과 역법에 관한 서책을 받아왔다.

1653년에는 시헌력(時憲曆)을 시행했다. 서양문물에 접촉된 인사들이 과학 및 기술에 대한 새로운 지식을 받아들이면서 그 배경인 천주교의 교리와 신앙에 대한 이해가 싹트기 시작하였다.

숙종과 영조 때에는 황해도 등지에서 신도들이 조상 제사를 폐지하는 일까지 생겼으나 그다지 문제가 되지는 않았다. 그러나 정조 때 이르러서는 기호지방 남인 중 일부 지식인들이 서학에 열중하는 새로운 양상이 나타났고, 이승훈과 정약용 형제들도 교리연구 집회에 참가하게 되었다. 1783년에는 이승훈이 북경에서 최초로 세례를 받고 그 다음해에 귀국하여 교회를 조직하고, 교회의식을 시작하는 등 조직적으로 활동하게 되었다.

1785년, 이들 교도의 집회가 형조에 적발되어 사회문제로 등장했다. 1787년에 정약용 등 성균관 유생들의 천주교 집회가 동료 유생들에 의하여 배척되었다. 정조 15년(1791) 진산군 양반가문 출신 진사 윤지충(정약용의 외사촌)과 권상연(윤지충의 외종제)이 제사를 폐하고 신주를 불사른 일로 사형 집행된 사건으로 천주교의 문제가 사회, 정치, 사상면에 있어 큰 문제점으로 드러나게 되었다. 이때 남인인 채제공은 그와 가까운 남인들에게 문제가 확대되지 않도록 노력했고, 정약용을 아낀 정조도 관대한 태도를 지켰다.

그러나 세론 때문에 공식적으로는 천주교를 사교, 이단으로 규정하여 엄하게 금교령을 내렸다. 이에 천주교도들의 신앙활동은 지하로 숨어들게 되었으나 그 교세는 도리어 견고해지고 일반대중에까지 확산되었다.

1794년에는 중국인 신부 주문모가 입국하여 천주교를 전했다. 1801년에 순조가 어린 나이에 임금이 되면서 사옥이 일어나 1831년에 교도가 무수히 사형당했으나 교구가 설정되고 중국 신부와 프랑스 주교, 신부들이 입국하는 등 조선 교회는 그 기반을 갖게 되었다. 그러나 정부의 금교정책은 여전히 엄중하였으며, 국내의 지식인과 일반인이 천주교를 배척하면서 교세가 침체되었다. 처음에는 서양의 기계, 기술, 무기 등에 대하여 그 우수성을 인정하였지만 교리 내용에 차차 비판 반대하는 태도를 취하게 되었다. 그러나 과학지식을 받아들이는 식자들 중에서 그 교리를 연구하고 신앙을 가지게 되자 주자학의 입장에서는 반서학적, 반교리적인 배척론이 생기게 되었다. 사옥 사건과 금교령이 내리면서 천주교를 받아들이는 자는 역률로 극형을 가하게 되었다. 천주교는 탄압 아래 지하운동으로 변하였다.

순조 1년(1801) 젊은 진사 황사영이 주교에게 교회 박해를 보고하여 청국 황제와 서양 여러 나라의 동정을 구하고, 서양 전교대(傳敎隊)의 힘으로 군대를 동원하는 무력을 써서라도 조선 교회를 구원할 것을 청원하는 밀서를 보내려다가 발각되었다. 이 백서(帛書) 사건으로 관련자 모두 사형 당하고 천주교에 대한 탄압을 엄중하게 만들었다. 마침내 이웃에 연대책임을 지게 하는 오가작통법을 시행하게 되었으며, 척사위정론이 나타났다.

그렇게 하여 개신교보다 먼저 들어온 가톨릭은 이 땅에서 엄청난 순교자를 내면서 피를 흘렸다. 서양의 가톨릭 전교대는 종교의 입장에서 정정당당히 죽을 셈치고 하든지 아니면 외교적으로 개방을 위한 노력을 했어야 한다.

그러나 수용적이며 비판적인 실학에 서학은 많은 영향을 주었다. 서양의 과학, 기술에 관한 지식은 실용적인 경세론에 능동적으로 받아들여져 일부 학자들은 그 지식의 배경이 되는 천주교 교리를 연구해서 신앙활동을 조직적으로 실천하는 집단이 생겼다. 19세기 열강의 근대 자본주의 식민확대 세력이 다가왔을 때 조선은 어린 왕 순조가 왕위에 즉위해서 외척이 정치권력을 잡은 세도정치가 굳어지고 있었다. 그 결과, 조정은 국왕 친족들의 권력 쟁탈장이 되어 버렸고, 부패와 혼란이 끊이지 않았다. 1812년(순조 11년) 홍경래의 반란이 일어났다. 1814년에는 진주민란을 비롯해 각처에서 민란이 일어나게 되는데 이때 천주교는 박해를 받았으며, 유교는 근본정신조차 망각되었다.

1863년, 어린 고종의 즉위로 실권을 잡게 된 대원군은 척족세력을 물리치고 왕권을 강화했으며, 모든 제도의 결단성 있는 개혁을 시도했으나 나라 밖의 정세에 무지하여 쇄국정책을 고집하였다. 1866년 프랑스 함대의 병인양요와 1871년 미국 병함의 신미양요가 일어났을 때에는 전국 상하가 단결해서 군사적 방어에 성공했다. 외국세력을 배척하는 척화비를 세우고 외국을 얕보며 쇄국정책을 더욱 강화했다. 그러나 발전한 서양문화를 시인하지 않을 수 없어 실학사상은 개화주의로 연결되었다. 이를 감당할 능력이 없는 조정은 특정 타국 세력과 연결되면서 자주의식이 동요되는 가운데 수호(修好)개화와 척외수구로 국론이 분열되었다.

대원군이 실권하고 일본 운양호사건을 계기로 서양식 근대 무기로 무장한 일본에게 통상을 강요당한 채 1876년 불리한 조건으로 병자수호조약을 맺어 개항하면서 구미 각국과 수교하고 그 문물을 받아들이게 된다. 일본식의 구미 개화운동이 일어났으나 또다시 조정은 친청수구파와 친일개화파로 갈라져서 대립하게 되는데, 당시의 척왜론은 일본의 침략성을 간파하고 국민대중을 대변한 것으로 볼 수 있다. 혁신개화파와 척사파 사이에 갈등과 투쟁이 격렬한 가운데 조선은 외국의 이권 쟁탈장이 되고, 결국 나라를 빼앗기게 되었다.

일본이 한국을 강점하기 위하여 침략행동을 시작한 때부터 그들이 쫓겨간 때까지 한일 두 나라 관계는 일본인들의 포악한 강탈행위와 거짓행위에 대한 한국인의 항쟁운동이 계속되고, 일부 반역자의 범죄행동이

간간 있었다. 합방 전후에는 다음과 같은 거짓 문서 작성의 위협과 강제가 행해졌다.

　1875년(고종 12년) 일본은 군함 운양호를 강화섬 부근에 출동시키고, 1876년에는 강화도에서 소위 병자수호조약을 맺어 불평등하고 부당한 조건으로 문을 열어놓았다. 1904년(광무 8년)에는 이지용과 하야시 일본공사가 조인한 한일의정서로 내정간섭을 작정하고서 그해 8월 제1차 협약으로 윤치호와 하야시가 조인한 제1차 협약으로 외국인과 일본인 고문을 두도록 하였다. 이어서 1905년(광무 9년)에 제2차 협약인 을사보호조약을 박제순과 하야시의 조인으로 체결함으로써 통감부를 설치하기에 이르렀다. 1907년(융희 1년)에는 이완용과 통감 이토 히로부미의 조인으로 일인 차관정치를 작정한 정미 7조약을 체결했다. 마침내 1910년(융희 4년)에는 이완용과 통감 데라우치의 조인으로 합방조약을 체결했다.

　그 여러 조약들이 위문서임은 말할 것도 없다. 조약의 내용으로 보거나 자유의사에 의한 것이 아님으로 보아서 분명한 거짓 문서들임이 확실하다. 그러므로 조선의 황제와 국민들이 계속하여 항쟁하였다. 이때 소수의 사리를 위한 주구들이 생겼다.

조선의 법전 편찬

　조선조 후기에 지배계급인 양반들이 그렇게 퇴폐했고 기강이 해이하고 질서가 문란해졌으면서도 그만큼 끌고 나온 것은 법전이 완성되어 있었기 때문이다. 또 각 지방에 대대로 내려오는 경험 많은 실무자인 육방(六房)의 서리(胥吏: 아전)와 지방 자치기관인 향청 및 각 촌의 마을공동체와 전통 사회사상이 있었기 때문이라고 흔히 말한다. 끝으로 조선왕조의 법전 편찬사업의 과정에 관하여 제목만이라도 열거해 두어야겠다.

고려 말의 무신 이성계 일당이 폭력과 암살의 수단으로 고려 왕조와 그 지지자들을 쓸어내고 1392년에 왕조를 바꾸었으나, 그 구조·체제·방식 등에 있어서는 별다른 것이 없었다. 고려 말에는 정몽주가 만든 신정률(新定律)을 미처 실시할 사이도 없었다.

조선조가 초기에는 고려율을 답습하면서 명률(明律)을 의용할 것을 선포한 것은 여말에는 원률의 영향이 남아 있어서 법의 적용상 혼란이 생겼기 때문인 듯하다. 그러나 명률의 의용도 조선사회 실정에 맞지 않는 것이 많았으므로 허다한 보충법규를 만들어야 했다. 그래서 『경국대전』 서두에 "경국대전에 있는 규정은 명률에 우선한다"고 밝히고 있다. 원래 명률은 당률을 바탕으로 했고, 고려율은 당률에서 많이 취택한 관계로 조선조의 율령제도도 고려의 그것과 동일 계통에 속했음은 물론이다.

조선조에서는 법전을 새로 편찬하고 그 정리사업을 여러 대에 걸쳐 계속하였다. 조선왕조가 신질서를 유지하고 신목표를 달성하기 위하여 건국 초부터 법전 정비·편찬사업에 착수해서 여러 대에 걸쳐 계속하여 완성을 보았는데, 실은 그 법전의 공이 커서 사회질서를 그만큼이라도 유지할 수 있었음을 중시하여야 한다.

태조 때 정도전의 사론(私論)인 『조선경국전(朝鮮經國典)』을 위시하여, 태조의 명에 의하여 편집한 법령집인 『경제육전(經濟六典)』, 태종 때의 『속육전(續六典)』, 세종 때의 『신육전등록(新六典謄錄)』 『신찬경제육전속대전(新撰經濟六典續六典)』이 편찬되었다. 그러나 이상의 여러 전중, 정도전의 사론(私論) 『경국전(經國典)』은 『삼봉집(三峰集)』에 소재

되었고, 제 법전은 현재 전하지 아니한다. 세조 때 착수하여 성종 때 완성된 『경국대전(經國大典)』, 『동속록(同續錄)』, 중종 때의 『후속록(後續錄)』, 영조 때의 『속대전(續大典)』, 정조 때의 『대전통편(大典通編)』, 그리고 고종 때의 『대전회통(大典會通)』으로 이어졌다.

　조선시대에 편찬된 각종 법전의 내용을 더 설명하면 다음과 같다.

　『조선경국전(朝鮮經國典)』은 정도전이 태조 3년(1394)에 저작한 사론(私論)이다. 그 국호조에 「해동의 나라이름이 불일(不一)하니, 조선이라고 한 자가 셋인데, 첫째는 단군이요… 」라고 했다.

　『경제육전(經濟六典)』은 태조 6년(1397)에 나라에서 조준(趙浚) 등으로 하여금 고려 신우(辛禑)왕 14년부터 이태조 6년까지의 제 조례를 분류 편찬케 하여 만든 것이다.

　『(경제육전)속육전(經濟六典)續六典』은 태종 13년(1413)에 하륜에게 명하여 『경제육전』을 수정하고 그후의 수교(授敎)와 조례를 더 보충하여 편찬한 것이다.

　『신(경제)육전등록(新(經濟)六典騰錄)』은 세종 10년(1428)에 이직(李稷) 등으로 하여금 『속육전』 이후의 수교를 편찬한 것이다.

　『신찬경제육전속육전(新撰經濟六典續六典)』은 세종 15년(1433)에 황희(黃喜) 등으로 하여금 편찬케 한 것이다.

　이상의 법전은 현재 전하지 아니한다. 정도전의 사론은 『삼봉전집』에 소재되었다.

　『경국대전』은 세조의 특명으로, 최항(崔恒)·김국광(金國光) 등이 과거의 것을 모두 편찬하여 세조 6년(1460)에 『호전(戶典)』을, 7년(1461)에 『형전(刑典)』을 완성했다. 그 나머지 4전(四典)은 예종 1년(1469)에 찬진(撰進)되어 성종 대에야 완성되어 성종 2년(1471)부터 실시하다가, 성종

5년(1474)에 개정하고 16년(1485)에 다시 수정 간행하였다. 과거 약 백년 간 영포된 것을 망라한 것으로서, 왕조 5백년간의 기준이 된 영세불변의 조선왕조 최고(最古) 법전이라고 했다.

『경국전주해(經國典註解)』는 『경국대전』 중의 난해한 조항을 뽑아서 주해한 책이다. 명종 5년 (1550)에 특명으로 국(局)을 신설하고 통례원 (通禮院)의 좌통례(左通禮) 안위(安瑋)와 봉상사(奉常寺)의 정(正)인 민 전(閔荃) 등으로 하여금 편찬케 하여 명종 10년(1555)에 완성했다.

『경국대전속록(經國大典續錄)』은 「경국대전전속록(經國大典前續錄)」 이라고도 하는데, 대전 완성 후에도 많은 신법령이 영포되고 시정의 추 이에 따라 서로 저촉되는 것도 있으므로, 성종 23년(1492)에 광천군(廣川 君) 이극증(李克增) 등에게 명하여 『경국대전』 이후의 교령으로써 항법 (恒法)이 될 만한 것들을 추려 편찬한 것이다.

『경국대전후속록(經國大典後續錄)』은 중종 38년(1543)에 영의정 윤은 보(尹殷輔) 등에게 명하여 『경국대전속록』 이후 52년간의 교령 등을 모 아서 『경국대전』의 뜻에 따라 이를 취사선택하고 또 육조(六曹)의 제령 (制令)을 모아 참작 편찬한 것이다.

『각사수교(各司受敎)』는 명종 1년(1546)에서 선조 9년(1576)까지 각사 의 전수(傳受)한 계하(啓下) 문서를 모은 책이다. 승정원에 비치했다.

『사송유취(詞訟類聚)』는 선조 18년(1585)에 실무자들의 편의를 위하여 결송요람(決訟要覽)을 모아 출판한 것이다.

『수교집록(受敎集錄)』은 『(경국)대전후속록((經國)大典後續錄)』 편찬 후부터 숙종 24년(1698)까지의 전교(傳敎)를 이조판서 이익(李翊) 등이 숙종의 명을 받아 집록한 것이다.

『전록통고(典錄通考)』는 숙종 34년(1708)에 그때까지의 법전과 수교를 집성 분류하여 출판한 것이다.

『신보수교집록(新補受敎集錄)』은 『수교집록(受敎集錄)』 편찬 후부터 영조 19년(1743)까지의 전교를 홍문관의 제학(提學)들이 왕명을 받아 편찬한 것인데, 이 책에는 『수교집록』에 빠졌던 전교를 보충 수록한 것도 있다.

『속대전(續大典)』은 『경국대전』 이후에 영포된 수교·조례 등이 너무 많고 번잡하므로 영조 20년(1744)에 영의정 김재로(金在魯) 등에 명하여 『대전속록』·『대전후속록』·『수교집록』·『전록통고』 등을 검교(檢敎)하여 선택하고 여기에 누락된 수교·조례 중 시세(市勢)에 적응한 것을 보충하기도 했다. 영조 20년(1744)에 『속대전』이 이루어져 22년(1746)에 인간(印刊) 영포했다. 『경국대전』과 같은 영세(永世)의 법전을 만들어 이를 바로잡고 당폐를 근절하기 위하여 편찬한 것이다.

『대전통편(大典通編)』은 정조 9년(1785)에 김치인(金致仁) 등에게 명하여 편찬한 것이다. 영조 22년(1746)에 『속대전』이 영포됨으로써, 『경국대전』 이후의 제 장전(章典) 및 수교·조례가 합편되기는 했으나, 『대전』에 원전(原典)·속전(續典)이 있고 또 그 외에 『오례의(五禮儀)』·『전록통고(典錄通考)』 등 준거할 법전이 많아서 불편하였다. 그 불편을 덜기 위하여 원(原)·속(續) 양 대전(大典)을 합편하고 『속대전』 이후의 수교·조례를 검교(檢敎) 수보(修補)하여 이를 합록(合錄)하고, 원(原)·속(續)·증(增) 자(字)를 표기하였다.

『대전회통(大典會通)』은 고종 2년(1865)에 영의정 조두순(趙斗淳) 등에게 명하여 『대전통편』 이후 90년간의 교령(敎令)·정식(定式)을 증보하여 원(原)·속(續)·증(增)·보(補) 자(字)로 표시하여 구별하였다. 그해에 『육전조례(六典條例)』도 영포하였다.

그런데 『대전회통』의 편찬에는 복잡한 사정이 있었다. 『대전통편』 간행 이후 국내외 사정이 매우 핍박하여 과감한 정치개혁이 요망되었다. 전정·군정·환곡, 삼정(三政)의 문란으로 국고는 고갈하고 백성은 도탄에 빠졌다. 각지에서 관리의 탐학에 견디지 못한 민중이 분노하여 동요하였다. 국왕은 널리 그 대책을 묻고 삼정이정청(三政釐整廳)이라는 위원회를 설치하고 구폐책(救弊策)을 강구하여 신법령을 내렸으나, 근본적 원인은 제도의 결함보다도 제도를 악용용하는 관리들과 그런 관리를 임용하는 조정 특권계급의 부패에 있는 것이었으므로, 그런 법령 따위로는 실효를 거둘 수 없었다.

그래도 삼정을 개혁함에는 법령이 전제가 되므로 신법전 편찬사업을 시작하기로 하였다. 『대전통편』 이후 약 80년간의 수교·조례를 정리하여 법전을 추보해서 간행 영포한 것이 『대전회통』이라는 조선왕조 최후의 동양식 법전이다. 그런데 위의 제법전은 어느 것이나 새로운 법령의 제정 공포가 아니고, 기존의 영구불변 성조(聖祖)들의 법이라 하여, 이를 집성하여 그 근본을 밝히려는 것에 불과하였으므로 그 법전의 편제도 의구하였던 것이다.

동양식 법전은 삼권이 분립되지 못했고, 우리에게 수긍되지 아니하는 것이 많은 데다가, 구미의 문화와 그 법제가 밀려와서 국제(國制)의 개혁과 법전의 전환을 피할 수 없게 되었다. 개정형법(改正刑法)을 공포하고 구미식 법전을 편찬·시행하기에 착수하였으나, 민법은 미처 제정하지도 못한 채 『대전회통』을 사용하다가 미구에 나라가 합병되고 말았다.

제2차 세계대전이 끝나 국권을 회복한 뒤에는 낡은 법제에서 벗어나려고 애써오고 있다. 아직도(1983년 현재) 새 전통을 굳히지 못하고 있으므로, 우리는 큰 과제를 안고 있는 것이다. 우리 사회에는 아직 확고한 법전통이 서지 못하고 있다.

6장 동서양 법사상의 유사점과 차이점

동·서양의 법사상을 비교하여 보면, 동·서 간에는 유사한 점, 때로는 거의 같은 점이 많이 있다. 그러나 그 내용에는 차이가 약간 있다. 그중 일반이 잘 아는 예를 몇 가지만 들어 보면 다음과 같다.

여기에 기술하는 문헌 중에는 후세의 위작(僞作)이 혼입되어 있다는 문제작도 있고, 어떤 학파는 그 성립 여부가 문제되는 것도 있으나, 여기서는 그 저작 각 부분의 정확한 연대를 문제 삼지 아니하고, 또 학파의 명칭도 통례에 따라 사용해 두기로 한다.[1]

1) 인간의 본성

인간의 본성을 논함에 있어 '성선설'과 '성악설'의 대립은 동·서가 같다. 그러나 그 내용에 있어서 서양에서는 사람의 사교성과 비사교성을 중시한 결과, '국가는 더 큰 자유와 권리를 얻기 위한 자연적 합의에 의

---

1. 이를테면 『管子』라는 책 중에는 管仲의 저작이 아닌 위작이 추후에 혼입된 부분이 더러 있다고 하는 학자도 있지만, 여기서는 그 각 부분의 작성 연대를 불문하고 『관자』라는 책의 사상을 가지고 논술하고, 법가라는 학파는 성립되지 아니한다는 학자도 있지만, 여기에는 통설에 따라서 그 일군을 일종의 학파처럼 다루어 두기로 한 것 따위다.

하여 생긴 것'이라는 견해와, '인간이 비참한 투쟁의 자연 상태에서 벗어나기 위하여 국가를 세웠다'고 하는 견해가 대립하여 자유민주주의와 절대전제주의의 논쟁이 되었다.

동양에서는 그 '선한 본성을 예(禮; 여기의 예는 그 범위가 넓은 것)로써 계발할 것'을 주장하는 자와 '악한 본성을 엄한 법과 형벌로써 바로잡아야 한다'는 자가 대립하여, 유가(儒家)의 예치론(禮治論)과 법가(法家)의 법치설(法治說) 논쟁이 중심을 이루었다.

서양의 비사교적 인간본성론을 전제로 하는 절대주의 전제정치 이론의 대표자는 토마스 홉스(Thomas Hobbes)이다. 그것은 인간의 만인 대만인(萬人 對 萬人) 전쟁의, 비참한 상태의 이기심 및 공포심과 자기보존의 성능(性能-本性)을 기반으로 한, 이성의 결정으로서의 자연법론 및 사회계약설의 귀결인 것이다.[2]

서양의 사교성을 전제로 인민의 합의에 의하여 국가가 성립되었다고 하는 자유민주주의적 사회계약설의 대표자는 17세기 영국의 존 로크(John Locke)이다. 정치사회의 기원을, 각인(各人)의 생명과 재산을 자연 상태에서 보다 더 잘 보호하기 위한 각인의 자발적 동의에서 구한다고 하는 그의 생각은, 정치권력의 기초는 국가의 모든 성원에게 있다고 하는 국민주권론(主權在民論)의 원형을 이루었다. 그는 그 목적의 실현을 보장하기 위한 민주적인 통치기구론을 전개하고 있다. 그는 국민의 자유와 권리를 보호하기 위하여 통치자의 권력을 제한하여 전제를 방지하려고 법의 지배를 주장하였다.[3]

---

2. Hobbes, 『Leviathan』, The first part, Chapter14. The second part, Chapter31.
　　崔泰永, 『서양 법철학의 역사적 배경』(1977년 숙대출판부 발행본), 96-107쪽.
3. Locke , 『Two treatises of Government』, Book Ⅱ, chapter 2.
　　최태영, 『서양 법철학의 역사적 배경』(숙대 발행본), 135-139쪽.

동양 성선설(性善說)의 대표자는 맹자이다. 맹자 이전에도 성선과 교화를 설한 이가 없는 것은 아니다. 공자도 일찍이 지도자가 몸소 모범이 되어, 법 만능주의보다는 선왕(先王)의 덕치·예치로써 교화하고 수기(修己—학문과 덕행)에서 치인(治人—제가·치국·평천하)하기에 이르는 대학(大學)의 도로써 교양하여 천인합일의 경지에 도달할 것을 말한 바 있다.[4]

맹자는 성선설을 그의 학문의 기초인 근본사상으로 삼고 이를 강조한 때문에 그를 성선설의 대표자라고 한다. 맹자는 이타적 성선의 주장자인 고로, 선천(先天) 양심론자이었음은 물론이다. 이것이 후에 왕양명(王陽明)에 의하여 양지설(良知說)로 대성되었다. 맹자는 대물(對物)에 의한 욕심에 가려진 사람 본래의 양심을 소극적인 과욕(寡慾)과 적극적인 확충(擴充)·양기(養氣)의 방법으로 근기있게 꾸준히 수양하여 호연지기에 이르게 할 것을 역설하였다. 정론가(政論家)인 맹자는 성선설에 기초한 민본주의의 입장에서, 공자와는 달리 혁명긍정론을 전개하였다.[5]

---

4. 其身正, 不令而行, 其身不正, 雖令不行(논어, 子路편). 君子之德風, 小人之德草, 草上之風必偃(顏淵편). 爲政以德, 譬如北辰居其所, 而衆尾共之(爲政편). 博學於文, 約之以禮, 亦可以不畔矣夫(雍也편). 顏淵喟然歎曰, … 博我以文, 約我以禮, 慾罷不能…(子罕편). 子曰, 克己復禮爲仁, 一日克己復禮, 天下歸仁義…(雍也편). 大學之道, 在明明德, 在親(新)民, 在於至善(大學章句1). 物格而後知至, 知至而後意誠, 意誠而後心正, 心正而後身修, 身修而後家齋, 家齋而後 國治, 國治而後天下平(同上). 古之欲明明德於天下者, 先治其國, 欲治其國者, 先齋其家, 欲齋其家, 先脩其身(同上). 自天子, 以至於庶人, 壹是皆以修身爲本(同上).

5. 孟子曰, 人皆有不忍之心, 先王有不忍之心, 斯有不忍之政矣, 以不忍之心, 行不忍之政, 治天下, 可運於掌上… 人之有是四端也, … 凡有四端於我者, 知皆擴而充之矣, … 苟能充之, 足以保四海, 苟不充之, 不足以事父母(맹자, 公孫丑章上). 齊宣王問曰, 湯放桀, 武王伐紂, 有諸. 孟子對曰, 於傳, 有之. 曰臣殺其君, 可乎. 曰賊 仁者, 謂之賊, 賊義者, 謂殘, 殘賊之人, 謂之一夫, 聞誅一夫紂矣, 未聞弒君也(맹자, 梁惠王章下). 孟子曰, 以力假人者, 霸, 霸必有大國, 以德行仁者, 王, 王不待大… 以力服

성선설에 대한 성악설의 대표자는 정치학자인 순자(荀子)이다. 순자에 의하면, 인간의 본성이 선한 것처럼 보이는 것은 실은 이기적인 악한 인간 본성을 인위적으로 교육하여 바로잡은 결과이므로, 예치·덕치에 의하는 부단의 도화(陶化)가 필요하다는 것이다. 순자는 인간이 외계에 대하여 단결하여 이에 당해내고 안으로는 분업하여 재능을 상통할 필요 때문에 지(地), 인(人), 법, 통치권을 구비한 국가사회를 조직한 것이라고 설명하였다. 순자는 유가에 속하는 학자이지만, 선왕(先王)보다도 후왕(後王)의 치적이 후세에 모범이 된다 하고, 군주 지위의 강화를 말했다. 그의 이론 중에는 다분히 법가적인 것이 있어서 법가의 설에 많은 영향을 주고, 특히 그의 성악설 때문에 법가에의 가교 구실을 한 것이다.[6]

人者, 非心服也, 力不贍也, 以德服人者, 中心, 悅而誠服也, 如七十子之服孔子也(맹자, 公孫丑 章上). 孟子曰, 盡其心者, 知其性也, 知其性則知天矣, 養其性, 所以事天也, 夭壽, 不貳, 脩 身以俟之, 所以立命也(孟子, 盡心章上). 曹交問曰, 人皆可以爲堯舜, 有諸, 孟子曰, 然(孟子, 告子章下).

6. 人之性惡, 其善者僞也. 今人之性, 生而有好利焉. 順是, 故爭奪生, 而辭讓亡焉. … 而 禮義文理亡焉. 然則從人之性, 順人之情, 必出於爭奪, … 而歸於暴, 故必將有師法之化, 禮義之道, 然後出於辭讓, 合於文理, 而歸於治, 用此觀之, 然則人之性, 惡明矣, 其善僞 也(荀子, 性惡篇). 性者, 本始材朴也. 僞者, 文禮隆盛也. 無性則僞之無所加, 無僞則性不能自美(荀子, 禮論篇). 不可學, 不可事, 而在人者, 謂之性. 可學而能, 可事而成之在人者, 謂之僞. 孟子曰, 今人之性善, 將皆失喪其性故也. 曰若是則過矣. 今人之性, 生而離其朴, 離其資, 必失而 喪之. 用此觀之, 然則人之性惡明矣(순자, 性惡篇). 必且待事而後然者, 謂之生於僞(同上). 孟子曰, 人之性善. 曰, 是不然. 凡古今天下之所謂善者, 正理平治也. 所謂惡者, 偏險 悖亂也. 是善惡之分也己. 今誠以人之性, 固正理平治邪(耶), 則有惡用聖王, 惡用禮義矣 哉. 雖有聖王禮義, 將曷加於正理平治也哉. 今不然. 人之性惡. … 故古者, 聖人以(由) 人之性惡, … 故爲之立君上之勢, 以臨之. 明禮義以化之. 起法正以治之. 重刑以禁之. 使天下皆出於治. 合於善也. 是聖王之治, 而禮義之化也. 今當試去君上之勢, 無禮義化, 去法正之治, 無刑罰之禁, 倚而觀天下民之相與也, 若是, 則夫彊者害弱而奪之, 衆者暴寡 而

이리하여 유가의 철학과 인성론이 나타났는데, 이 인성론이 후일 송유(宋儒)에 의하여 본연기질론(本然氣質論)으로 종합된 것이다.

위의 유가 제설(諸說)은 모두 선왕의 예치(여기의 예는 그 범위가 매우 넓은 것이다)·덕치를 강조하였다. 그들 유가는 법치를 무시·부정한 것은 아니지만, 법가의 법 만능주의를 매우 경시하였다. 그래서 공자는 '법령으로 인도하고 형으로 다스리면 백성은 법망을 뚫고 형벌을 면하는 것을 수치로 생각하지 않고, 덕으로 지도하고 예로 다스리면 백성이 부끄러움을 알고 바르게 된다'고 말하고 있다.[7] 유가의 예도(禮道)정치가 중국의 정통사상이 되었다.

법가는 유가의 예치·덕치에 대하여, 이는 민리(民利)를 증진함에 확률이 적은 주관적인 인치주의(人治主義)라 하여 배척하고, 효율적이며 확

譁之, 天下之悖亂而相亡, 不待頃矣. 用此觀之, 然則人之性惡明矣, 其善者僞也(同上). 凡人之欲爲善者, 爲性惡也, … 苟無之中者 必求於外. … 苟有之中者, 必不及外. 用此觀之, 人之欲爲善者, 爲性惡也. 今人之性, 固無禮義, 故彊學而求有之也. 性不知 禮義, 故思慮而求之也…(同上). 日, 凡禹之所以爲善者, 以其爲仁義法正也. 然則仁義法正, 有可知可能之理. 然而塗 之人也, 皆有可以知仁義法正之質. 皆有可以能仁義法正之具. 然則其以爲禹明矣. 今以仁 義法正, 爲固無可知可能之理邪. 然則唯(雖)禹不知仁義法正, 不能仁義法正也(同上). 夫人雖有性質美, 而心辨知. 必將求賢師而事之, 擇良友而友之(同上). 性者本始材朴也. 僞者文理隆盛也. … 性僞合. 然後成聖人之名(荀子, 禮論편). 禮起於何也. 日, 人生而有欲, 欲而不得, 則不能無求. 求而無度量分界, 則不能不爭. 爭則亂, 亂則窮. 先王惡其亂也. 故制禮義以分之, 以養人之欲, 給人之求, 使欲必不窮乎 物, 物必不屈欲, 兩者相待而長, 是禮所起也. 故禮者養也(同上). 性也者, 吾所不能爲也. 然而可化也(순자, 儒效편). 禮以順人心 爲本, 故亡於禮, 而順人心者, 皆禮也(荀子, 大略편). 公輸不能加於繩, 聖人莫能加於禮. 禮者衆人法而不知, 聖人法而知之(荀子, 法行편). 無士則人不安居, 無人則士不守, 無道法則人不至, 無君子則道不擧. 故士之與人, 道 之與法也者, 國家之本作也. 君子也者, 道法之總要也. 不可小頃曠也, 得則治, 不得則 亂(荀子, 治士편). 得衆動天, 美意延年, 誠信如神, 夸誕逐魂(同上).

7. 道之以政, 齊之以刑, 民免而不恥 : 道之以德 齊之以禮, 有恥且格(논어, 爲政편).

률이 많은 법치를 강조하기 위하여, 그 목적을 실현하기 위한 정치에 있어 도덕은 무력하고 법치가 필요하다는 것을 강조하였다.

관자(管子)는 법가의 선구이면서도 아직 유교사상을 많이 남겨서 간직하고 있었다. 우리에게 관자는 폭넓은 식견을 가진 실제가(實際家)로 중요한 자리를 차지하고 있다. 법가의 법사상은 관자를 선구자로 하고 신자(愼子)와 신자(申子) 등을 거쳐 그 학파의 대표자격인 한비자(韓非子)에 이르러 종합 대성되고, 철저한 법실증주의에 도달하였다.

법가도 그 내부에 여러 파가 있지만, 서로 대립되는 유가의 정통사상과 철저한 법가의 사상 외에도 고대 및 중세의 중국에는 그들 고유의 사상인 도가(道家)와 묵가(墨家)의 철학사상이 있다. 거기에다가 중세 한(漢) 이후에는 인도로부터 불가의 철학 및 종교사상이 전래하여서 중국인에게 사상 및 종교상의 큰 감화를 주는 동시에 불교 자체도 중국사상의 감화를 많이 받았다. 그리하여 중국의 특색있는 불교가 나타나고, 도가의 사상에서 후일 도교라는 하나의 종교가 형성되고, 근세 송(宋) 이후로는 중국 유교의 정통 사상마저도 불교 선종화(禪宗化)되기에 이르렀다.

중국 법가의 법치주의는 중국에서 이단시되어 표면상으로는 쇠퇴하였지만, 실은 후세 중국의 여러 왕조(특히 중앙집권의 강화와 대국가의 통일을 도모한 자)는 부단히 법실증주의의 실제적인 면을 채입하여 강력하게 통치해 온 것이다. 여하간, 오랜 옛날 중국의 선진(先秦) 시대에 그렇게 많은 제가의 사상이 꽃을 피웠고, 그중에도 근대 서양의 법실증주의와 매우 유사한 알찬 법사상이 법가에 의해 발달되어서 유가 정통사상의 덕치·예치주의, 도가(道家)의 무위자연주의, 묵가의 겸애주의 등 각종 자연법론에 대립하였다는 것은 실로 주목할 일이다. 여기서는 우선 위에 말한 예치·덕치론에 대하여 법가의 법치론이 대립하게 되었다는 것만을 말해 둔다. 패도(覇道)정치는 이단으로 경시되었다.

고대 주(周)조의 봉건사회는 예(禮 ; 大人에 대한 규범)와 형(刑 ; 小人에 대한 규범)의 두 가지 규범에 의하여 질서가 유지되었다.[8] 그 예치에 있어서, 예는 서민(庶民)에 이르지 아니하고 형은 대부(大夫)에 미치지 아니한다고 하지만, 성질상 간접적으로는 서민에게까지 미치는 고로, 논리상 유가는 서인에게까지 모두 예로써 지도할 것을 주장하였다고 할 수 있다. 따라서 현대말로 표현하면 '법 앞에 평등'을 주장한 것이다.

주(周) 말기 이후에 사회적 변화가 생겨서 서인과 대부(소인과 군자)와의 사회적 계급차별이 전처럼 현격하지 못하고, 토지와 직위를 잃은 귀족들이 생기고 재능과 행운으로 높은 지위에 오르게 된 평민도 많이 생겼다. 그때 그와 같이 봉건제도가 무너지고 강대국 출현에 따른 새 상황으로 말미암아 생긴 법술지사(法術之士)들이 법가의 중추를 이루었는데, 그들을 현대의 우리가 말하는 법률학자와 혼동해서는 안 된다. 말하자면 법가는 국가의 조직·지도방법을 논하였다고 보아야 한다. 이 점은 중국의 철학자도 지적하고 있고[9], 또 그들(특히 한비자)의 설이 순수성이 없는 점[제가(諸家)의 설을 채입한 점]을 들어서 독립한 학파로서의 법가를 부정하는 유력한 중국 학자도 있다.[10]

관중(管仲 ; 춘추시대, 공자 이전 제나라 환공의 賢相)의 설은 『관자(管子)』라는 책(그 책에는 후세 타인의 위작이 혼입되었다고 한다) 중에 기록되어 있다. 거기에는 치국의 삼대 내정(內政) 강목인 이재(理財), 치병(治兵), 교육을 강조하였는데, 법가의 주장과 공통되는 점이 많기는 하

8. 禮下不庶人, 刑下上大人(禮記, 曲禮).

9. Fung Yu-lan ; 『A short history of Chinese Philosophy』, 1960, chapter 14, 157쪽.

10. 胡適, 『中國哲學史大綱』, 360-361쪽. 田中耕太郎, 『法家之法實證主義』, 14쪽.

지만 왕도적(王道的), 덕치적 요소가 많이 들어있고 조선(祖先) 숭배와 존신(尊神)을 중시하고 있어서, 법가의 목표인 질서유지와 부국강병 이상의 고차적 목적을 긍정하는(따라서 자연법을 부정하지 아니하는) 생각이 아직도 남아 있다.[11]

『한비자』중에는 『윤문자(尹文子)』(이 책은 周의 尹文의 저작, 혹은 후세의 위작이라고 한다)에서 많이 인용하고 있다. 법가의 설과 공통인 것이 많지만, 尹文은 본시 도가(道家) 및 명가(名家)에 속하므로, 순수한 법가의 입장에서 저술한 것이라고 볼 수는 없다. 『윤문자』에는 선악을 다수결로 정한다고 한 것이 주목을 끌고 있다.[12]

그러고 보면, 정통의 법가로 지목되는 사람으로 제1은 세(勢; 세력 또

---

11. 法者, 民之父母也(관자, 法法편). 法者, 天下之至道也, 聖君之實用也(관자, 任法편). 國多財則遠者來, 地僻擧則民留虛, 倉廩實則知禮節, 衣食足則知榮辱, 上服度則六親 固. 四維張則君令行. 故省刑之要, 在禁六巧, 守國之度, 在飼四維, 順民之經, 在明鬼 神, 祇山川, 敬宗廟, 恭祖舊, 不恭祖舊則孝悌不備. … 四維不張, 國乃滅亡(관자, 牧民편). 何謂四維. 一曰禮, 二曰義, 三曰廉, 四曰恥(同上). 政之所與, 在順民心, 政之所廢在逆民心. … 故從其(民之)四欲, 則遠者自親, 行其 四惡, 則側近者叛之. 故知子之爲取者, 政之寶也(同上). 故授有德, 則國安. …. 令順民心, 則威令行. 使民各位其所長, 則用備. 嚴刑罰, 則 民遠邪. 信慶賞, 則民輕難. 量民力, 則無不成. 不彊民以其所惡, 則詐僞不生. 不偸取一 世, 則民無怨心, 不欺其民, 則下親其上. 毋曰不同生. … 毋曰不同鄕, … 無曰不同國, 遠者不從(爲政者, 公平無私), 如地 如天, 何私何親, 如月如日, 唯君節. … 城郭溝渠, 不足以固守, 兵甲彊力, 不足以應敵, 博地多財, 不足以有衆. … 惟有道者, 能備患於未形也. 故禍不萌. …. 故知時者, 可立以爲長, 無私者, 可置以爲政(同上, 牧民편). 其功順天者, 天助之, 其功逆天者, 天違之(관자, 權修편). 不法法則事無常. 法不法, 則令不行, 令不行, 則不法也. 法而不行, 則修令者不審也. … 故曰, 禁勝於身, 令行於民矣(관자, 法法편). (a) 不爲君欲變其令, 令尊於君(同上, 法法편). 明君置法以自治, 立儀以自正也. … 禁勝於身則行於民(同上). 君臣上下貴賤皆從法, 此之謂大治(관자, 任法편). (b) 國皆有潛法, 而無使法必行之法(상자; 秦商鞅撰 제4권 제18편 畵策).

12. 則犯衆者爲非, 順衆者爲是(尹文子, 大道上).

는 권위)가 통치의 중요한 요소라고 한 신도(愼到)를 든다. 그다음 제2는 법과 영(令)을 중시한 신불해(申不害)를 드는데, 그의 법이란 것은 한비의 용어로는 술(術; 즉, 臣民通御의 術. 적재를 적소에 등용하며, 임기응변과 치인하는 방법에 능하여 일을 잘 처리하는 것)을 의미한다. 제3은 법을 강조한 중형논자(重刑論者)로서 내치의 방법으로 연대고발 책임제를 연좌 실시하여 자승자박한 상앙(商鞅)을 든다.

그리고 끝으로 위의 제자의 주장을 모두 종합하여 겸용하고, 도(道)·유(儒)·묵(墨)·법가(法家)의 설에서 필요하다고 생각하는 것을 더러 채입하여, 법가의 사상을 대성하여 법가라는 정책가들 일군의 대표자가 된 한비(韓非)에 이른다. 그들 법가의 설에 공통되는 특징은 대체로 성악설에 입각하여 질서유지와 부국강병만을 목표로 하고 통치자에 의한 법을 지상(至上)으로 하고, 중형(重刑; 신상필벌)과 법형설(法衡說; 법을 도량형과 같은 수단이라고 하는 것)을 주장하고, 철저한 법실증주의를 택하고, 선왕(先王)의 법도와 법의 윤리, 도덕성과 자연법을 부정하며, 극단의 타산적 효율주의의 입장을 취하는 것 등이라고 할 수 있다.

2) 국가의 기원

이에 대하여 동·서가 모두 '국가계약설(민약론)'에 의하여 설명하고 있지만, 동양에서는 대체로 통치자는 천의(天意)·민의에 따라서 구성원의 복리를 위하는 선치를 해야 한다는 데 귀결된다. 서양에서는 일종의 가상인 일반의지에 합치하는 정치나 법률을 이상으로 하는 ― 현실의 제도·실정법(實定法)만으로는 거의 있을 수 없는 ― 볼롱테 제네랄르[volonté générale; 일반의지(공동의사)]론에까지 이르렀다. 일반의지(la volonté générale, the general will)는 전체의 의지(la volonté de tous, the will of all)와도 다른 것이다.

동양의 국가기원론은 다음과 같다.

정통의 유가는 인간의 본성(인륜)에 기원을 두었으나 묵가(墨家)는 유용성(功利)에 기원을 두었다. 유가에서 법가로 다리를 놓은 순자(荀子)는 사람이 잘살기 위해서는 사회를 조직해야 하고, 사회생활을 잘하려면 규범이 필요하므로 나라를 세우고, 그 뒤에 선왕(先王)은 혼란을 싫어하여 예를 제정하여 각인의 행위를 제한한 것이라고 하고 있다.[13]

법가의 선구인 관중은 순자와는 입장을 다소 달리하였지만, 역시 순자와 비슷한 국가기원론을 기술하고 있다.[14]

동양에서 국가기원에 대한 계약설로 대표적인 것은 중국의 묵자(墨子)와 인도 초기 불교의 경전인 『장아함경(長阿含經)』 중의 계약설이라고 할 수 있다.

묵자는 겸애주의를 실현하는 것이 법의 임무라고 한다(이 점에서 일종의 자연법론이다). 그는 인민본위론을 주장하고, 객관적 표준론을 발표하였다[그 객관적 표준론을 주장하는 점에서는 법가의 권형론(權衡論)과 같다]. 그는 법의 권위의 원(源)·국가의 기원에 관하여 토마스 홉스의 『레

---

13. 故百技所成, 所以養一人, 而能不能兼技, 人不能兼官. 離居不相待則窮(荀子, 富國편). 力不若牛, 走不若馬, 而牛馬爲用, 何也. 曰, 人能羣, 彼不能羣也. … 和則一, 一 則多力, 多力則彊, 彊則勝物(荀子, 王制편). 禮起於何也. 曰, 人生有欲, 欲不得, 則不能無求, 求而無度量分界, 則不能不爭. 爭則 亂, 亂則窮. 先王惡其亂也. 故制 禮義以分之(荀子, 禮論편). 欲惡同物, 欲多物寡, 寡則必爭矣(荀子, 富國편). 人之 所以爲人者, 何己也. 曰, 以其有辨也. … 故人之所以爲人者, 非特以其二足而 無毛 也, 以其有辨也. 夫禽獸有父子, 而無父子之親, 有牝牡而無男女之別, 故人道莫不 有辨, 辨莫大於分, 分莫大於禮…(荀子, 非相편).

14. 古者未有君臣上下之別, … 以力相征, … 故智者假衆力以禁彊虐而暴人止, 爲民興 利 除害, 正民之德, 而民師之, …(관자, 君臣편 下). 民者彼治然後正, 得所安然後 靜者也…(관자, 正世편).

비아탄(*Leviathan*)』 중의 자연권 → 자연법 → 사회계약 → 국가설립이라는 정식(定式)과 거의 같은, 성악설을 기반으로 하는 자연상태 및 사회계약설을 기술하였는데, 그것이 권력국가관임은 물론이다.[15]

『장아함경』에도 그와 같은 설화가 있다. 『장아함경』에 의하면, 최초에는 에덴동산에서와 같은 생활을 하였으나, 후에 차차 욕심이 커지고 물자는 부족해져서 토지의 사유경작제가 생기고, 또 놀고먹으려는 자가 생겨서 노고와 투쟁이 끊이지 않기에 이른 때문에, 상의하여 위덕있는 자를 국왕으로 추대하고, 보호·재판해 주는 대가로 납세를 하기로 계약했다 한다.[16]

이는 불타 특유의 것이 아니라, 인도 바라문(婆羅門)의 법전(法典)학자 일반의 생각이었을 듯하다는 것이다. 바라문의 법전에 국왕은 천하의 공복이라고 밝혔다고 한다.[17]

서양의 대표적 국가계약설로는 누구나 아는 바와 같이 자유민주정에 귀착한 민주입헌주의 신탁사상인 존 로크(John Locke, 1632-1704)와, 자연주의 민약론자 장 자크 루소(Jean Jacque Rousseau, 1712-1778), 절대전제주의에 귀착한 토마스 홉스(1508-1679)를 들 수 있을 것이다.[18]

---

15. 古者 民始生未有刑政之時, 蓋其語異義, 是以一人則一義, 二人則二義, 十人則十義 (尙 同中에는 百人百義, 尙同下에는 千人千義, … 不可勝計라고 있다). 其人玆衆, 其所 謂義者亦玆衆是以人是其義. … 天下亂之, 若禽獸然. 夫明乎天下之所以亂者, 生於無 政長. 是故選天下之賢可者, 立以爲天子(墨子, 尙同上). 『尙同中』에는 使從事乎一同이라는 句가 더 있다. 古者上帝鬼神之建設國都, 立政長也, … 將以爲萬民興利, 除害… 安危治亂也(墨子, 尙同中). 凡國之萬民, 上同乎天子, 而不敢下比(同上).

16. 『長阿含經』, 제22권 제12, 世本緣品.

17. 高楠·木村 공저, 『印度哲學宗敎史』, 304쪽.

18. Hobbes, 『Leviathan』, 제1부 제14장, 제2부 제31장, 1651. Locke, 『*Two Treatises of Government*』, 1690. Rousseau, 『*Le Contrat Social*』, 1762.

3) '공리주의' '효율주의' '실리주의' '실학'

여기에도 동·서의 사상에 공통점이 없지 아니하나, 한국의 '실학(實學)'은 공자 본래의 사상 위에서 이민(利民)·위민을 강조하였을 뿐이다. 중국의 전통적 사상은 천(天)은 의를 좋아하므로 천으로부터 행복을 받기 위해서는 인민에게 행복이 되는지 여부를 천지(天志)와 선왕(先王)의 언행에 합하는 여부로서 판정해야 한다고 하고 있다. 따라서 보수적인 경향이 있음은 물론이다.

서양의 공리논자(公理論者)로는 '최대다수의 최대행복'을 입법 원리로 한 영국의 벤덤(Bentham, 1748-1837)과 벤덤의 양적 공리론을 질적 공리론으로 향상시킨 존 스튜어트 밀(John Stuart Mill, 1806-1873)과 미국의 프래그머티즘(Pragmatism) 법학자들, 그리고 '법은 사회의 각종 이익의 조정기능을 가지는 것이고, 법학은 그 기능을 가장 유효하게 발휘 운전시키는 사회학으로서만 의의가 있고, 법률가는 그것을 하는 기사이다'고 하는 사회공학적 법률학의 입장에서 이익의 평가조절 학설을 대성한 파운드(Pound, 1878-1964)와, 홈스(Holmes), 카르도조(Cardozo), 브랜다이스(Brandeis) 등 유명한 재판관들을 들 수 있다. 법의 역사는 목적(즉 이익)과 목적의 권리투쟁의 역사라고 한(사회적 공리를 지도이념으로 한) 독일의 목적법학(目的法學)을 주장한 예링(Jhering, 1818-1892)과 '법학의 과학으로서의 무가치성에 대하여'라는 키치만(Kicchman, 1802-1884)의 강연이 도화선이 되어 일어난 독일과 프랑스의 이익법학파(利益法學派) 학자들을 들 수 있다.

프래그머티즘은 19세기 후반 미국에서 생긴 미국 독자의 철학으로, 그 근본 입장은 우리의 인식이 실제의 행위적 경험에 의하여 유용성(usefulness)을 가져오는 것으로 검증(verify)되는 한에서만 그것을 진리

(verity)라고 하는 데 있다고 할 수 있는 것, 즉 학문적 인식과 가치의 기준은 우리 생활에 실용성이 있느냐에 있다는 것이다.

프래그머티즘은 퍼스(Peirce, 1839-1914)에 의하여 개념의 실용성 의미의 이론이 시작되고, 제임스(James, 1824-1910)의 실용주의 및 근본적 경험론에 의하여 학계에 확고한 지위를 차지하고, 듀이(Dewey)의 기구주의[器具主義; 개념기구설(槪念器具說); 개념은 우리의 행위적 경험을 만족시키기 위한 도구일 뿐이라는 설]와 행동주의 입장에 이르러 대성하고, 쉴러(Schiller, 1864-1939, 영국인, 미국의 대학교수)의 휴머니즘(Humanism)에 의하여 가세되었다.

프래그머티즘의 제1 의미에서 실용주의적 입장을 법학에 광범하게 응용한 법학자가 파운드이고, 프래그머티즘적 방법의 제2 의미로서 실험적 방법을 법학에 사용한 법률가가 위에 열거한 법관들이다. 그들이 사회학적 방법을 취하고 있음은 물론이다.[19]

동양에도 공리주의, 효율주의, 실학 같은 것이 있었다.

중국의 그것으로는 묵자(墨子, 기원전 479-38) 및 묵가와 법가의 학자들을 들 수 있다. 묵자가 천지(天志)와 귀신이 선인을 상주고 악인을 벌한다고 하고, 또 절상(節喪)과 단상(短喪)을 권한 것은 모두 애(愛)를 실천하기 위한 것이었지만, 너무도 공리주의적이다.[20]

---

19. Bentham, 『An introduction to the principle of moral and legislation』, 1780. Mill, 『Utilitarianism』, 1863. Pound, 『An Introduction to the Philosophy of Law』, 1922. 『Introductions of Legal History』, 1923. Jhering, 『Der Kampf ums Recht』, 1872. Jhering, 『Der Zweck in Recht』, 1877-1883. 崔泰永, 『서양 법철학의 역사적 배경』, 218-221쪽, 251-259쪽, 244-247쪽.

20. 今若使天下之人, 備若信鬼神之能賞賢而罰暴也, 則夫天下豈亂哉(墨子, 明鬼편下). 利之中取大, 害之中取小也. 非取害也, 取利也(墨子, 大取편). 義, 利也. … 忠, 以爲利而强低也. … 孝, 利親也. … 功, 利民也. … 害所 得而惡也(墨子, 經上편).

위에서 본 바와 같이 순자와 묵자의 국가와 법의 기원론은 모두 공리주의적이었지만, 그보다도 법가는 이상이 없이 질서를 위한 질서, 효율을 위한 효율을 주장하고 사회적 기술과 사회적 효율을 중시하였다. 순자는 맹자에 비하면 국가와 군주를 귀중한 지위로 끌어올리고, 법을 매우 중요한 의의를 가지고 예에 포함시켰으나, 아직도 선왕의 도와 군주의 인격을 전제로 하는 인치주의(人治主義)의 색채를 보여주었고, 관자는 정통법가에 비하면 아직도 자연법을 전혀 부정하지는 않았다.

그런데 정통 법가들에 이르러서는 자연법과 선왕의 도와 예치·덕치의 정도(正道)를 아주 버리고 군주의 권위와 객관적 표준으로서의 법만을 위주하게 되었는데, 그들은 공리적 타산으로 정치를 이상없는 기회주의로 추락시키기 쉬운 위험을 지니고 있는 것이다.

유(儒)·도(道)·묵(墨) 삼교가 인민본위의 것이었음에 비하여 법가는 군주본위의 것이 된 것이다. 법가의 목표는 부국강병과 합목적(合目的) 질서유지(법적 안정) 이상의 아무것도 아니었다. 그들은 극단적인 타산적 효율주의에 기울어졌다.

한비자는 의사와 환자, 고용자와 피용자의 관계는 물론이요, 오륜의 군신(君臣) 친자(親子) 부부(夫婦) 장유(長幼) 붕우(朋友)의 관계도 모두 이기적 타산에 의하여 지배되고 있는, 퇴니스(Tönnies, 1855~1936, 독일인)의 이른바 게젤샤프트(Gesellschaft)적 성질을 가진 것이라고 하고, 상군(商君, 상앙)은 법을 지상으로 하고, 신자(愼子)는 군주의 질서유지의 공을 극찬하였다.[21]

---

21. 道先王仁義, 而不能正國者, 此亦可以虛而不可以爲治也(한비자, 外儲設 左上 편).
男子受賀, 女子殺之者, 慮其後便計之長利也. 故父母之於子也, 猶用計算之心, 以相待也. 而況無父子之澤乎. 今學者之設人主也, 皆去利之心, 出相愛之道. 是求人主之過 於父母親也. 此不熟於論思, 詐而誣也. … 故明主之治國也. 衆其守而重其

한국(韓國)의 개국이념인 홍익인간의 홍익이나, 원효의 이익중생의 이익은 여기에 말하는 타산적 공리주의, 효율주의의 소위 이익과는 차원을 달리하는 넓고 큰 것이어서 여기서 논할 바 아니다.

통설에 의하여 조선 영조(재위 1725-1776)·정조(재위 1777-1880)시대와 그 전후에 현실 문제를 해결하기 위한 정치제도와 경제정책을 개혁하여 경제치용과 이용후생을 꾀할 것을 강조하는 새로운 학풍을 일으킨 유형원·이익·정약용·박지원·박제가·김정희와 그 후계자들을 실학파(實學派)라고 한다면, 그들이 말하는 경제치용·이용후생의 이익과 또 그보다 조금 전부터 강조돼 내려온 위민(爲民)·이민(利民)사상은 공리·실용주의의 이익과 유사한 점이 많다. 그러나 유(儒; 따라서 중국의 자연법설)를 기반으로 하였고, 또 한국의 시대적 현실 문제를 해결하기 위하여 정치·경제(특히 산업)·사회 모든 제도와 정책을 개혁하려는 신학풍을 일으킨 그들 일군의 주장에는 한국의 시대적 요구로 말미암은 특징이 분명히 있는 것이다. 이제 그들의 극히 제한된 일면만을 들어서 실리주의와 비교해 보려 한다.

실학이란 말은 실사구시(實事求是)라는 중국 한대(漢代)의 술어에서 온 것이라고 한다. 그런데 우리나라에서는 늦어도 신라시대부터 실(實)은 허(虛)에 대(對)되는 말로 사용해 오고 있다.[22]

罪, 使民以 法禁, 而不以廉止. 母之愛也, 倍父, 父令之行於子十母, 吏之於民無愛, 萬父母. 積愛而 令窮, 吏威嚴而民聽從, 嚴愛之筴亦可決矣(韓非子, 六反편). 夫利天下之民者, 莫大於治, 而治莫康於立君, 立君之道莫廣於勝法(商君書, 開塞편).

22. 『漢書』에, 河間獻王, 修學好古, 實事求是(師古 註) 務得事實每求眞是也라고 중국의 『辭源』에 나와 있다. 『辭源』에는 實事라는 말은 이미 韓非가 사용하였다고 있으나, 나는 『韓非子』에서 못 찾아냈다. 文一平은 그들을 實事求是학파라고 했다한다. 實에는 實際라는 뜻도 있다. 원효대사는 '實際者는 離虛之稱'이라고 하였으니, 實字가 虛字에 對되는 것이어서, 신라시대에도 이미 그런 의미로 사용하였음

실학을 종합 대성하여 그 학파의 대표로 지목된 다산 정약용도 수사학(洙泗學)의 향수에서 출발하였고, 경세(經世)와 경학(經學)의 양면을 논하였다. 그는 『심서』라고 이름한 『목민심서(牧民心書)』로서 그의 실학사상의 핵심을 삼았는데, 그 목자상(牧者像)을 수기(修己)와 치인(治人)의 반반으로 파악했다. 그러고 보면 공리 공론보다 이민(利民)·위민(爲民)을 강조하는 점에서는 서양의 공리실리주의(功利實利主義)와 상통되지만, 공자 사상의 자연법을 바탕으로 하고 또 한국의 그 시대 사회적 현실을 개혁하려 한 목표에 있어서는 실리주의와는 다른 것이 있다.

실학파에 속하는 학자들은 그 시대 그 사회의 현실을 개혁하여 참으로 인민을 위한 제도를 만들고 허세와 형식을 버리고 얕보아 온 타족(他族)에게서라도 배울 것은 배워서 산업을 발전시켜 살기 좋은 나라를 만들자는 것이었다. 그들보다 조금 전대 조광조(趙光祖)의 지치주의(至治主義)와 율곡의 위민(爲民)·민본(民本)사상, 그보다도 더 올라가 양촌(陽村) 권근(權近)에게서 그 시원을 찾으려는 이도 없지 아니하나, 통설은 거기에 사상적 연맥은 있다 할지라도 역사적 배경에 따라 유형원(柳馨遠; 1622-1673, 광해 14-현종 14)을 그 시초로 보고 있다.

을 알 수 있다. 「言實際者, 離虛稱, 究竟之意, 離幻竟意, 故實際」(원효, 『금강삼매경론』, 入 實品). 근세 추사의 글에 "自立己見, 自創己說, 說經之所不敢也"라는 구절이 있다고 하는데, 매우 비슷한 표현인 듯싶다. 玄相允 저 『儒學史』에는 이를 경제학파라고 하고 있으나, 실학은 경제에 한정된 學은 아니다. 여하간, 實字계열의 實用, 實踐, 實功(知時宣務實功), 實理, 實心, 實質 등의 實은 虛(虛空, 虛妄, 空, 假, 無, 形式 등)에 對되는 字이다. 허세보다는 실속을 차려서 淸나라(되)에게서라도 學得할 것은 학득하며 爲民·利民의 實을 거두자는 것이다.

4) 동양의 위민·민본주의와 서양의 민주주의

이를 비교하여 보면, 인민을 본위로 하고 인민을 위한 점에서는 같지만, 서양의 민주주의는 그리스 이래의 '인민이 지배하는 것'이라는 생각이 중심이 되어 있는 점에서 크게 다른 것이다.[23]

맹자는 백성이 가장 귀하고, 사직이 그 다음이요, 임금은 그보다 경(輕)하다 하고, 또 임금이 그 임무를 위배하는 때는 이미 임금이 아니라고 하여, 위민주의(爲民主義)와 역성(易姓)혁명[暴君放伐]을 주장하였다. 폭군방벌론은 공자의 정명론(正名論)에 의한 판단인 것이다. 그러나 맹자는 민주주의에는 이르지 못했다. 따라서 중국의 혁명 방식도 서양과 같지 아니했다.[24]

---

23. 중국의 학자가 이미 맹자는 for the people을 말하였을 뿐이요, by the people에는 찬성하지 아니했다고 지적했다 한다(馮友蘭 저, 鄭仁在 역, 『中國哲學史』, 111쪽, 주 13). 蔣孟武, 『中國政治思想史』, 45쪽. 최태영 - 오랜 역사와 인내성 있는 훈련 결과로 전통을 이룬 서양 민주주의의 장점을 동양인이 받아들이려면(언젠가는 그리하게 되겠지만), 너무 조급해 하지 말고 상당한 기간 근기있게 훈련을 쌓으려는 겸허한 태도로서 인내력을 가지고 일반의 수준을 높이며, 외적의 위험이 없는 때를 기다리면서 조심성있게, 그것을 받아들일 기반을 먼저 닦아야 한다. 그 기반을 닦는 것이 동양인에게 주어진 과제인 것이다. 언젠가 받아들여야 할 것이라면 방향을 정하고 그 기반을 준비하는 것이 필요하다. 민주주의에 대한 공포심을 버리고, 다른 풍토에서 성장한 그것을 우리 풍토에서도 성장시킬 수 있도록 온실과 접목 등의 기술을 연구해야만 된다고 믿는다. 한국 정치인들에게는 겸허한 태도가 부족하고 일반인은 인내성이 부족해서, 민주주의를 받아들이는 데 있어서도 이웃나라보다 한걸음 늦어질 형편인 것이다.

24. 民爲貴, 社稷次之, 君爲輕(맹자, 盡心章 下). 전게 주 5), 齊宣王과의 문답(맹자, 梁惠王章 下, 桀·紂 放伐). 子路曰. 衛君待子而爲政, 子將奚先. 子曰. 必也正名乎(논어, 子路편). 齊景公. 問政於孔子. 孔子對曰. 君君 臣臣 父父 子子(논어, 顏淵편).

5) 개인주의

개인주의는 동·서에 모두 있고 그 종류가 많다. 서양의 일반적 개인주의에 비하면, 동양의 위아주의(爲我主義) 중에는 자연과 함께 스스로 즐기며 남(타인)을 해하거나 남에게 누를 끼치지 아니한다는 점에서 다소 색다른 맛을 풍기는 자도 있다.

중국 문헌 『열자』, 『맹자』, 『여씨춘추』, 『한비자』, 『회남자』 등에 나타난 인물 양주(楊朱 혹은 陽生, 楊子)는 경물생중(輕物生重)을 근본사상으로 한 위아주의자(爲我主義者)로 가장 유명하다고 할 터이다. 그러나 그의 저서가 없고, 또 문헌의 내용이 각이해서 그의 사상을 정확히 알 수가 없다. 그의 사상이 노자(老子)와 장자(莊子)에 많이 반영되어 있다. 다만 맹자의 양주에 대한 평에는 그의 좋지 못한 면이 과장되고 오해된 것이 아닌가 한다.

그 근거로 맹자가 양주를 묵자와 한데 묶어서 공격하고 있는데, 묵자의 사상을 크게 오해하고 과장한 것이 분명하다는 것이다. 묵자의 견해는 남의 부모도 내 부모처럼 위하자는 것이요, 내 부모에게는 불효하라는 것이 의미는 아닌데도, 맹자는 내 부모에게 불효하는 결과를 가져올 위험한 사상이라고 혹평하고 있다. 양주에 대해 한편에는 그가 사회에 이익이 된다 해도 '자신의 털(毛) 한 대를 뽑지 않는다' 했다고 전하고 있지만, 다른 편에는 '그대의 털 하나를 뽑아 온 세상을 구제할 수 있다면, 하겠느냐' 하는 질문에 양주는 '천하는 본래가 털 하나로 구제할 수 없는 것이다'라고 답하고, 다시 '만일 구제할 수 있다면'이라는 재질문에 대하여 그는 응답하지 않았다고 하고 있다(列子). 내 생각에는 이와 같은 질문에 대한 그의 태도의 기록이 사실일 것 같다.[25]

---

25. 聖王不作, 諸侯放恣, 處士橫議, 楊朱·墨翟之言, 盈天下也, … 無父無君, 是禽獸

극단적인 이기주의나 위아주의(爲我主義)는 실제로는 존립할 수 없고 또 우리의 사회생활에 해독을 주는 것이지만, 자포자기하는 비관주의·물질적 육체적 순간적 쾌락주의·절대이기적 개인만능사상에 빠지지 아니하고, 천하를 준다 해도 바꾸지 아니하고 천명을 감수하는 순명(順命)의 태도로서 남을 해하거나 남에게 누를 끼치지 아니하며, 자연에 순응하며, 자연과 함께 스스로 즐기는 도가(道家)나 청담파(淸談派)의 일종과도 같은 색다른 위아주의의 기풍이 오랫동안 중국인의 실생활 밑바닥에 흐르고 있는 것은 아닐까 한다.

그들 중에는 처음에는 염세관에서 출발하여 난세를 비웃고 탁류를 피하여 자기 스스로 결백하게 살아 보려 꿈꾸다가, 이 세상에 그런 꿈이 있을 리 없고 또 그것이 완전한 은자의 생활이 못 된다는 것을 알고 나서, 자기 마음속의 차원 높은 정신세계에서 외계의 지배를 받지 아니하는 정신적 은자가 되어 보려고 수양하려는 사상체계를 세워 보려 시도한 것일지도 모른다.[26]

也. … 楊墨之道不息, 孔子之道不著, 是邪說, 誣民, 充塞仁義也, … 聖人, 復起, 不易 吾言矣(맹자, 勝文公章下). 孟子曰, 楊子, 取爲我, 拔一毛而利天下, 不爲也(맹자, 盡心章 上). 今有人於此, 義不入危城, 不處軍旅, 不以天下大利, 易其脛一毛, 世主必從而禮之, 貴其智而高其行, 以爲輕物 重生之士也. … 夫吏之所稅, 耕者也, 而上所養, 學士也. … 夫斬首之勞不賞, 而家鬪之勇尊顯, … 國平則養儒俠, 難至則用介士, … 是而 不用, 非而不息, 亂亡之道也(한비자, 제19권, 제50, 顯學편). 全生保眞, 顯學不以物累形, 楊子之所立也(회남자, 氾論訓). 楊朱曰, … 古之人, 損一毫利天下, 不與也. … 天下治矣. 禽子問楊朱曰, 去體之 一毛, 以濟一世, 汝爲乎. 楊子曰, 世固非一毛之所濟. 禽子曰, 假濟, 爲之乎. 楊子弗應(열자, 第七, 楊朱편). 今吾生之爲我有, 而利我亦大矣. 論其貴賤, 爵爲天下, 不足以比焉. 論其輕重, 富有天 下, 不可以易之. 論其安危, 一曙失之, 終身不復得. 此三者於有道者之所愼也 (呂氏春秋, 重己).

26. Fung Yu-Lan(馮友蘭; Edited by Derkbodde), *A Short History of Chinese Philosophy*, 1960, Chapter 6, 65쪽, 67쪽.

6) 국가주의와 세계국가주의

국가주의와 세계국가주의의 관계도 동·서가 비슷하지만, 중국의 정통사상은 처음부터 수기(修己)에서 '평천하(平天下)'에 이르고, 인도 불교의 단계적 점진주의는 각립한 대립국가에서 '통일적 전륜왕의 이상국'을 경유하여 제불정토(諸佛淨土)에 이른다. 한국의 '홍익인간(弘益人間)'이라는 대 이념은 반만년 전 단군의 개국 초부터 모든 사람, 전 인류의 복리를 실현하는 밝은 정치의 구현을 목표로 하는 것이 특색이다.

서양에서는 시대적 환경에 따라 제논(Zenon, 서기전 336-264)이 창설한 스토아학파(Stoic School)가 견유학파(Cynics)와 플라톤(Platon)과 아리스토텔레스(Aristoteles)의 감화 아래 윤리를 중요한 연구대상으로 하고, 거기에 헤라클레이토스(Herakleitos)의 로고스(Logos)를 결합하여 자유인과 전 인류에 타당한, 자연질서에 근원을 둔 보편적 자연법을 논하였다. 제논은 플라톤과 아리스토텔레스의 국가사회를 보편적 인류로까지 확대하여 인류 전체를 사회로 만들었다. 우주의 자연 이법(理法; 즉, 세계 조화에 순응하는 자연의 理法)에서 출발하여 세계인류주의(Cosmopolitanism)를 제창하였다. 에픽테투스(Epiktetus, 60-138)는 철인들이 '우주는 한 나라이다'라고 말했다고 하고 있다.[27]

그런데, 동양에서도 중국의 정통사상은 처음부터 수신(修身)에서 제가(齊家) 치국(治國) 평천하(平天下)하는 길을 가르쳐 주고 있다. 이 천하라는 것은 곧 전 세계이다.[28] 그러나 그 천하는 중국 군주의 통치 범위에 한정되어 있었다.

---

27. 최태영, 『西洋法哲學의 歷史的 背景』, 35-38쪽.
28. 物格以後, 知至, …心正以後, 身修, 身修以後, 家齊, 家齊以後, 國治, 國治以後, 天下平(대학).

중국의 옛 스승들은 곧잘 '사해지내, 개형제(四海之內, 皆兄弟)'라고
말하였는데, 그 사해지내가 곧 세계인 것이다.[29] 그러나 그 사해는 한정
된 범위를 넘지 않는 것이었다. 그 점에서 환국(桓國)의 홍익인간(弘益
人間) 사상이나 제논의 코스모스설과는 다른 것이다.

인도 불교에서도 대립적 각 국가는 세계통일적 이상국가에 이르기 위
한 하나의 계단에 불과하고, 결국 전륜왕(轉輪王)의 통일적 이상국가에
이르는 것인데, 전륜왕이 지배하는 세계 통일국가를 일층 높여서 더 이
상화한 것, 즉 정법왕국(正法王國)의 이상을 극도로 끌고 나아가서 그것
을 구체적으로 그려낸 것이 제불정토(諸佛淨土)인 것이다. 그 지상 정토
는 기독교의 지상에서도 이루려는 천국과도 같은 것이다.[30]

한국에서는 고조선 단군왕검의 개국 초부터 홍익인간을 그 이념으로
하였으므로, 세계국가 전 인류사회를 이상으로 하였음은 물론이다.[31]

7) 법치주의

법치주의란 말도 동·서에 모두 있는 것이지만, 중국의 법가라는 일군
의 소위 법치주의란 것은 서양의 법실증주의의 일종에 가까운 것이어
서, 현대 우리가 사용하는 서양 법치국가의 법치주의라는 말과는 내용
이 아주 다른 것이다. 현대의 법치란 것은 수법자(受法者)뿐만 아니라
입법자 자신도 그 법에 복종하는 것을 의미한다. 따라서 인간 말고 법
이 지배하는 나라, 인민주권의 분권적 입헌제의 나라, 국가권력도 그 법
의 구속을 받는 나라를 법치국가라고 한다. 그런데 법가라고 불리는 선

---

29. 君子敬而無失, 與人恭而有禮, 四海之內, 皆兄弟也, …(논어, 顏淵편).
30. 불교경전 『長阿含』, 제6권 轉輪王修行經.
31. 一然大師; 『三國遺事』, 제1권 古朝鮮王儉朝鮮(中宗 壬申刊版 古朝鮮條 제4행).

진(先秦)시대의 학자 및 정책자들 일군은 예치·덕치·자연법의 무력함을 지적하면서 엄한 형벌의 뒷받침이 있는 통치자인 군주의 영(令)으로써 다스릴 것을 주장하였다. 물론 법가의 선구자인 관자(管子) 같은 사람은 법의 존엄은 인민에게 대하여서 뿐 아니라 법을 만드는 군주에게도 존중되어야 된다고 말하고 있다.[32]

양계초(梁啓超)는 이를 근대의 입헌군주정체의 정신과 일치하는 것이라고 한다.[33]

자연법사상을 지니고 있는 관자의 이런 말을 정통적인 법가의 견해로 볼 것인지는 별문제로 하고라도, 절대 전제주의자인 법가의 설 중에도 단편적·부분적으로는 입헌제의 정신과 일치되는 점이 없지 아니하다. 그렇다고 해서 그것이 현대 입헌제의 근본정신과 전적으로 합치되는 것이라고는 할 수 없다.

그러므로 중국의 법사학자 진고원(陳顧遠)은 중국의 학설이 서양법학에 못지 아니하나, 형식적 방면(方面)에 편중하고 법률의 목적 방면을 소홀히 한 고로 관자의 '법이불의(法而不議)'라는 것이 하나의 중요한 신조로 된 결과, 유가(儒家) 정치하의 '인민이 좋아하는 것을 좋아하고, 인민이 싫어하는 것을 싫어한다'는 정신도 실현되지 못했다.

'인민을 사랑해서 법을 이지러뜨리지 말라. 법을 인민보다 애중해라' '임금이 하고자 한다고 법을 변개하지 말라. 영(令)이 임금보다 중하다'는 말은 빈말(空言)이 되어 버리고, 군주 전제정치가 활개를 쳤다. 법가의 말대로 '나라에는 모두 법이 있지만, 그 법을 반드시 행하게 하는 법

---

32. 明君治法以自治, 立儀以自正也. … 不爲君欲變其令, 令尊於君(관자, 法法편, 전게 註10a).

33. 就此點論, 可謂與近代所謂立憲君主政體者精神一致. …(梁啓超, 『先秦政治史』, 144쪽).

이 없다'고 하게 되었다. 그들이 주장한 '민을 법으로써 금하고 염(廉)으로써 지(止)하지 아니한다'는 말은 폭군의 이용하는 바가 되어 중형으로써 위엄을 세웠다. 그러고 보면 법가에서 강조한 것은 현대의 법치와는 정반대의 결과를 가져온 것이다.[34]

8) 자연법론과 법실증주의의 대립

자연법론과 법실증주의의 대립은 동·서가 같지만, 자연법 내용에 있어 양자 간에는 차이점이 있다. 중국 법가의 법치주의는 서양의 법실증주의에 속하는 것이다. 중국은 근대 서양의 경우와 달라서 고대 그리스처럼 자연법국이면서 관습법국이었다. 중국인은 본래 관습법과 자연법을 좋아하는 국민이라고 한다. 그것은 중국인이 고래로 추상적인 것보다는 구체적인 것을 좋아하는 구체성과 인위적인 것보다는 자연적인 것을 좋아하는 그들의 자연성 때문에 제정법보다 관습법과 자연법에 더 친근감을 가졌는지도 모른다.

그러나 중국의 전통사상인 유가의 자연법은 우주(자연계)와 인간계 사이에 도덕과 자연법칙이 융합·조화되어 혼연일체를 이루고 있는 것이어서, 서양의 자연법과는 같지 아니한 바가 있다.

가장 긴 역사와 복잡한 내용을 가진 영원한 과제라고 하는 자연법과 실증법의 개념과 종류와 그 대립과 조화에 관한 설명은 덮어두고, 자연법론의 공통적 요소를 들어서 '자연법은 모든 사람의 자의(恣意)와 협정(協定)과 실정법(實定法)을 초월하는 정의, 효력인 규범이 있다고 하는 것'이라고 보고, 법실증주의는 '실정법 위에 다른 법이 없다고 하는 사상, 따라서 자연법을 부정하는 이론'이라고 해두자.

---

34. 陳顧遠, 『中國法制史』, 44쪽.

합법성이냐, 정당성이냐 하는 것을 문제로 할 때에는, 법실증주의에 따르면 합법성만이 문제되지만, 자연법론에 따르면 정당성도 문제가 된다.

극단적인 법실증주의자에 의하면, '법률은 법이다' '악법도 법이다' '사람은 만물의 척도이다. 법은 강자의 권력이다' '법은 일반인에게 어떤 행위를 할 것 혹은 하지 말 의무를 주는 주권자의 명령이다'(다만 명령설에는 주권자도 신의 법과 실정도덕에는 구속된다는 복선이 있다고 하는 자도 있다).

그러나 자연법론에 따르면, 악법은 법률의 형태를 취한 불법이다. 모든 실정법의 정당화의 근거, 모든 경험적·역사적 법의 규준을 정하는 척도를 인정해야 한다. 그중에서도 인격주의적 자연법론은 인격개념에서 그 출발점을 구하여, 인간존엄을 그 근본개념으로 하고 있다.

동양의 법사상을 서양의 법사상과 비교하여 보면, 중국의 유(儒)·도(道)·묵(墨) 제가(諸家)의 사상은 모두 서양의 자연법론에 속하고, 인도의 불교사상도 그러하다. 유가에 있어서 예나 오륜(五倫)은 자연법이 구체화된 것이다. 중국 법가의 법치주의는 서양의 법실증주의에 속하는 것이다.

유가의 정통사상은 법치를 부인하지는 않지만, 그 법을 예(禮)·덕(德)·선왕(先王)의 덕·왕도(王道)보다 경시하고 있다.[35]

도가(道家)에서는 도를 주장하고 있지만, 그 의미가 명확하지 못하다. 적어도 이해하기 곤란하다.[36]

---

35. 전게 주7. 논어 爲政편, …民免而無恥, … 有恥且格). 道之以政, 齊之以刑, 民免而無恥. 道之以德, 齊之以禮, 有恥且格(논어, 爲政편).

36. 故道大, … 人法地, 地法天, 天法道, 道法自然(노자, 제24장). 道子萬物之奧, 善人之寶, 不善人之所保(노자, 제62장). 爲學日益, 爲道日損, 損之又損, 以至於無爲,

도가에서는 무위자연을 주장하는 고로 그들이 자연의 이법(理法)을 중시하며 성인(聖人)이 통치해야 한다는 점은 유가와 일치하되, 인위적으로 무슨 일을 한다는 것은 반대하는 고로, 성인이 예치 덕치하는 것은 (따라서 가르치고 배우는 것도) 부정한다. 그러므로 실정법으로써 하는 법치 같은 것을 부정함은 물론이다.[37]

묵가는 삼표(三表 ; 세 가지 표준·驗證) 방법으로 시비를 결정하는 고로 유가와 친근할 수 있는 면도 없지 아니하다.[38]

그러나 묵가는 그 사회적 배경의 차이로 말미암아(이 점은 법가와 공통된다) 공리를 중시하여 절상(節喪)과 단상(短喪)을 주장하고 또 신명(神明)을 존숭할 것을 강조하여 유가의 태도를 정면으로 공격하였을 뿐 아니라, 전체주의적 국가와 절대전제적 통치자의 권위를 주장한 때문에 유가의 예치정신에 부합하는 면이 있었다. 또 유가 측의 학파적 대립감정도 작용하여 맹자는 묵가의 중심 사상인 겸애(兼愛)를 마치 충효의 실을 파괴할 혼란의 장본이라고 곡해하고 전적으로 배척하였다.[39]

以無不爲矣. 故取天下者, 常以無事. 及 其有事, 不足以取天下(노자, 제48장).

37. 絶聖棄智, 民利百倍. …(노자, 제19장). 絶學無憂. …(노자, 제20장). 知慧出, 有大僞(노자, 제18장). 道常無爲, 以無不爲(노자, 제37장). 我無爲而民自化, 我好靜而民自靜. 我無使而民自富, 我無欲而民自樸(노자, 제57장). 天下多忌諱而民自彌貧, 民多利器, 國家滋昏, 人多伎巧, 奇物滋彰, 盜賊多有(노자, 제 27장).

38. 是非利害之辯, 不可得而明知也. 故言必有三表. 何爲三表. 子墨子言曰, 有本之者, 有原 之者, 有用之者, 於何本之, 上本於古者聖王之事. 於何原之, 下原察百姓耳目之實, 於何 用之, 廢(發)以爲刑政, 觀其中 國家百姓人民之利, 此所謂言有三表也(묵자, 非命편 上).

39. 墨子는 儒家의 久喪 厚葬을 批評하고(묵자, 公孟편), 禮의 學行이 너무 어려운 점과 聲樂을 盛히 하는 것을 악평하였다(묵자, 非儒편 下). 聖王不作, 諸候放恣, 處事橫議, 楊朱墨翟之言, 盈天下, 天下之言, 不歸楊, 則歸墨, 楊氏, 爲我, 是, 無君也, 墨氏, 兼愛, 是無父也, 無父無君, 是禽獸也. … 是邪說誣 民, 充塞仁義也(맹자, 勝文公 下9).

법가 측에서는 그 효율적 타산에 따라서 무력한 예치·덕화·왕도·애정·무위·자연 따위로는 본성이 악한 인간의 복잡한 사회를 제대로 통치할 수 없다고 보아서, 법치[신상필벌, 준법(峻法)·엄벌의 방법]를 주장하고, 모든 자연법설을 배척한 것이다. 법가의 법치주의가 법실증주의라는 데는 이론이 없을 것이다. 법가는 a. 타산적 효율주의의 입장에서 자연법론을 배척하여, 특히 성인(聖人)의 우연적인 인치성(人治性; 人格主義)에 반대하고 평균인도 가능하다고 하는 법치의 용이성을 들고, b. 법의 기술성(技術性)과 객관적 표준으로서의 도량형과 같은 법형성(法衡性)을 들고, c. 제정법(制定法)만을 존중하는 법률만능을 주장하는 등 법실증주의의 주되는 요소를 갖추어 가지고 있었다.[40]

법가의 신자(愼子)는 '악법이라도 무법보다 낫다'고 괴테와 비슷한 말을 하였다.[41]

법가의 법치주의가 법적 안정성(질서평화의 유지)과 부국강병책의 실

---

40. 且夫堯舜桀紂千世而一出, … 堯舜之乃治, 是千世亂而一治也. … 桀紂之亂, 是千世治一世亂也(한비자, 難勢편). 國之所治者三, 一曰法, 二曰信, 三曰權 …(商君書, 修權편, 商子, 제3권 제14편). 聖王者, 不貴義而貴法, 法必明, 令必行則己矣(商君書, 畫策편, 商子, 제4권 제18편). 故明主之治國也, 衆其守而重其罪, 使民以法禁, 而不廉止(한비자, 六反편). 전게(주19) 韓非子, 六反편, 吏之於民無愛, 令行於民也萬父母. 尺寸也, 繩墨也, 規矩也, 衡石也, 斗斛也, 角量也, 謂之法(관자, 七法편). 懸於權衡, 則氂之不可差, 則不待禹之智, 中人之智, 莫不足以識之矣(愼子, 逸文). 立君之道, 莫廣於勝法(商君, 開塞편, 商子, 제2권 제7편). 故治國無其法則亂, 守法而不變則衰. … 道變法者君長也(愼子, 逸文). 故聖人之爲國也, 不法古, 不修今, 因世而爲之治, 度俗而爲之法. 故法不察民之情而 立之, 則不成治(商君書, 壹言, 商子 제3권 제8편). 唯治爲法, 法與時轉, 則治, 治與世宜, 則有功. … 時移而治不易者亂(한비자 제50 권 54, 心度篇).

41. 法雖不善, 猶愈於無法(愼子, 第一卷, 威德). 괴테도 무질서를 견디기 보다는 차라리 不正義를 범하는 편을 택한다 하고, 또 법이 없는 것 보다는 不正한 편이 낫다고 하였다(Radbruch, 『Rechts Philosophie』, 3 Aufl. 1932, S.10).

현이라는 것(합목적성) 이상의 근본적 목적(理想)이 없는 실정법률(實定法律) 만능주의에 기울어져서 절대전제정치의 이용물이 되었음은 이미 말한 바이다.

혹자는 법가가 도가에서 무위(無爲)사상을 받아들였다고 하나, 법가의 설에 의하면 천자(天子)는 무위이지만 필경 관리가 책임을 다하지 못하는 때에 그 관리를 엄벌한다는 것은 관리의 유위(有爲)를 강요하는 것밖에 못 된다. 진정한 무위(無爲)가 아니다.

묵가의 사상에서는 그 골자인 겸애는 무시하고 같은 시대적 사회배경 때문에 그 전체주의 절대권위주의만을 받아들였다. 법가의 설 중에도 단편적으로는 애민·이민·위민을 설한 부분이 없지 아니하나, 그것은 법이 가혹하여 백성이 고통을 겪고 있지만 질서가 유지되고 부국강병책이 실현되는 날에는 결국 인민에게 이익과 즐거움을 가져올 것이므로 먼 앞날의 장구한 이익을 얻게 하려는 사랑(愛)이라고 설명하기 위한 변론 이상의 아무것도 아니다.[42]

법가의 법치론 중에는 (정통적 법가는 중형주의에 따르는 일반 예방의 목적에서 말한 것이기는 하지만) 인민으로 하여금 법률을 알 수 있게 법률지식을 보급시키고, 관리가 법을 범하는 것을 막기 위하여 법의 공개(公布), 관부(官府)에 법문(法文)비치(備置), 질의의 해답, 법의 항속성(恒續性) 유지(정통적 법가들은 법의 과감한 변개로써 시대실정에 즉응(卽應)시킬 것, 즉 변법론을 역설하고 있지만), 공평한 법의 적용(법 앞에서의 평

---

42. 聖人之治民, 度於本, 不從其欲, 期於利民而已. 故其與之刑, 非所以惡民, 愛之本也. … 故王者之本也, 刑者愛之自也(한비자, 必度편). 法之爲道, 前苦而長刑, 仁之爲道, 倫樂而後窮, 聖人權其經重, 出其大利, 故用法之相忍, 而棄仁人之相燐也(한비자, 六反편). 惠者多赦者也, 先易而後難, 久而不勝其禍, 法者先難而後易, 久而不勝其福, 故惠者 民之仇讎也, 法者民之父母也(관자, 法法편).

등)을 강조한 자가 있고, 특히 법가의 선구인 관자는(아직 정통의 법가는 아니었지만) 입법자인 군주 자신도 그 법에 복종할 것은 물론이요 '법(令)이 군주보다 중하다(높다)' 하여 법지상주의에 이른 고로, 양계초는 관자의 설이 근대 입헌군주정치의 정신과 일치한다고 극찬하였다.[43]

위에서 본 것처럼, 관자가 법은 항구성이 있어야 한다 하고, 또 법은 군주보다 중하다(상위에 있다)고 하여, 양계초로부터 입헌제의 정신과 일치되는 설이라는 절찬을 받았다는 것은 이미 말한 바이다.[44]

법가의 법치, 즉 법실증주의의 문제에 대해서는 법가 스스로 그 당시에 이미 알고 있었다. '법을 논의, 비판하지 못하게 한 것'이 그 하나이

---

43. 公(秦孝公)問公孫鞅(商君), 日, 法令以當時立之者, 明旦欲使天下之吏民, 皆明知而用之 如一而無私奈何. 公孫鞅曰, 爲法令置官吏, 樸足以知法令之謂者, 以爲天下正. … 諸 官吏及民, 有問令之所謂也, 於主法令之吏, 皆各以其政, 所欲問之法令明告之, 各爲尺 六寸符, 明書年月日時, 所問法令之名, 以告吏民, 主法令之吏不告及之罪. 而法令之所 謂也. 皆以吏民之所問, 法令之罪各別主法令之吏. … 吏民之法令者, 皆問法官, 故天 下之吏民, 無不知法者, 吏明知民知法令也. 故吏不敢以非法遇民. 民不敢犯法以干法官 也. …此所生於法明白易知而必行, 法令者民之命也, 爲治之本也. …(商君書, 定分 편, 상자, 제5권 제26편). 故黃帝之治也, 置法而不變, 使民安其法也. 所謂仁義禮樂者皆出於法, 周書曰, 國法, 法不一, 則有國者不祥, 民不道法, 則不祥, 國更立法以典民, 則(不)祥, 羣臣不用禮義敎 訓, 則不祥, 百官服事者離法而治, 則不祥, 故曰, 法者不可(不)恒也(관자, 任法편). 有道之君者, 善明設法, 而不以私防者也. 而無道之君, 旣己設法, 則舍法而行私者也. 爲人上者, 釋法而行私, 則爲人臣者援私以爲公(관자, 君臣편 上). 法者天下之儀也, 所以決疑而明是非也. 百姓所懸命也. 故明王愼之. 不爲親戚故貴易 其法, 吏不敢以長官威嚴危其命. 民不以珠玉重寶犯其禁. 故主上視法嚴於親戚. …(관자, 禁藏편). 骨肉可刑, 親戚可滅, 至法不可闕也(愼子, 逸文). 是故明君知民之必以上爲心也. 故置法以自治, 立儀以自正也(관자, 法法편). 앞책(주248a; 관자, 法法편「不爲君欲變其令, 令尊於君」). 法者編著之圖籍, 設之於官府, 而布於百姓也(한비자, 難三편). 法令者, 憲令官府(한비자, 法法편).

44. 梁啓超, 『先秦政治思想史』, 147쪽. 양계초, 『管子傳』, 제6장 제2절 21쪽.

고, '나라마다 법이 있지만, 그 법을 반드시 행해지게 하는 법이 없다'
는 것이 그 둘째이다. '항구성이 있어야 법적 안정을 유지할 것임에도
불구하고 시세(時勢)에 따라서 과감하게 변개하여야 한다는 모순'이 그
셋째이고, '법의 인격성(주관성)을 배제해야 한다고 하지만, 법의 개폐
권을 가진 군주의 인격성에 의하여 법이 좌우되므로, 결국은 그들이 배
척한 인격주의임을 면할 수 없는 것'이 그 넷째의 최대 결점임은 양계초
에 의하여 이미 지적된 바와 같다.[45]

동양의 법사상은 법가의 법치주의 이외에는 대체로 자연법론에 속하
는데, 중국의 자연법론은 자연계와 인간계 사이의 연대 관계를 인정하
여, 사람들이 포악하게 행동하면 자연계의 재변이 생긴다고 보았다. 한
국에서는 중국과 조금 달라서, 하늘이 노하여 천재지변을 주는 고로 통
치자 이하 모든 사람이 반성하여 신을 감동시켜서 신의 응답을 받도록
하여야 한다고 생각하였다.[46] 따라서 동양의 자연법은 인간사회의 예·도
덕·법과 자연법칙이 일체를 이룬 것(좋게 말하면 그것들이 통합·융합·조화
된 것, 좋지 못하게 말하면 그것들이 미분화 상태에 있는 것)이었다.

---

45. 앞책(주 248b;「國皆有潛法, 而無使法必行之法」). 陳顧遠, 『中國法制史』, 43-45
쪽. 法家最大缺點, 在立法權不能正本淸源, 彼宗固力言 …, 然間法何出, 誰實制
之, 則仍曰 君主而已. 夫法之立與廢, 不過一事實之兩面. … 三尺安出哉. … 而惜
乎彼 宗之未計及此也. 彼宗固自言之矣曰, 國皆有法, 而無使法必行之法. … 欲專
恃一客 觀的「物準」以窮其態, … 荀子曰, 法而不議, 則法之所至者必廢. …(梁啓
超, 『先秦政治思想史』, 제16장 148쪽 이하).

46. 『朝鮮王朝實錄』, 太宗 제26권 제2엽 前面 太宗 13년 7월 기사「天人相感之理」.
『朝鮮王朝實錄』, 中宗 제59권 제10엽 後面. 中宗 52년 5월 기사「天人一理, 人心
和 順於下, 則天心亦和順於上, …」.『朝鮮王朝實錄』, 明宗 제23권 제9-10엽 明
宗 12년 12월 기사「實皆由子不能答天遣之致也」.『朝鮮王朝實錄』, 仁祖 제18권
제63엽 후면 仁祖 6년 6월 기사「至性感應, 則得甘 雨」.『朝鮮王朝實錄』, 肅宗 제3
권 제36엽 전면, 肅宗 원년 4월 기사「修省悔責…爲應天 之道…」.

9) 결론

결론적으로 주목해야 할 것은 과거의 중국 법이론은 통합적이어서, 서양에서처럼 분석적이 아니라는 점이다. 여하간 우리가 장래에 해결해야 할 '법실증주의와 자연법론의 조화'라는 문제에 대한 해답에 있어서의 동·서의 귀결이 주목되는 점이다. 그리고 법철학의 사상적 배경의 한 근원인 우주론에 있어서 형상(形相)과 질료(質料)·이(理)와 기(氣)로써 설명하는 것은 유사하나, 서양사상의 주류는 일정한 목적을 위하여 이것을 만든 창조자[조물주]를 전제로 한 것이다. 이에 대하여 중국의 정통사상은 『시경』에 '천생증민(天生蒸民)하시니 유물유칙(有物有則)이로다'라고 해서 조물주를 부인하지는 아니하되, 그것은 유물유칙이라는 천지자연의 법칙이 있음을 밝히기 위한 시의 대구(對句)일 뿐이고, 일정한 목적으로 우주를 창조한 조물주 신의 존재를 역설한 것은 아닌 것 같은 느낌을 준다. 또 『주역』에 '역유태극(易有太極)하니 시생양의(是生兩儀)하고 양의(兩儀) 생사상(生四象)하고…' '천지지대덕왈생(天地之大德曰生)이오…' '생생지위(生生之謂) 역(易)이오. … 음양불측지위(陰陽不測之謂) 신(神)이라' '천지 인온(絪縕)에 만물화순(萬物化醇)하고, 남녀 구정(男女構精)에 만물이 화생하나니…'라는 시구로 보아서 더욱 그러한 것 같다.[47] 다만, 중국에서 우주의 주재자를 천(天)이라고 생각한 것은 짐작된다. 그런데 그 천이란 것은 서양의 신과는 다른 것이다. 한국은 중국과는 달라서 신을 숭경하였다. 한국과 중국에는 서양의 바빌론·이집트·로마·히브리 기타 여러 나라에서와 같은, 신으로부터 법을 직접

---

47. 天生烝民, 有物有則(『詩經』, 大雅편, 烝民章). 易有太極, 是生兩儀, … (『주역』, 繫辭上傳). 生生之謂 易, … 陰陽不測之謂 神(同上). 天地之大德曰生, … (『주역』, 繫辭下傳). 天地絪縕, 萬物化醇, 男女構精, 萬物化生, … (同上).

받았다는 유적이 없는 것도 하나의 동양적 특색인 것 같다.

중국 학자들은 관자의 설은 근세 서양의 입헌정치 정신과 일치하며, 선진(先秦)시대 중국의 법사상은 이미 서양에 못지않았으나, 형식적 방면을 편중하고 법의 목적을 소홀히한고로 그 정신이 실현되지 못하였다고 말하고 있다. 그런데, 상고시대 한국에서는 중국의 '영존어군(令尊於君; 법령이 군주보다 중하다)'이라는 생각보다도 일보 더 나아가서, 군주가 그 책임을 다하지 못하는 때는 인민에 대하여 엄중한 책임을 지는 특유한 제도(관습법)가 실제로 행해졌다.

부여(夫餘)는 서기전 1세기부터 약 3세기 동안 북만주에 존속하다가 후에 고구려에 귀속된 나라로서, 국왕이 인민에게 책임을 지며(책임군주제), 계급이 분화되어 있었고, 모든 면에 있어서 상당히 발달된 강대한 문명국이었다. 대표자의 평의회제도와 신형(愼刑)주의를 채용하였음은 특필할 만하다. 국왕이 실정하여 장래를 예견하고 그 대책을 강구하지 못하여 백성을 기아하게 하는 경우에는 국왕은 물러나거나 혹은 사형에 처하는 것이 부여의 관습법 사례였다.

실학파의 집성자 정약용은 「탕론(蕩論)」과 「원목(原牧)」에서 위민(爲民)뿐 아니라 나아가 주권이 인민에게 있음을 밝히고 있다.[48] 법가 중에서 주로 법치를 논한 상자(商子)의 법사상의 요점을 논하는 것은 따로 쓰겠다.[49]

---

48. 李丙燾, 『韓國史, 고대편』 214-215쪽. 崔泰永, 『上古 韓國法哲學의 歷史的 背景』, 夫餘항(학술원논문집 제18집 136쪽). 중국 古史 『通典』, 제185권 邊方 1, 扶餘조. 중국 『三國志』, 魏書 30, 동이전 30, 扶餘조 중국 『後漢書』, 85, 동이열전 제75, 扶餘조 및 濊조. 중국 『晋書』, 97, 열전67, 東夷 扶餘國조.
49. 최태영, 「중국의 法家, 商子의 法治主義」, 『재산법연구』 제12권 1호, 한국재산법학회, 1995.

Legal concepts in Korean Traditional Society
한국 전통사회의 법사상

Concerning the laws of ancient Korea, there are historical records for the laws of Puyo, Okcho, Tongye, Chinguk, and the Three Kingdoms, together with the Eight-Article law of prohibition in the early Choson period.[1] It is not clear whether there was an actual legal code in existence, but the years when laws were made and proclaimed are clearly recorded from ancient times, starting as early as the Three Kingdoms period.

In Koguryo, ordinances were said to have been proclaimed during the third year of King Sosurim, in 373 A.D.,[2] and it seems that Koreans established their unique laws using the Chinese legal system of the Wei and Jin dynasties.

In Paekche, in view of the year in which they were proclaimed, the government system and several important special criminal laws[3] seem to have been enacted during the period from the 26th year to the 30th year of King Koi(259 to 263 A.D.).

Silla is said to have proclaimed ordinances in the 7th year of King Pophung(520 A.D.)[4] and it seems that Silla inherited the ordinances of Koguryo

---

1. Choe Tae-yong, "*Hanguk sanggosa popcholhak ui yoksajok paegyong*," *Haksurwon Nonmunjip* 18(1979), pp. 136-137 and 147-150.

2. *Samguk sagi* (Koguryo pongi 6; King Sosurim 3).

3. *Ibid.* (Paekche pongi 2; King Koi 27 and 29).

4. *Ibid.* (Silla pongi 4; King Pophung 7).

and Paekche in the early period and consulted the types of ordinances used in Tang China.

During medieval times, Koryo followed the ordinances of Silla and the system of Kungye in the early period, and later it adopted much of the Tang system by choosing more than seventy articles from over five hundred Tang ordinances.[5]

The Chosun dynasty followed the ordinances of Koryo in the beginning and gradually began to imitate the Tang and Ming systems, and because they used Ming criminal ordinances,[6] it appears on the surface that they adopted mostly the laws of China, but from the time of the Tree Kingdoms and the Koryo period, Koreans made and used their own laws in the form of the King's ordinances.

The Chosun dynasty legal code stipulated the use of Korean laws, supplementing Ming ordinances only when there was no Korean law. As a result of codification efforts during the period of the Chosun dynasty, many laws were codified, but more importantly there were unwritten laws such as the King's orders under various titles, customary laws, and logical reasonings. It should be remembered that laws unique to Korea made up a large portion of the entire body of laws in Korea. Furthermore, there were aspects of life without the law in a narrow sense, but there were many villages with internal community rules and regulations transcending the law, without the interference of government organizations or of the coercive power exercised by the government.

The unique laws, written and unwritten, and their basic standard, which was the concept of law in the larger sense, not in the narrower sense, are the subject of this study on the legal concepts of Korean traditional society.

Inheriting the traditional culture does not mean to follow a fixed form or

---

5. *Koryosa* (38 chi, hyongpop).

6. *The Kyongguk taejon* (5, hyongjon) ; *Taejon hoetong* (5, hyongjon), and others have all used the Ming codes.

to insist obstinately on out-dated customs but rather that a culture develops with the changes of the times and the experiences of the people. Thus, every tribe, every country, and every society has had traditions that it has wanted to preserve and at the same time those that it has wanted to discard. There will also be those traditions that each culture has received from abroad and nurtured to fit its own circumstances. Each tradition will develop only when each culture experiences reality on its own, fosters what has been inherited, learns what must be learned, and dose these things with self-reliance and with a critical as well as a creative mind. Cultural dissemination is bound to take place under any circumstances, and in Korea, the culture of China, including the three teachings of confucianism, Buddhism, and Taoism, were introduced and added to the unique culture of Korea.

Prior to the Xia, Yin, and Zhou dynasties in China, there was the cultural sphere of the Han tribe(Koreans) that preceded Chinese culture. The Chinese called this Han tribe *Renfang, Dongren* and *Dongyi*, and these are not the names used by Koreans themselves. The superior culture of the east (the Han tribe) advanced to the west(China and there were cultural interchanges between the East(Han Koreans) and the West(China). However, beginning with the introduction into Korea of Confucian teachings on benevolence and righteousness, which represented the cultures of the Yin and Zhou dynasties, the Koreans received various ideas as well as the Chinese character writing system from China.

However, the teachings of Confucius and Mencius on benevolence and righteousn ess originate from Yao and Shun, and Shun means the people of Dongyi Koreans.[7] Confucius referred to Korea as an ideal princely state,[8] and

---

7. *Puk Ae, Kyuwon sahwa* (Tangungi); *Mengzi* (8, A phrase here stated that Shun was a man from Dongyi) ; Xu Liangzhi, *Zhongguoshi gianshihua*[(Taipei, 1975, p. 260. Sun Yat-sen, *San-Min Chui* (Taipei, 1967), 3, p. 35.

8. Choe Tae-yong, op. cit., pp. 134-35; *Lunyu* (5-9) ; *Houhanshu* (85, *Dongyi lichuan*, 75) ; *Sanguozhi*

he himself had close ideological as well as geographic affinity with the eastern people(*Renfang* and the Han Korean tribe).[9]

Therefore the western tribe and the eastern tribe should be compared and their mutual influence, as well as the possibility of their unity, should also be examined. Each was influenced by the other, but each formed its own unique tradition; therefore, Koreans should not feel ashamed to have received broader and greater influence from China, while at the same, Koreans should not feel proud to have influenced the origin of Chinese thought.

More importantly, the problem is in the question of how each expressed its own independent and creative character. Even if the Koreans were influenced by the Chinese, the crown of Silla, Koryo celadons, and the court music of the Chosun dynasties are different from those of the Chinese, and similarly, Confucianism and Buddhism in Korea have a Korean character.

For some there are developments in Korean thought that can not be understood without understanding their origin in Chinese thought, but Korean thought has its own origin in the '*Profound Way of Pungryu*(풍류; 현묘지도)', and this shows a uniquely Korean character in its process of domestication. Thus true tradition does not necessarily mean a stubborn insistence on restoring the past. It requires an awakening to incorporate the good in others and to discard the bad in one's own and create what can be transmitted to prosperity. Such a tradition should be based on the consciousness of what is proper in a tradition, and it should have right normative meanings.

The legal concepts as well as the traditional ideals in Korean society are, of course, based on the entire body of Korean traditional thought. They began from the founding ideology of Tangun and from the uniquely Korean thought known as the '*Profound Way of Pungryu*'. This will be explained later, but it was different from the way that was advocated by the Chinese Taoist philosophers;

---

weishu (30) ; *Dongyichuan* (30) ; *Yechuan*(30) ; *Zizhi tongjian* (21, *Hanji* 13).

9. Xu Liangzhi, op. cit., p. 270.

nor was it the romantic notion of wind and streams, *fenlu*, of the Chinese. The breath and depth of this unique Korean thought should be understood to avoid confusion and misunderstanding.

From ancient times, those people in Korea who did not violate the laws of the state that were enforced, in other words, those who observed the laws faithfully, were called "the people who can live without laws." Korean poets and writers of today long for the ancient and simple society of villages far removed from civilized, industrialized, urban centers where confusion, artificial contraptions, and state legal constraints reign. Even in recent times, they have enjoyed living according to village community rules and regulations, which transcend the enforcement by government organizations of state laws … the law in the narrow sense.

But it should be noted that such village life was not completely free of physical force or psychological pressure. Each village was a society-centered unit that had a geographic and natural environment with its own regional character, economically independent and nearly self-sufficient, with either private labor or communal means of production, cooperation by mutual assistance, and private or public educational facilities. He must remember that Korea in large part was an agrarian society consisting of such farm villages. This was Korean traditional society, but the reason why the recent new village movement in Korea was successful is because the movement was based in part on the village organization of traditional society that was gradually disappearing because of the new culture and economic modernization.

Each village in Korean traditional society may seem to have maintained a measure of calm on the surface without laws, but there was much conflict, friction, and strife among the components of the society - Individuals, families, relatives, clans, classes, haves, have-nots, and generations. Many conflicts and difficult problems were solved through the processes of compensation, forgiveness, reconciliation, and concession; it was possible to cooperate within the village and thus a cooperation unit like the village was maintained.

Thus the function of social control in villages became an important topic of our research. Except for feuding between families that continued for generations, serious incidents such as murder and robbery, or conflicts between villages or involving the people of other villages were solved within each village. Those important incidents that could not be solved or conflicts between villages or involving the people of other villages were rare; thus the majority of the problems within the clan or the village were solved by the clan or by the village without involving any outside(government) organization.

The people of the village knew each other well, relatives lived in same village or at times a large clan by itself constituted a farm village, and Korea had a unique custom called *segyo(世交)*, a relationship maintained generation after generation.[10] Because the people of the village lived as one big family, cases of rape, adultery, or robbery were rare, and even when such serious incidents occurred, each family tried to solve a problem as if it was their own, and give advice to the young as if they were their own children.

In those days, there was a custom known as *pannyom(판념)*, by which a debtor's entire property was seized and liquidated, to be equally divided among creditors, and in this way the village was able to solve its problems without resorting to outside(government) interference or using the modern system of compulsory seizure or declaring bankruptcy. there was no room for raising such a modern question as the invasion of privacy.

Furthermore, village people had a strong sense of shame, and their social rules were more effective than laws; when they were pushed out of the village, they had to escape by night. Such customs forced the village people to refrain from unlawful activities. This was the tradition from the ancient Korean society of a thousand years past. Ancient Korea(古朝鮮) maintained social order with

---

10. Choe Tae-yong, *op.cit.*, p. 149(segyo).

only the eight-article law of prohibition, and even then violators were able to escape punishment by paying fines, but more important was that the people were said to have refused to associate with criminals out of shame, and they refused marriage with such wrongdoers. Thus even Confusius said that Korea was a princely nation.[11]

The most serious possible confrontation among the people who maintained close relationships in farms villages came at the time of planting during a drought, and even in watering the paddy field there was order,[12] but after the planting and with the coming of the rain, peace in the village was naturally restored.

Community festivals played an important role. In ancient Korea, there were such festivals as *yonggo*[13] in Puyo(Buyeo), *muchon*[14] in Tongye and Okcho, *sodo*[15] and *sottae(솟대)* in Paekche(Baekje) and the Three Han states, *tongmaeng(tongmyong)*[16] in Koguryo(Goguryeo), joint festivals[17] in may, August(*kabae*), October, and new Years day in Silla, and *yondung* and *palgwanhoe(팔관회)*in Koryo(Goryeo).[18] These were festivals to worship gods and ancestors, to give thanks for the harvest, to strengthen the unity of the king and his subjects, to decide on the punishment of criminals by open interrogation, and to discuss wars and other important affairs of state.

I remember when I was a small boy, my hometown in the old Chagyon'gun, Hwanghaedo, was at the foot of Kuwol mountain, where the ruins of *Samsongsa*

11. *Hanshu* (28, *Chiriji* 8, *Nangnanggunjo, Nangnang, Chosonin, Pomgum* 8); Lunyu(5-9).

12. Choe Tae-yong, *op.cit.,* p. 149.

13. *ibid.*, p. 136 ; *Houhanshu* (85, *Dongyi Lichuan* 75, *Puyoguk*) ; *Sanguozhi(Weishu, Dongyi Lichuan, Puyo).*

14. Choe Tae-yong, op. cit., pp. 136-138.

15. *ibid.*, p. 138. Choe Chi-won, *Chijung taesa chokchojitap pimyong pyongso ; Houhanshu(Dongyi Lichuan, Hanchuan) ; Sanguozhi weishu(Dongyi Lichuan, Hanchuan).*

16. *Houhanshu(85, Dongyi Lichuan 75, Puyoguk) ; Sanguozhi(30, Dongyi Lichuan, Koguryo).*

17. Yi Pyong-do, *Hanguksa, kodaepyon*(1959), p. 597 ; *Suso* (81, Yoljon 46, Dongyi Silla).

18. *Koryosa(sega* 2, Taejo 26), pp. 14-17 ; *Koryosa chollyo* (1, Taejo Sinsong taewang 1).

were located, along with a large-scale *songhwangdang*; there was a shrine in the principal mountain of the county and the Eastern pagoda to the east of the county. In view of the fact that there was a street named after a certain Western pagoda; to the west of the county, it seems that there actually must have been a Western Pagoda; the old custom of *sodo(sottae)* was practiced from the time of the Three Han and the Three Kingdoms, until the not too distant past. I also remember scenes of the people singing, dancing, and eating, carrying *songhwang* sticks.

From my own experience, I remember that there were great festivals held until recently in villages near the outskirts of Seoul, very similar to the great festivals from the Puyo(Buyeo) period. The village festival is a religious activity of the entire village to pray for the ancestors and to ask the gods for blessings, particularly for good harvests, and to prevent disaster from happening to the village or to any of the households in the coming year, and it is a spiritual symbol for the unity of the village.

Traditionally, after the festival, foods(usually beef) used for the festival were distributed equally to the families and a meeting was held to discuss important village affairs and to hear financial reports. Recently, however, this type of community gathering led by the elders of the village as a spiritual symbol has changed to new community movement for the material betterment of the community, led by functional experts in the field. The new community movement is sponsored by the government to make joint efforts to reform the villages and promote the welfare of each member of the community.

As seen from above, the private rules of the village, the agricultural cooperative unit, controlled the people without the use of the coercive power of the state, and mutual assistance among villagers was realized even without *kye(계)* organization. The fact that the village had maintained harmony and unity may not have been due to psychological pressure, nor was it from the expectation that the people in the village would be rewarded if they performed their duties faithfully. That the villagers maintained order was due, above all, to the idea that the villagers would solve the problems of tie village without resorting to outside interference. Resorting to outside force was considered a shameful act rather than an exercise of the people's rights. This idea can be considered common to Korean traditional society, as was proven from the field research of Choe, Dae-gwon, who examined existing villages to understand the social structure of the old agrarian cooperative unit.[19]

From the time of King Chungjong of the Chosun(Joseon) dynasty to the end of the Chosun period, the system of *hyangyak(鄕約)* was at once spontaneous in character and self-governing. There were situations where rules were prescribed as in the case of Toegye, and there were situations where local officials made and applied the rules; in any event, the most important purpose was the education of the people rather than mutual assistance or the maintenance of unity among the villagers. Furthermore, there was a kind of 'kye' that was intended for disaster relief, its purpose being to educate the people to change from bad customs to good ones. Thus, the function of these practices was different from that of the village unit.

In the Korean 'hyangyak' there were a few practices that were patterned after Zhuzi's *zengsun lushi xiangyaowen(증손 여씨 향약문)*, but in the case of Yulgok, many reflected a self-reliance and independence, adding and subtracting the articles of Zhuzi to fit the Korean situation; in the case of Toegye, the hyangyak resembled criminal laws, almost completely similar to the *lushi xiangyaowen.*

The court's attitude was that, although these were good practices that required a leader for their implementation, they should be implemented spontaneously, similar to the way in which the unique Korean practices of kye was implemented.[20] Therefore, the Korean hyangyak cannot be generalized. The court had long discussions without coming to a decision on whether to

---

19. Choe Tae-gwon, "Nongchon ui sahoe kujo wa pop," *Pophak*(1)
20. *Myongjong sillok*(first year, August, 4), p. 31.

enforce the practice, or on the duration by law, and waited for the appropriate time for a good leader to appear. Yulgok himself practiced hyangyak in Chongju and Haeju, but insisted that the practice was premature, saying that the people should be helped before being educated. It will suffice to point out here that the hyangyak differed from the rules of the village cooperatives: it had the purpose of establishing local self-rule while it also had the purpose of educating the people, and by the end of the Chosun dynasty, there were many regions that practiced hyangyak.

In studying the development of legal concepts in Korea, the first problem is the lack of precious source materials on Korean history, particularly from the ancient period and the middle ages.[21] According to the *Samguk sagi*, which is a prejudiced account, Koguryo had compiled its national history(one hundred volumes of *Yugi*)as early as the first century, and in the 11th year of King Yongyang(600 A.D.) the *Yugi* was published in five volumes.[22] In Paekche a history seems to have been compiled earlier than in Koguryo, in the 3rd century during the reign of King Kunchogo and a history is said to have been compiled in Silla in the 6th year of King Chinhung(545 A.D.).[23]

There is clear evidence that a *Chronicle of the Koryo Dynasty* had been compiled by the Koryo court.[24] There is no extant record of this chronicle, but it has been cited in other historical compilations. Several sources are cited in footnotes

---

21. Choe Tae-yong, *op. cit.*, pp. 123-24 ; *Sin Chae-ho chonjip, sang*, pp. 369-377 ; *Sin Chae-ho chonjip, chung*, pp. 35-73 and 118-124 ; Puk Ae, *Kyunvon sahwa*(1675), preface; Yi Si-yong, *Kamsi mano*, pp. 14-16.

22. *Samguk sagi* (Koguryo pongi 8, King Yongyang 11). One hundred volumes of *Kosa* and *Yugi* were compiled at the founding of the nation, and the *Sinjip* was compiled in the eleventh year of King Yongyang.

23. *Ibid.* (Silla pongi 4, King Chinhung 6).

24. *Koryosa* (sega 22, King Kojong 14 ; King Wonjong 8 ; King Chungyol 3 ; King Chungyol 12).

including those histories that recorded the founding of Ancient Korea and the Tangun mythology[25] and the ancient historical works that are sited but no longer available.[26]

The second problem is in the study of the extant source materials. Here again we face two further problems at the outset. One is the difficulty in reducing the nation's history by several thousand years if we accept the claim that the record of Tangun, who founded the Ancient Korean nation, is a legend; the other is the problem of confining the region of Ancient Korean activities to the Korean peninsula. The origin of the Korean nation was in the region north of Paekdu mountain, near Harbin and the Sungari river in the northeastern part of China.

Korean activity spread from the center of its origin to the northern and southern parts of Manchuria, the Liaodong peninsula, Jiangsu, Anhwei, Hebei, Bohai, the eastern corner of Hobei, and the entire region of the Korean peninsula. Koreans were gradually forced south by the stronger powers, and at times they sought a warmer climate by emigrating to the Korean peninsula, changing their capital a number of times and using the names of mountains and streams, as well as cities, from the northern region of the Korean peninsula. Some immigrants forgot the regions of ancient Korean activity, and the confusion of geographical names led to the reduction of their activity to the Korean peninsula.

The beginning of the first problem emanates from the fact that ancient

25. Extant old books that record the founding of the nation by Tangun are, among others ; Iryon's *Samguk yusa, Chewang ungi* by Yi Sung-hyu, *Kyuwon sahwa* by Puk Ae, *Sejong sillok, Choson kyonggukchon* by Chong To-jon, and *Tongmongsonsup* by Pak Se-mu.

26. Ancient historical works that are cited in old book include *Ku samguksa*, in Yi Kyu-bo's *Tongmyongwang pyon so; Tangungi, Kosa,* and *Wiso,* in Iryon's *Samguk yusa; Kuksa, Pongi,* and *Suigi,* in Yi Sung-hyu's *Chewang ungi; Tangun pongi* and *Tongmyong Pongi,* in *Hansagun and yolgukki ; Sonsa,* in Choe Chi-won's *Nangnang pi so; Chinyok yugi,* in Puk Ae's *Kyuwon sahwa ; Tangun kogi,* in *Sejong sillok ;* and there were several *Sagi* that were compiled by each of the Three Kingdoms.

Koreans worshipped their founding father Tangun, whose lofty spirit stayed with them to unite them and protect them, and the authors of historical works took religious expressions at times from Buddhist sources and at times from the indigenous religion. Therefore, Tangun was not a legendary creation; rather, the historical accomplishment of Tangun was given legendary and mythical expression. This mythical expression should not obscure his historical accomplishments, and legendary elements and symbolic expressions should carefully be separated from the facts of history.

Furthermore, as a result of recent archeological findings, it has become clear that the people of an advanced Korean culture were active in ancient times, and as a result of studies by Chinese scholars, many Korean place names have been formed within present-day China where ancient Koreans were once active. Therefore, it is not necessary to shorten the number of years for Korean history or to limit the geographical area of activity. It is well known that the effort to shorten or limit in this way was the work of enemies of Korea to justify their aggressive policies toward Korea, claiming that it was an insignificant nation.

During the Koryo dynasty, even under a policy of prohibition at the time of the Mongol invasion, a religious belief was advocated for the protection of the state and the spirit of Tangun; at that time Buddhism was charged with the protection of the state.

In the Chosun dynasty, religions were suppressed in order to promote Confucian teachings, but the idea to revere Tangun was maintained. Koreans themselves never doubted the authenticity of Tangun of Ancient Korea, but an effective Japanese colonial education policy did help to destroy the belief in Tangun.

On the archeological evidence, there are many sources listed in an article by Yu Sung-guk,[27] and on the original areas where the advanced Korean culture

---

27. Yu Sung-guk, "Yuhak sasang hyongsong ui yonwonjok tamgu" (Dissertation, Songgyunkwan University, 1974).

was active, there are studies by Sin Chae-ho, Chong In-bo, Yi Si-yong, and Choe-Tong. Recently, Yun Nae-hyon explained these areas, using the maps that appear in books written by Ceng Xiangzhi of the late Southern Song and early Yuan dynasties of China.[28] The fact that Pyongyang was in one of these areas is proven from the maps used by the Chinese historians of several thousand years ago; moreover the fact that the Koreans were cultural leaders and that their area of activity covered wide areas of present-day China are clarified by modern Chinese scholars like Xu Liangzhi.[29]

If any part of the history of a nation or its people must be deleted because it consists of legend, then Koguryo, Paekche, Silla, and the Late Three Kingdoms, as well as the stories of Pak Hyokkose, Hwarang Kim Yu-sin, Kang Kam-chan, Kungye, and other great men should also be deleted, and the five thousand years of Korean history should be written as a five-hundred-year history.

Even if the story of the founding of the Korean nation by Tangun is only a simple legend, Ancient Korean history was not transmitted in greater detail because of the incompleteness of its transcription; in any case, the ancient

---

28. *Sin Chae-ho chonjip, sang*, pp. 75-77; Choe Tong, *Choson sanggo minjoksa*, pp. 83 and 122-123; Chong In-bo, *Chosonsa yongu*, pp. 39-41; Puk Ae, *Kyuwon sahwa*.

All of these authors claim that the place of the original founding of the nation was in the Sungari river basin north of Paetusan, and there were three capitals.

Yi Si-yong's *Kamsi-mano* claims that Chonsu of the eastern Pyongyang region is the Yongpyong of today; the Four Counties of Han established by the Wu Emperor of Han China that were later lost to the Three Kingdoms of Han were merely a part of the entire Korean territory; and that ancient Korea lost more than two thousand *ri*, in the territories of Yuju, Kyeju, Sakchu, and Yokchu, when it was defeated by the Chinese general Qinkai of Yen.

Recently, in his article "Chungguk munhon e natanan kojoson insik," Yun Nae-hyun, citing the map of *shijiu shilue tongkao* by Chinese scholar Ceng Xianzhi of the last Southern Song and early Yuan, claimed that the territories of ancient Korea bordered Yin of China, and the Four Counties of Han were west of Hanju and Yoha(*KyungHyang sinmun*, October 25, 1983).

29. Xu Liangzhi, *op. cit.*, p. 267.

historical record of Tangun mythology and the Korean traditional thought that has been handed down from our ancestors for more than a thousand years cannot be denied. The reason for this long explanation of Korean history is that without a proper understanding of the times and the geographical backgrounds, the legal concepts of Ancient Korea cannot be understood.

According to the record of the founding of Korea indelibly fixed in the minds to the ancient Koreans, more so than in the historical records that have been transmitted, Tangun(Wanggom) was chosen by the people as the head of sacrificial rituals and the king of the nation, respectively, under a birch tree located in the Paekdu mountains, in 2,333 B.C., and the founding ideology of the Korean nation was the idea of *hongik in'gan*(홍익인간), which literally means to bestow benefits widely on all men, benefits that cannot be sur-passed. It was an idea to bring peace and blessings forever to all the human societies of all mankind. It was a people-centered idea calling for people to respect human dignity. It was also an idea to respect heaven and revere forefathers; man and heaven were united in one, as well as the ruler and the ruled and individuals and the state.

In this chapter only the legal concepts relating to this lofty and noble ideal, wide in breath and far-reaching, will be dealt with. This ideal from the very beginning was synonymous with the political ideal of enlightened politics. The reason for calling the country of Tangun and the other forefathers Hwan-guk and Hwan-ung, is said to be that these terms mean 'bright' *(hwan or palgum)*.[30]

The founding father of Koguryo was said to have been conceived by the light of the sun, and he was called *Tongmyong*,[31] and the name of the founding father of Silla, Pak Hyokkose, also means to brighten up the world.[32] The word *paek* in Paekdusan, which means white, and the white clothes that Koreans like to

---

30. Puk Ae, *Kyuwon sahwa*, op. cit.

31. *Samguk sagi* (Koguryo pongi 1, King Tongmyong).

32. *Samguk yusa* (1, kii, 2, Pak Hyokkose of Silla).

wear, as well as the name of Korea, Choson, all refer to the brightness of the morning.

In order to realize certain basic ideals, the Korean forefathers established public discussions to insure freedom and peace amidst the progress and setbacks that have occurred throughout their history. The task at hand is to examine how Koreans domesticated alien ideas, accepting some and rejecting others to fit their needs; what kind of foundation underlay their long history; how did they systematize and unify the concept of freedom and develop it into a unique philosophy with its own special character; and, finally, how did they enrich this idea, forming it into a Korean tradition, and how hard did they try to build an ideal society.

More than two thousand years ago, Korea did have an ideological foundation broad enough to domesticate many foreign ideologies.

The person who first pointed this was Choe Chi-won, the most eminent scholar, who studied the teachings of Confucianism, Buddhism, and Taoism in the late period of the Unified Silla. Choe Chi-won implied that there is a traditional thought unique to Korea.

He said that "There is an exquisite way in Korea, and it is called Pungryu(風流, 현묘지도; the way of Profound Thought). The origin of its teaching is written in the Son history(仙史) of Korea. The essence of it was to harmonize the teachings of the three religions and thus enlighten the people. It was to be pious at home and to be loyal to the state, thus similar to the teachings of Confucius; to return to nature and to follow the way, similar to the ideas of Laozi; and to avoid evil and do good to others, similar to the teachings of the Buddha."[33]

The legal concept in this idea of hongik in'gan was manifested in the Eight-Article Law of prohibition in Ancient Korea nation. It was also the basis of

---

33. *Samguk sagi* (Silla Pongi 4, King Chinhung 37).

the laws of Puyo, for example, the representative and the council systems, the decision that was arrived at in open investigations, the system where the king was chosen by the representative council of the various tribes and responsible to them in the cases of abdication or death.

This idea also in the founding ideology of Koguryo, "to rule the country with the way(이도여치; 以道興治)." It can be seen in the stele of King Kwanggaet'o (reign; 391-413 A.D.), which still stands in northeastern China near the Yalu river. Although the letters of the inscription have been tampered with by the enemies of the Korean people, presenting problems in ascertaining its meaning,[34] the portion that deals with the founding ideology has remained intact, and this portion is the same in all transcriptions by Westerners, Chinese, and Japanese. According to the interpretations of Chong In-bo and Yu Sung-guk,[35] the inscription reads as follows.

"Though the first King Tongmyong founded the state, he was born the son of the heavenly emperor of northern Puyo ... when he passed away he summoned his son, prince Yuryu, and instructed him to rule the country in the correct way. The great King Churyu and his descendants had ruled the country for seventeen generations when the good prince P'yongan of Kwanggaet'o ascended to the throne at the age of eighteen years and called himself Yongnak T'aewang(born 375A.D. and reigned from 391 to 413 A.D.).

His benevolence was known to heaven and his power and authority reached the four seas, drove out evil, and insured the peace and safety of the people; all performed their work dutifully, making the country rich, and the people prospered with good harvests. Heaven must not have been merciful; he died at the age of 39 on september 29, 413 A.D.

This monument is erected to commemorate his meritorious work by

---

34. *Sin Chae-ho chonjip, sang*, pp. 211-212.

35. Chong In-bo, *Choson munhak wollyu chobon(Seoul: Yonhi chonmun hakkyo chulpanbu, 1930)*, p. 4;

　　Yu Sung-guk, *Hanguk ui yugyo*(Seoul ; Sejong taewang kinyom saophoe, 1976), pp. 45-48.

inscribing his work for posterity...."

The above inscription clarified that the first King Tongmyong of Koguryo was a descendant of Tangun[36] and a prince of Puyo, thus linking Koguryo and Puyo to Ancient Korea. By calling himself Yongnak Taewang, King Tongmyong boasted of Korea being an independent state and showed that the country instituted the ideals of *hongik in'gan* by enriching the state, eliminating evil, bringing peace, and benefitting people.

The stele of King Chinhung(reign 540-576 A.D.) of Silla memorialized his inspection of the state. King Chinhung ruled benevolently; he had the national history compiled, organized the Paekkojwaganghoe(백고좌강회) and Palgwanhoe,[37] showed self-reliance by renaming his reign, organized the *hwarang*,[38] patterning them after the *hubi sonin*(皀衣仙人)[39] of Koguryo and Ancient Korea, and created the memorial monument. The inscription[40] can be summarized as follows:

> "Without pure customs, true ways cannot be attained, and without enlightenment, wickedness arises. Therefore, the purpose of the King's ruling ideals is to comfort the people by self-discipline. The Mandate of Heaven has fallen upon me, and I have inherited the work of the king who founded the state. I discipline myself, but fear that I might not follow the Way of Heaven. I have received the benevolence of Heaven and the sympathy of the earthly god, and have joined the ranks of kings. I have increased the territories in four directions, acquiring more people. In dealing with neighboring countries, the principles of faith and harmony were pursued."

In this inscription, there are principles that link with the Tangun ideal of *hongik*

36. *Samguk yusa* (1, Wangyok 1; King Tongmyong is claimed as the son of Tangun).

37. *Samguk sagi* (Silla Pongi 4, King Chinhung 6 and 12).

38. *ibid.*(Silla Pongi 4, King Chinhung 37).

39. *Sin Chae-ho chonjip, chung*, pp. 104-105, 120; *Kyuwon sahwa*, Tangungi.

40. *Choe Nam-son chonjip*, vol. 2--"three monuments of the Silla King Chinhung and the newly found monument of Maunnyong."

in'gan as well as King Tongmyong's principle to rule the state through the ways. These include the unity of man and god, freedom and peace, enlightenment without violating the way, a self-reliant spirit, and a benevolence and authority that reach the four seas. Particularly, the emphasis on faith indicates an aspect of Korean traditional thought. When Choe Chi-won, who emphasized the uniqueness of Korean traditional thought, discussed the five aspects of Korean thought, namely, virtue, righteousness, rites, knowledge, and faith, he said that the most important was faith, because all the other aspects were based on faith.[41]

According to Sin Chae-ho, the hwarang organized by King Chinhung were warriors who were to perform rituals to *worship* Tan'gun as well as the *sodo* rituals of the Three Han and Paekche. The hwarang were *sonbi*, a training group in the Silla period that had its origin in the *hubi sonin* of Koguryo, and they were called *hwarang(kukson, sonlang, pungryudo, pungwoldo)* to distinguish them from the son people*(sonin, sinson)* of China.

These *hwarang* were crushed by the followers of Confucianism toward the end of Silla and the early part of Koryo. Later, Yi Chi-baek of Koryo attempted to revive the *hwarang*, and Kings Yejong and Uijong expressed interest in them and as late as the early Choson *dynasty* they were talked about among the people. Choe Chi-won's history of the son in the preface to the Nannang stele tells the history of the origin of the *hwarang*.

Ho Chong-dan of the Song China-dynasty, who emigrated to Koryo, and others were reported to have destroyed all remnants of *hwarang* while touring the country.[42] WonKwang(535-630 A.D.), who studied in China for a long time, imparted five principles to young *hwarang* at their request: they were to be loyal, to be pious to parents, to be faithful to friends, not to retreat in battle, and to be

---

41. Choe Chi-won, *Yusol kyonghak taejang* (1, sin)

42. *Koryosa Chollyo* (1, Songjong 12) ; *Sin Chae-ho chonjip*, sang, p. 370.
    Ho Chong-dan was a man from Song China who emigrated to Koryo and destroyed the remains of the *hwarang*.

prudent in killing. These were domesticated ideas from Taoism, Confucianism, and Buddhism to fit the ethical needs of the Silla people of the time and to serve the purpose of Silla unification.

As pointed by Yu Sung-guk, these principles had special features. The principle of loyalty preceded the principle of filial piety because of the immediate need for unity in the nation; faith was developed into a belief that one must share the fate of others, whether of life or death; prudence in taking life did not mean an unconditional ban on killing but to exercise caution; and, finally, in enjoying nature, one was not merely to enjoy nature by following the principle of "letting nature be" but to love nature and train one's mind and body, being ever mindful of the religious element of unity of man and god.[43]

About the time of the unification of the Three Kingdoms, the representative figure who established the unique tradition of Buddhism for the protection of the state in Silla was none other than the high priest Wonhyo(617-686 A.D.), who was a *hwarang*. The basic idea of Wonhyo can be summarized as follows: a respect for human beings, the equality of men, a return to the origin of the Buddhist mind, the benefit of all, existence without interference, study for knowledge in Buddhism, and harmony.

Central to his idea was the concept of harmony, and he was often referred to as the national priest of harmony.[44] His establishment of a non-sectarian Buddhist order and his effort to purify society(purification of Silla) come from

43. *Samguk yusa* (4, uihae, 5); Yu Sung-guk, *Hanguk ui yugyo*(1980), pp. 64-100.
44. The ideas of Wonhyo : respect for human dignity, equality of man(*Kumgang sammaegyong*, pp. 410, 412, and 448 ; *Kisinlon*, pp. 410, 412, and 448 ; *Yolbangyong jongyo*, pp. 21, 24, 43, 50, 60, 64, and 66) ; on Buddha(*Kumgang sammaegyong*, pp. 152, 238 ; *Kisinlon*, p. 467; *Taesung kisinlon pyolgibon*, pp. 495);one mind(*Kisinlon*, pp. 390, 391, and 394; *Taesung kisinlon pyolgibon*, pp. 462, 465, and 467) ; to benefit mankind(*Kumgang sammaegyong*, pp. 136-139, 141, 143, 181-183, 188-1189, 218, 274-275, 277-279 ; *Kisinlon*, pp. 397-399) ; harmony(*Kisinlon*, pp. 404, 448, and 468 ; *Simmunhwajaengnon* pp. 640-646 ; *Koryosa* (sega 11, p. 30) ; for puril puri piyu pimu(*Yolbangyong jongyo*, pp. 32, and 34) ; and for Chongjong Muae Chajae(Yi Ki-yong, trans., *Hanguk ui pulkyo sasang* 1977, p. 86).

his idea of harmony. He practiced his ideas among the people. The idea for having each person able to read scriptures, practice *son*, and chant prayers on one temple without sectarian division in Korea had its origin in Wonhyo's idea of harmony. Even in the area of Buddhist doctrine, priest Uisang, Kyonghung, and Taehyon of Silla, priests Uichon and Chinul of Koryo, and priests Chongho(Sosan) and Yujong of Choson all practiced both son and kyo based on Wonhyo's ideas. It is said that the hwarang worshipped Maitreya[45] and since Wonhyo advocated faith in Maitreya[46] it seems that the *hwarang* were influenced by Wonhyo.

In the Buddhist scripture that was used to protect the state,[47] there is a saying that a king must abolish evil laws even at the cost of losing his throne.[48] In the annotation of Maitreya sangsaenggyong(미륵상생경) as explained by Wonhyo, there is a phrase that recounts how Maitreya once told a child that he had come to earth to redeem the people instead of attaining nirvana.[49]

Buddhism fostered traditional good thought not only in Silla; It was also reintroduced to China; Buddhist culture then flourished in the Three Kingdoms and was transmitted to Japan together with general culture, including utensils for daily life.[50] Paekche developed not only Buddhism but also Confucian teachings, and transmitted to Japan the primer of Chinese characters, the Analects, and other Confucian teachings.[51]

By the time of the King Munmu, who unified the Three Kingdoms, Silla's

---

45. *Samguk yusa* (3, Tapsang, 4).

46. *Wonhyo taesa chonjip* (1978), p. 417.

47. Yi Ki-yong, *Hanguk pulkyo yongu* (1982), p. 417.

48. *Koryo taejanggyong*(the Tripitaka Koreana) ; *Kumkwangmyong choesungwang gyong*.

49. *Wonhyo taesa chonjip, op. cit.*, pp.117-118.

50. Cho Myong-gi, *Silla pulgyo ui inyom kwa yoksa*, pp. 38, 73-79, 87-89, 102-106, 117-118, and 184-187 ; Yi Ki-yong, *Hanguk pulkyo yongu*, p. 244.

51. Yu Sung-guk, *Hanguk ui yugyo*, pp. 39, 69, 72-77, 105-106.

Buddhist idea of protecting the state was in full bloom. The king said, "I have long forsaken the glories of this world. When I die, I will become a big dragon to protect the state. If I can do this, this truly expresses my feeling."[52]

In accordance with his will, he was entombed in a huge stone in a bay on the East Sea, and this rock is called the rock of the great king.[53] In his will he also said that

"This unvirtuous one met the unfortunate fate of fighting war and suppressing rebellion, but I have expanded the territory, prompted agricultural production, lightened the load of taxes and corvée, and filled warehouses with grains; prisons have become useless because there are no criminals.

Because of my age and the work of the state, my chronic illness has resurfaced. No one can escape from life and death, and I have no regrets. The virtuous prince has long lived in the eastern palace; my subjects should not forget the obligation to bury the dead, and they should honor the rite of service to the living. The throne cannot be vacant, and the prince should be crowned in front of the coffin.

The dead cannot be revived by man's work or by wasting materials, and I do not enjoy such waste. Therefore, I should be cremated in the Indian style in the garden in front of the warehouse gate after ten days of my death. The clothes for mourning should follow the usual practice, and the funeral services should be simple.

Unnecessary taxes in local areas should be banned, and if there are laws and formalities that are inconvenient to the people, they should be reformed."[54]

Following the spirit of the inscriptions on the monuments of King Kwanggaet'o and King Chinhung, it is noteworthy that the will of King Munmu expressed his kind consideration for the people; he attempted to carry

52. *Samguk yusa* (2, kii 2, King Munho[Munmu]).

53. *Sinjung tongguk yoji sungnam*(20), p. 18.

54. *Samguk sagi* (Silla Pongi 7, King Munmu 27).

on the ideals of Tangun and tried to instruct his successor, in particular, to revise the laws to fit the unique needs of Silla. This seems to have been an effort to rectify the practice by his predecessors of copying too much from the Tang system.

However, from the time of King Hyegong(765-780), Internal struggles among the ruling aristocrats gradually increased, and the domination of local gentries became widespread. In contrast to the period of the unification of the Three Kingdoms, the quality of kings had become inferior, and Buddhism deteriorated, weakening the will to rejuvenate the kingdom.

Under these circumstances son temples in nine mountains were established. The kingdom brought in from the Tang China the bad practice of honoring sectarian factions. Also, although Korea had had such ideas in the past,[55] the study of the calendar, geomancy based on *yin* and *yang* and geography, and *toch'am* thought were introduced from the Tang China; and the tendency to rely on supernatural, mystical, and superstitious powers was prevalent from the late Silla and the late Three Kingdoms to early Koryo. The representative figures of this period were Kungye and Toson. The Ten-article Ordinance of the first king, Wang Kon(918-943 A.D.), who founded Koryo, reflected this tendency, and people like Sindon and Myochong of the late Koryo utilized these supernatural powers.

The Ten-article Ordinance[56] of King Wang Kon was based not on simple ideas or religious beliefs, but rather on a policy that reflected the complected ideas of the time. However, the king's conscious self-reliance in not copying unconditionally the Tang China, as well as his attitude as a successor to the great Koguryo, should be praised.

---

55. *Samguk sagi* (Silla Pongi 1, Tarhae isagum).

56. *Koryosa* (sega 2, King Taejo 26) ; *Koryosa Chollyo* (1, Sinsong 26) ; Yi Pyong-do, *Hanguksa, chunggopyon*, pp. 79-87.

Koryo began to rectify the corruption in Buddhism, while at the same time promoting Confucian teachings. Koryo began to put in order its political structure, the civil service examination system, the educational institutions, and other organizations from the time of the sixth king, Songjong(982-997 A. D.), to the eleventh king, Munjong(1046-1083). The wise King Songjong, who was both kind and practical, was assisted by the able Confucian scholar Choe Sung-no, who was both loyal and learned, and together they developed the basis of a good tradition. While the first king, Taejo(Wang Kon), had fostered a self reliant spirit,[57] King Songjong and Choe Sung-no also had self-reliant ideas. As a response to the political reform of the time by King Songjong, a twenty-eight-article policy[58] was submitted by Choe Sung-no in 982 A.D., and it was taken mostly from the Analects of Confucius.[59]

In this twenty-eight-article policy, Choe emphasized the strengthening of national defence, the reform of inequality in the social system, the purification of customs, and thrift in manpower and national expenditures. Although there were areas of reform patterned after the Chinese system, Choe insisted that because the Korean geography, climate, and customs were different from those of China, there was no need to imitate the Chinese but rather to maintain and develop the special character of Korea's own culture.

King Songjong died at the age of 38 after sixteen years of rule, but he had carried out reforms beyond the recommendations of Choe Sung-no. King Songjong said to his regional governors, in February of the second year of his reign, 982 A.D., that "everyone should enjoy life and maintain livelihood. When I see even a single criminal or poor person, I reproach myself and become saddened. I may be residing in the palace, but my mind is always with the people. I dress early and dine late, always looking for a person to enlighten

---

57. *Koryosa Cholyo* (1, hunyo, 4-5).

58. *Koryosa* (yoljon 6, pp. 12, and 18) ; *Koryosa Cholyo* (2, King Songjong 1).

59. *Lunyu* (hagipyon 1; yanghwapyun 2).

me."[60]

Also in his instructions in September of the fifth year of his reign(985 A.D.), King Songjong stated that "the magistrates should not delay adjudication, the national treasury should be replenished to relieve the poor, encourage agriculture and sericulture, reduce taxes and relieve people from corvée, and handle affairs fairly."[61]

In general terms, it is the realization of the concept. He sent scholars to educate the youth in the localties; recruited the well-educated,[62] sought assistance in political affairs from the talented and the erudit;[63] established a library in Pyongyang,[64] developed a nation based on education by establishing schools and by giving lands to look after students;[65] encouraged medical arts;[66] identified filial piety as the foremost principle in ruling the state; sent emissaries to each province as practiced by the wise princes of the Three Kingdoms to help the poor, the aged, and the lonely and to reward the pious sons, obedient grandchildren, faithful husbands, and virtuous wives;[67] and abolished p'algwanhoe in two cities. It was wrong to abolish it as Yi Chi-back remarked, so it was revived later.[68]

Confucianism in the Koryo period before the introduction of Neo-Confucianism existed primarily at a time of importing Chinese Confucianism; the great Confucian scholar of the period was Choe Chung, during the reign

60. *Koryosa* (sega 3, King Songjong 2).
61. *Ibid.*, p. 10(King Songjong 5).
62. *Ibid.*, p. 12(King Songjong 6).
63. *Ibid.*, p. 16(King Songjong 8).
64. *Ibid.*, p. 22(King Songjong 9).
65. *Ibid.*, p. 15(King Songjong 8).
66. *Ibid.*
67. *Ibid.*, p. 17(King Songjong 9).
68. *Ibid.*, p.12(King Songjong 6) ; *Koryosa Chollyo* (2, King Songjong 5 and 12; Hyonjong, 1).

of King Munjong(1046-1083). Together with the institution of centralized aristocratic rule, the Confucian political ideas were supported by the aristocrats. Choe Chung, who held the post of premier as well as that of state examiner of the government civil service examination, ventured out to establish private schools, and this gradually led to the creation of academic factions. Because the scholars of the time were learned in both Confucian and Buddhist teachings, great Confucian scholars like Choe Chung and sycophantic writers like Kim Pu-sik, the author of the *Samguk Sagi*, were friendly to Buddhist scholars.

On the other hand, Buddhism in Koryo had corrected the corrupt Buddhism of Silla, and Uichon revived the Chontae sect and Chinul attempted to revive the ideas of Wonhyo by learning both *son and kyo*; but Uichon tilted toward one sect, and Chinul failed to win the people. Buddhist thought of the Three Kingdoms period and the Koryo period is only briefly discussed here because the subject will be dealt with in another chapter.

When military men took power in the interim, scholarship and religion fell into a dark age. Many Confucian scholars fled to temples in the mountains to study. Moreover, at the time of the Mongol invasion and the invasion by other enemies, the righteous army of the people and monks engaged in battles. In order to pray for the defeat of their enemies, the people established a place for prayer to guard the nation, and they completed the great work of recarving the Tripitaka Koreana of eighty-thousand wooden printing blocks and left other art works such as the Koryo celadons. Later in the first half of the 14th century, when Mongol direct rule was enforced, the place for prayer to guard the nation and to defeat the enemies was closed.[69]

Koryo Buddhism gradually regressed to become a mountain Buddhism or a superstition practiced simply to obtain blessings; at that time it attempted to deceive the world with indecent ways, and in an effort to avoid its obligation to the state, the corrupt Buddhist temples amassed wealth using unlawful means.

---

69. Yi Ki-yong, *Hanguk pulkyo yongu*, p. 190.

Temples also held large amounts of agricultural land, bringing confusion to the land system and depleting the national treasury.

During the Choson dynasty the tradition of Buddhist protection of the state was continued by Hyujong(Sosan, Chongho), who led an army of monks against the Japanese invasion of Korea in 1592, and his disciple Yujong(Samyong, Song Un); and the tradition was continued to the late Chosun period and to the time of the Japanese occupation by Manhae, Han Yong-un, who maintained his unswerving resolve to resist the Japanese by championing the March First Independence movement in 1919.

Toward the end of Koryo, when the decadence of Buddhism reached its extreme, the Confucianism of the Han and Tang China changed to the Neo-Confucianism of Song China. The scholar who first introduced Song Neo-Confucianism to Koryo at the time of the Yuan China dynasty was An Yu(An Hyang), during the reign of King Chungyol(1274-1308).[70]

Later, at the time of King Chungson(1308-1313), Paek I-jong went to Yuan China and learned Neo-Confucianism, transmitting it to Yi Che-hyon,[71] and Yi was called into the library of King Chungson in the Yuan capital and exchanged ideas with noted Confucian scholars there.[72] The three scholars of Koryo -- Chung Mong-ju, Yi Saek, and Yi Sung-in were all authorities of Neo-Confucianism.

The reason why Neo-Confucianism was welcomed in Koryo was that the circumstances surrounding the rise of Neo-Confucianism were suitable to the national political climate of the time in Koryo. Furthermore, the reason for the anti-Buddhist policy of the Choson dynasty was that the literati who supported Yi Song-gye through the joint consultative council espoused Confucian ideals

---

70. *Koryosa* (yoljon 18, p. 28, An Hyang).

71. *Ibid.*, (yoljon 19, pp. 1 and 12, Paek Sin-jong).

72. *Ibid.*, (yoljon 23, p. 22, Yi Che-hyon)

and pursued a Confucian policy politically. In the new Confucian faction that formed new forces allied with the Ming China, there were two groups headed by Chong Mong-ju, who advocated the revival of Koryo dynasty through reform, and the revolutionary group headed by Chong To-jon, who advocated the change of the dynasty and supported Yi Song-gye.

The revolutionary group suppressed the righteous group and assassinated its members, and it became a meritorious group, which considered the political realities of the time important. The righteous group traced their origin back to the *hwarang*, the six martyred ministers, and the righteous army of the late Choson dynasty, linking Chong Mong-ju with Kil Chae, Kim Suk-cha, Kim Jong-jik(son of Kim Suk-cha), Kim Kwaing-pil, and Cho Kwang-jo.

In order to maintain the new order and to attain new objectives, the Choson dynasty from the beginning engaged in the codification of laws, which was completed after several generations. It is important to note that the role of legal codes was important in maintaining order in Choson society.

In the period after the founding of the Choson dynasty when a measure of stability was established, Korea was fortunate to have the wise King Sejong(1418-1450), who made significant progress. King Sejong gathered able scholars in the Hall of Worthies and encouraged the enlightenment of the people, promoted studies on domestic and foreign policies, national defence, education and edification rites, recreation science and technology, discoveries and inventions, publication, industries and agriculture, and the military and taxation systems.

He also endeavored to solve the problems of people's livelihood and invented and popularized the Korean alphabet. He was indeed a benevolent king with a self-reliant spirit. His achievements in culture, upholding the tradition and the traditional ideals of Tangun, need not be pointed out in detail. It is meaningful that the *Chiriji*, the book of geography compiled by Yun Chun and Sin Saek at the order of King Sejong in 1432, recorded the history of the founding of

Korea by Tangun.[73]

Although all of his work was done in the spirit of Tangun tradition and for the love of the people, his benevolence can especially can be seen in a phrase of the *Hunmin chongum*, which states: "The sounds of Korean words differ from those of China, and because Chinese characters are not popularized, there are many among the people who cannot write their ideas even when they want to express their views. I took piety in this situation and created twenty-eight letters for all to learn and use daily."[74] Also, his own statement, "to transmit loyalty and filial piety to every household and to keep the benevolence and respect on earth for generations," express his fundamental spirit.[75]

Later, contrary to the spirit of moral enlightenment in Neo-Confucianism, the dynasty suppressed the people and enlarged government land holdings; its scholars fell into factional political struggles, and the country experienced continuous foreign invasions, eventually causing the dynasty to fall. The cause was in the gradual change in direction under the influence of flunkyism and narrow-minded exclusivism.

Flunkism led to a neglect of a self-reliant spirit, and narrow-minded exclusivism isolated the society from other ideas and cultures. Other kinds of Confucian teaching and anything other than Neo-Confucianism, such as the scholarship of Liu Jiu-yuan of the Song and Wang Shou-ren of the Ming, were considered heretical, and criticism of Zhuzi teachings was banned, preventing scholarly and ideological research and development.

Division and conflict in traditional thought were the causes of the fall of the dynasty. The rivalry between the meritorious group and the righteous group in the New Confucian school turned into a continuous, complex, and intense factional struggle in both political parties and academic circles as the various

---

73. *Sejong sillok*(chiriji, Pyongyangjo, Tangungi, pp. 2-4).

74. *Ibid.*, *(113, King Sejong 28, Hunmin jongum oje)*

75. These are words to the pious by King Sejong (Yu Sung-guk, *Hanguk ui yugyo*, p. 235).

principles of Neo-Confucianism developed. The righteous group linked their tradition to the spirit of the *hwarang* and the loyalty of the six martyred ministers.

The literati refrained from participating in the affairs of the new Choson dynasty and educated the young in mountain villages. They began to engage in politics only after King Sejong(1418-1450) and Chungjong(1506-1544), but they soon were persecuted by the meritorious group, beginning with the reign of King Sejo(1455-1468). Their abstention from politics was not a simple act of non-cooperation, but an expression of resilient opposition to the ruling circles and their unlawful use of force for persecution. This element of opposition to the maintenance and development of legitimate tradition seems to have built a new tradition.

Later Yi I(Yulgok) bestowed high praise on Cho Kwang-jo of the righteous group, who supported the king's rule and advocated benevolent policies.[76] In addition to the tradition of opposing the unlawful change of government by force, there was a tradition of opposing the misuse of power, such as in the people-centered idea of Yi I and freedom of speech in line with Tangun's philosophy of *hongik-ingan*, the delimitation of the king's power by the council system in Puyo, the selection of the king by the tribal representative council based on the unwritten law of Puyo, and the abdication or execution of the king, in times of famine or major policy failure. In such a responsible government system, there were many points similar to the Western democratic system, but because the political process was not by the people, the system was undeveloped compared to the Western democratic process.[77]

Neo-Confucianism in Korea flourished in the sixteenth century. So Kyong-dok(Hwadam, 1489-1546), Yi Hwang(Toegye, 1501-1570), and Yi I(Yulgok, 1536-1584) became representative scholars on Confucian teachings in Korea. Yi Hwang tried to develop Zhuzi's ideas faithfully by expanding the natural

---

76. *Yulgok chonso* (3, Tobongsan sowongi).

77. *Haksuwon nonmunjip, Inmun sahoe kwahak pyon 18*(1979) ; p. 148.

characteristics of man without falling into human greed. However, Yi I was widely read and often critical of Zhuzi,[78] and compared to his own teacher of Taoist teachings, Yi Hwang, he embodied the qualities of a political reformer, advocating the reform of society according to the realities of the time, insisting on policies to strengthen the nation by changing laws, and he proposed numerous policies in detail to revolutionize the economic system to meet the needs of the peoples.[79] Yi thus often considered a pioneer of the *silhak* school.[80]

On the policy toward Japan, both men were patriotic. Yi I made a request to the throne for a 100,000-man army.[81] On the other hand, Yi Hwang memorialized that to refuse the conciliation offer of Japan might bring harm to the nation in the event that both Japan and China were to invade at the same time. It was best to strengthen the defence; to be courteous was fine but not to the extent of being sycophantic, and to provide grains and money was permissible so as not to disappoint them, but excessive demands for gifts were to be rebuffed.[82]

The advice of these two great Confucian scholars should have been heeded in the contact of foreign policy and in the strengthening of the national defence, but the two were ignored amidst the struggle for political power. Because he was a politician, there are many aspects of Yi I's ideas that are noteworthy, such as the people-centered idea, freedom of speech, and the reformation of the legal codes, but these should be discussed in detail elsewhere; suffice it here to state that the influence of Neo-Confucianism on the legal concept in Korean tradition was significant.

In spite of the warnings by these two scholars, when the ills of factional strife reached the extreme at a time when national defence was inadequate,

78. *Yulgok chonso* (4, Tapsong howon).

79. *Ibid.* (Tongho mundap; Mar.1583, Simu6chogye , Jan.1594, Manonbongsa).

80. *Ibid.* (Subyu 5, chapso 2, Simu7cho).

81. *Ibid.* (34, nyonbo, Apr. 1583).

82. *Toegye chonjip* (6, kapjin golmuljol oeasa so).

the Japanese attacked Korea in 1592. The king and nobles fled. The people, who were neglected, the righteous Confucian scholars, and the monks in their mountain temples raised volunteers, and armed forces led by Admiral Yi Sun-sin and other able generals together with soldiers from Ming China jointly defeated the Japanese.

Korea brought great changes to Asia. Shortly thereafter, Ching China invaded Korea, in 1636, and the Koreans capitulated. At the time, those who advocated resistance and those who proposed peace both acted on the basis of patriotism to save the nation. It is sad that the plan of King Hyojong(1649-1659) and his subject Song Si-yol to march north was not realized.

After the Japanese and Chinese invasions, both domestic and international order collapsed, the land was devastated, and the national finances were ruined. Various laws were enacted, to reduce the burden of farmers, such as *taedongpop*, *hwangokpop*, and *kyunyokpop*, but the recovery was slow. Some measure of stability was attained by instituting *tangpyongchaek*, a policy to recruit from all factions by Kings Yongjo(1724-1776) and Chongjo(1776-1800); and notable progress was made in writing and the publishing of cultural works and legal codes, but the basic cause of the factional struggle was not eliminated. Because Yongjo had killed his crown prince Changhon, the factional struggle became more complicated as they intensified between those who sympathized with the prince and those who tried to justify his elimination.

During the 17th and 18th centuries, the lineage politics engaged in by a small number of families who monopolized political power created societal contradictions, such as the increasingly large number of idle *yangban* in the upper class, the large gap between the rich and the poor peasants, and the tendency of bigger merchants to crush the smaller merchants for bigger profit.

Association to political power became the standard of values, and the rules of rites as well as of Neo-Confucianism were used as means in the struggle to win political power to satiate personal greed. The intensified status system and ideologically oriented authoritarianism tended to suppress freedom of thought and academic pursuits, and theories of moral obligation and principles of Neo-Confucianism were separated from their practical applications and became empty ideals used only for factional struggles. There was a need to reflect on scholarship to solve the problems at hand, and this was begun by a group of unemployed southern scholars in southwestern Korea, *Kiho namin*, who began to publish their research results. Their studies were later called *sirhak* in the Korean academic community.

It was not a systematic study, but by using practical research methods, *sirhak* attempted to reform the political and social ills of the time in response to the need of the time in all areas of the social sciences, natural sciences, and technological sciences. From such a practical basis, the *sirhak* scholars insisted on bold reforms and the creation of an ideal society. These efforts, of course, manifested a strong nationalistic character. They prescribed an equal land system for the healthy development of farming and proposed reforms in the people-centered education, the election and government system, the military system, and in the administrative, juridical, and executive branches of the government.

Yu Hyong-won(Pangye), Yi Ik(Songho), Pak Chi-won(Yonam), and Pak Che-ga(Chojong) were *sirhak* scholars who proposed social reforms.[83] Chong Yak-yong(Tasan), who was involved in a factional dispute between *noron and namin* in 1801, compiled a trilogy of works on sirhak during his eighteen year exile; they are the *Kyongse yupyo* on central government organization, the *Mongmin simso* on local administration, and the *Humhum simso* on criminal administration.

The reform ideas of these men can be seen in these books. They introduced the Ching dynasty's positivistic scholarship as well as Western technologies, sciences, religion, and ideologies; they established a free academic atmosphere away from traditional authority, widely sought knowledge through open and

---

83. Yu Hyong-won, *Pangye surok* ; Yi Ik, *Songho sasol* and *Kwakurok.*

critical attitudes, and criticized and called for reform of the society of the time, which was filled with corruption and absurdity, as well as of the Neo-Confucianism that was considered the sole precursor of social norms of the time, eventually bringing about a diversification of ideas in Korean society. They even approached studies of the teachings of Wang Yangming, Catholicism, and the materialistic culture of the Ching China that had been despised by Koreans.

As a result of their efforts many scholars published books on Korean studies, and their *sirhak* thought was carried over to the idea of enlightenment toward the latter part of the dynasty. The idea of An Chang-ho on the faithful execution of one's duty and Kim Ok-kyun's idea on enlightenment can both be traced back to *sirhak*. The special characteristics of *sirhak* were to seek truth based on facts, to be utilitarian in promoting welfare, to develop critical minds, to be free to seek knowledge by positivistic means.

These characteristics represent the special circumstances of the times, in the latter part of the Choson dynasty, but they are also linked with Chinese *shixue*. In China the teachings of Confucius and Mencius were called shixue, compared with the southern school which included the teachings of Laozi and Zhuanzi. Toward the end of the Ming dynasty five teachers advocated the practical use of the Chinese classics as well as utilitarian scholarship. During the Ching dynasty there was a Chinese scholar on *sixhue* .

Althought *sirhak* was not able to reform the contradiction of late Choson society, it aroused the will to revive the traditional thought and thus made a significant impact on Korean thinking. The reason for the preservation of the dynasty -even when the ruling *yangban* were corrupt, the rules were relaxed, and the others were unobserved in the latter part of the Choson dynasty- was in part the completion of the codification of laws; there were, moreover, local officials in six local administrative offices, there was an autonomous local governing body called *hyangch'on*, and a village community organization existed in each village.

Lastly, let us examine the process of codification in the Choson dynasty. Although Yi Song-gye, a general of the late Koryo, established the Choson dynasty in 1392 by destroying the Koryo dynasty and killing its supporters, the structure, the system, and the methods of administration of the new dynasty were similar to the old. There had been no time for the new rules devised by Chong Mong-ju to be implemented in the late Koryo before its fall.

The reason why the Choson dynasty proclaimed the laws of the Ming, while using the laws of Koryo, seems to be the confusion that came from the influence of the laws of Yuan that were extant in the late Koryo. However, there were many Ming laws that were inappropriate for Choson society, and many codes were supplemented. This is the reason why the preface of the *kyongguk taejon* stated that the "laws in the *kyongguk taejon* supercede the laws of Ming."

Originally the Ming laws were based on the laws of the Tang, and since many laws of Koryo were taken from Tang law, the legal system of the Chosun dynasty was similar to that of Koryo. Legal codes were newly compiled in the Choson dynasty, and this work continued for several generations, beginning with the Choson *kyonggukchon*, a private work of Chong To-jon at the time of King Taejo(1392-1398), and continuing with the *Kyongje yukchon*, a collection of laws compiled at the order of King Taejo; the *Sok yukchon*, compiled at the time of King Taejong(1400-1418); the S*in yukchon tungnok*, *Sinchan kyongje yukchon*, and *Sok yukchon*, compiled at the time of King Sejong(1418-1450); the *Kyongguk taejon*, from the time of King Sejo(1455-1468) to the time of King Songjong(1469-1494); the *Songnok*, *Husongnok*, at the time of King Chungjong(1506-1544); the *Soktaejon*, at the time of King Yongjo(1725-1776); the *Taejon tongpyon*, at the time of King Chongjo(1776-1800); and the *Taejon hoetong*, at the time of King Kojong(1868-1907).[84]

---

84. The codification works of the Choson dynasty are as follows :

The *Choson kyonggukjon* was privately compiled by Chong To-jon in 1394. In the name section it was stated for the eastern country were not uniform ; there were three who called it Choson, and the first was Tangun.

The *Kyongje yukjon* was compiled by Cho Chun and others in 1937, collecting ordinances from the fourteenth year of King (Sin)u of Koryo to the fifth year of King Taejo of the Choson dynasty.

The *Sokyukjon* was compiled by Ha Ryun and others in 1413, revising the *Kyongje yukjon* and adding the king's ordinances.

The *Sin yukchon tungnok* was compiled by Yi Chik and others in 1428, compiling the king's ordinances after the *Sokyukjon*. The S*inchan Kkyongjeyukjon* was compiled by Hwang hi and others in 1433.

These books cited above are not extant. Only Chong To-jon's private collection is recorded in the *Sambongchonjip*.

The *Kyongguk taejon* was compiled by Choe hang, Kim Kuk-kwang, and others by the order of King Sejo, collecting all the laws of the past. Of the six laws, the civil code was compiled in 1460, the criminal code was compiled in the following year(1461), and the rest of the four codes were compiled from 1469 and completed in the reign of King Songjong. It was proclaimed in 1471, revised in 1474, and revised again in 1485. The *Kyongguk taejon* was the basic legal code of the five-hundred years of the Choson dynasty, compiling laws and ordinances proclaimed during the first hundred years of the dynasty. It is the oldest and most comprehensive collection of legal codes for the Choson dynasty.

The *Kyonggukjon chuhae* is a collection of explanatory notes for the notes that are difficult to understand. This book was compiled by An Wi and Min Chon by the special order of King Myongjong in 1550, and it was completed in 1555.

The *Kyongguk taejon songnok* is often called *Chonsongnok*. It was compiled by Yi Kuk-chung in 1492, selecting those ordinances proclaimed after the compilation of the *Kyongguk taejon*.

The *Kyongguk taejon* husongnok was compiled by Yun Un-bo and others in 1543, collecting ordinances proclaimed during the fifty-two year period after the compilation of the Chonsongnok including the orders from the Six Boards.

The *Kaksa sugyo* is a collection of ordinances and documents given to each office by the king from 1546 to 1576. This book was housed in the Royal Secretariat.

The *Sasong yuchwi* is a collection of decisions for the benefit of officers in charge, and it was published in 1585.

The *Sugyo chimnok* was compiled by the Minister of Personnel, Yi Ik, and others by the

There was a complicated situation surrounding the compilation of the *Taejon hoetong*. After its publication, the country needed drastic political reform as both the foreign and domestic situations became intense. Because of mismanagement in the Three Administrations of land, the military, and grains, the national treasury was depleted and the people were in dire straits.

As the people became engaged over the oppression of the government officials, the king asked widely for suggestions; he then organized a committee called the *Samjong Ijongchong*, studied policies to deal with the problem, and proclaimed new laws. However, the basic cause of the problem was not with

---

order of King Sukjong. It is a collection of the king's ordinances from the period after the compilation of the *Kyongguk taejonhusongnok* to 1698.

The *Chollok tonggo* was compiled in 1708, publishing laws and ordinances up to that time.

The *Sinbo sugyo chimnok* was compiled by the scholars of the Special Counselors Office by order of the king, supplementing the *Sugyo chimnok* up to 1743.

The *Sok taejon* was compiled by the Chief State Counselor Kim Chae-ro and others. Because there were too many laws and ordinances since the publication of the *Kyongguk taejon*, the king ordered Kim Chae-ro to select laws appropriate for the time from the *Taejon songnok*, *Taejon husongnok*, *Sugyo chimnok*, and *Chollok tonggo*, supplementing what was left out. It was completed in 1744 and published in 1746. This book was compiled in the hope of bringing an end to the perennial factional strife and to bring out a legal code book that would last for the duration of the dynasty.

The *Taejon tongpyon* was compiled by Kim Chi-in in 1785. Although laws and ordinances were compiled and published in *Sok taejon* in 1746, there were numerous law books including *Taejon*, *Wonjon*, *Sokjon*, *oryeui*, and *Chollok tonggo*, whose number was causing inconvenience; these books were combined into one legal code book. The book was divided into various sections, such as the original section, continuation section, and supplementary section.

The *Taejon hoetong* was compiled by Chief State Counselor Cho Tu-sun in 1865, supplementing the *Taejon tongpyon* with laws and ordinances for the ninety years after the publication of the *Taejon tongpyon*. The book was divided into four sections, adding another supplementary section to the above three. In the same year, the *Yukjon chorye* was also published.

the system but with the officials who abused the system and also with the royal court, which had appointed these officials; thus the proclamation of new laws was not effective in solving the problem.

In order to reform the Three Administrations, therefore, the work of compiling new laws began. The *Taejon hoetong* was the latest Oriental legal code book of the Choson dynasty. In it were compiled the king's ordinances, rules, and regulations, which supplemented the laws of the previous eighty years after the publication of the *Taejon tongpyon*.

Every book of law mentioned above is a collection of laws from the past, the laws of eternally unchangeable sacred ancestors -not a new compilation- and each attempted merely to clarify the origin of the old laws. Therefore, the process of compilation of the legal codes was also antiquated.

Separation of powers is not found in Oriental legal codes, and with Western cultural encroachment a reform of the state system and a change in legal codes became unavoidable. Revised criminal laws were proclaimed, and the compilation of Western legal codes was begun, but new civil laws were not enacted, and the old *Taejon hoetong* was still in use when Korea was annexed by Japan in 1910. At the end of World War II, when national sovereignty was restored, an attempt was made to do away with the old laws. Since the new tradition has not been solidified, Korea still has a big task ahead. Korean society has yet to establish a firm tradition.

Choe, Tae-young(Senior member, The National Academy of Sciences)
Translated by The National Academy of Sciences

Bibliography

An chong-bok. *Tongsa kangmok* (History of Korea).

Chang Chi-yon. *Taehan kangyokko* (Studies of the Boundaries of Korea).

Cho Kwang-jo. *Chongamjip* (Works of Chongam).

Cho Myong-gi. *Silla pulgyo ui inyom kwa yoksa* (Ideals and History of Buddhism in Silla). Limited edition. Seoul, 1974.

Choe Mu-jang, trans., "Chungguk kogo hakcha dul ui palgul pogoso" (Report of Chinese Archeological Findings). In *Koguryo Parhae munhwa*. Seoul, 1982.

Choe Nam-son. *Fukan bunkaron* (Essays on Culture). Seoul ; Chosen Shiso tsushinsha, 1925.

_____. "Tongilgi ui Silla" (Silla in the Unification Period). Chongnyon 8, no. 2, 1928.

_____. "Silla Chinhung wang ui chaerae sambi wa sinchulhyon ui maunnyong bi"(The Three Monuments of King Chinhung of Silla and the newly found Maunnyong Monument). *chonggu hakpo* 2, 1930.

Choe-Tae-yong. "Hanguk sanggo popcholhak ui yoksajok paegyong" (Historical Background of Ancient Korean Legal Philosophy). *Haksurwon nonmunjip, Inmun sahoe kwahak pyon* 18, 1979.

_____. "Hanguk kodae[samguk sidae] popsasang ui yoksajok paegyong"(Historical backgrounds of Legal Philosophy in Ancient Korea[the Three Kingdom Period]). *Haksurwon nonmunjip, Inmun sahoe kwahak pyon* 22, 1983.

_____. " Tongso popsasang ui yusajom ui naeyongjok chai" (Differences and Similarities Between Legal Philosophies of the East and the West). Proceedings of the Eighth

International Symposium of the NationalAcademy of Sciences, 1980.

Choe Tong. *Choson sanggo minjoksa* (Ancient History of Korean People), Seoul, 1966

Chong In-bo. *Choson munhak wollyu chopon* (Origin of Korean Literature). Seoul: Yonhui chonmun hakkyo, 1930.

_____. *Chosonsa yongu* (Studies of Korean History). Seoul, 1946.

Chong Mong-ju. *Pounjip* (Collection of Poun's Writings).

Chong Yak-yong. *Abang kangyokko* (Boundaries of Our Country).

_____. *Chong Tasan chonso* (Complete works of Tasan).

_____. *Yoyudang Chonso* (Works of Tasan).

Choson kyonggukjon (Collection of Laws and Regulations of the Choson Dynasty).

Choson Wangjo sillok (Veritable Records of the Choson Dynasty).

Chungbo munhon pigo (Historical Referenced of the Choson Dynasty).

Ershiwushi (Twenty-five Year History of China).

Hong Tae-yong. *Tamhonso* (Collected Papers of Tamhon).

Hwang Yu-han. *Parhae Kukki* (History of Parhae).

Hyon Sang-yun. *Choson Yuhaksa* (History of Confucianism in Korea). Seoul, 1949.

Iryon. *Samguk Yusa* (Reminiscences of the Three Kingdoms).

Kil Chae. *Yaunjip* (Works of Yaun).

Kim Chae-won and Yi Pyong-do. *Hanguksa ; Kodaepyon* (Korean History ; the Ancient Period). Seoul : Chindan hakhoe, 1959.

Kim Pu-sik. *Samguk sagi* (History of the Three Kingdoms).

Kim Yuk-bul. *Parhae Kukchi changpyon* (Records of Parhae, Complete Edition). China, 1935.

Koryo taejanggyong (The Tripitaka Koreana).

Koryosa (History of Koryo).

Koryosa chollyo (Chronological History of Koryo).

Kwansup chosa pogoso (Research Report on Customs).

Kwon Kun. *Yangchonjip* (Collection of Yangchon's Writings).

Kyongguk taejon (Collection of Laws and Regulations).

Mun Chong-chang. *Tangun Choson sagi yongu* (Studies on the Historical Records of

Tangun Choson). Seoul, 1966.

Pak Che-ga. *Pukhakui* (Discourses of Pak Che-ga).

Pak Chi-won. *Yonamjip* (Works of Yonam).

Pak Se-mu. *Tongmong sonsup* (Teachings for Children).

Yu Hi-ryong. *Pyoje Umju Tongguk saryak* (Korea's History).

Puk Ae. *Kyuwon sahwa* (Historical Stories of Kyuwon).

So Kyong-dok. *Hwadamjip* (Works of Hwadam).

So Sang-guk. *Parhae kangyokko* (Studies on the Boundaries of Parhae).

Sungjongwon ilgi (Diaries of the Royal Secretariat).

Taegak kuksa Uichon munjip (Writings of the High Priest Uichon). Reprint, Seoul, 1974.

Taejon hoetong (Collection of Laws and Statutes).

Taejon tongpyon (Collection of Statutes).

Taemyongyul chikhae (Translation of Ming Legal Codes).

Tang An. *Parhae kukchi* (Records of Parhae). 1919

Wonhyo taesa munjip (Collection of the Writings of High Priest Wonhyo).

Xu Liangzhi. *Zhongguo shiqianshihua* (Stories of the Pre- history of China).

Yi Hwang. *Toegyejip* (Works of Toegye).

Yi I. *Yulgok Chonso* (Complete Works of Yulgok).

Yi Ik. *Songho saesol* (Collection of Songho's Writings).

_____. *Kwagurok* (Essays on Political and Economic policies).

Yi Ki-baek. *Hanguksa sillon* (New History of Korea). Seoul, Iljogak, 1976.

Y i Kyu-bo. *Tongmyong wang pyon* (King Tongmyong).

Yi Nung-hwa. *Choson pulgyo tongsa* (History of Buddhism in Korea). Seoul, 1918.

_____. *Choson togyosa* (History of Taoism in Korea).

_____. "Choson musokko" (Studies of Korean Shamanism). Kyemyong 19(1927).

Yi Pyong-do. *Hanguksa: Chugsepyon* (Korean History: the Medieval Period). 1961.

_____. *Hanguksa taekwan* (Survey of Korean History). Seoul, 1964.

_____. *Hanguk yuhaksaryak* (the History of Confucianism in Korea). Seoul, 1986.

Yi Saek. *Mogunjip* (Collection of Mogun's Writings).

Yi Sang-baek. *Hanguksa: Kunse chongi* (Korean History: the Early Modern Period). 1962.

_____. *Hanguksa: Kunse hugi* (Korean History: the Late Modern Period). Seoul: Chindan hakhoe, 1965.

Yi Si-yong. *Kamsi mano: Pak Hwang-Yombae chi han sasi* (Interesting Stories:Rebutting evidences to the Views of Korean History by Hwang-Yombae). 1934.

Yi Su-kwang. *Chibong yusol* (Works of Chibong).

Yi Sung-hyu. *Chewang wungi* (Poems of Kings).

Yi Sung-in. *Tounjip* (Collection of Toun's Writings).

Yu Hyong-won. *Pankye surok* (Collection of Essays of Pangye).

Yu Sung-guk. *Hanguk ui yuhak* (Confucianism in Korea), Seoul,1976.

_____. "Yuhak sasang hyongsong ui yonwonjok tamgu" (Research on the Origin and the Formation of Confucian Thought). Dissertation, Songkyunkwan University, 1974.

Yu Tuk-kong. *Parhaego* (Studies of Parhae).

Yuckchon chorye (Examples of Six Codes).

Differences and Similarities
in Western and Oriental Legal Thoughts
동서양 법사상의 유사점과 차이점

Focusing on Some Differences in the Contents of the
Simimilarities between Oriental and Western Legal Thoughts

Comparisons between Oriental and Western legal thoughts show that there are many similarities between them. However, a further study reveals that there are some differences in the contents. Some well-known examples among them are as follows:

There are some problematic spurious works of later periods found in the bibliography cited here, and also in some cases there are problems concerning the validity of some schools. I have not raised any question about the true writers and the dates of various parts of the books quoted. I have customarily followed the usual names of the schools.[1] For example, there are some statements of someone else's in the works of 'Kwan Chung' included in the book *Kwan Tzu*.

---

1. For example, although there are scholars who are of opinion that spurious parts not written by Kwan Chung were mixed in the book called *Kwan Tzu*, here are thought of *Kwan Tzu* is dealt with as that of the book *Kwan Tzu*, irrespective of the date of writing of each part, and although there are scholars who do not recognize the existence of any school called Legalists, the group is dealt with as a school according to the common customary view.

1) The Original Nature of Man

First of all, in discussing the "the original nature of man" it is common to the Orient and the West as well that the ethical doctrine that man's inborn nature is good conflicts with the ethical view that human nature is evil.

But, there are some differences in the contents. In the West, they lay so much stress on the sociability and non-sociability of man that the view that a state is established on natural agreement is confronted with the view that a state is established in order to get out of the miserable state of nature. This led to a controversy between free democracy and absolute despotism.[2]

On the other hand, in the Orient, there are two conflicting views: One is that the goodness of human nature must be educated with Li (In Confucianism, Li is a very comprehensive idea. It can be translated as ceremony, rituals, or rules of social conduct). The other is that the evilness of human nature must be severely punished for correction. Confucianism insists on the former view and the legalist school holds fast to the latter.

The philosopher who represented the theory of absolute despotism on the premise of nonsociability of human nature in the West was Thomas Hobbes. This theory was the consequence of the theory of natural law as the decision of reason based on selfishness and horror due to the miserable state of war of men against all men; the instinct(inborn nature) of selfpreservation; and the theory of social contract.

It was John Locke of England who in the 17th century represented the free democratic theory of natural contract, asserting that the state was established by the agreement of the people on the premise of sociability. His idea that the political society originated in the voluntary agreement of the people for better protection of our life, freedom and prosperity in the natural condition was the

2. Hobbes ; *Leviathan*, The first part, Chapter 14

Hobbes ; *Leviathan*, The second part, Chapter 31.

Choe, Tae-young ; *The Historical Background of the Western Legal Philosophy*, pp. 96-107.

prototype of the theory of popular sovereignty that the basis of all political power resides in all the members of the state.

He developed that theory of democratic governing system for the purpose of realizing this objective. He asserted the rule of law[3] to restrict and prevent the despotism of the ruler's power with a view to the protection of the freedom and rights of the people.

Before Mencius, Confucius also preached the ethical doctrine that man's inborn nature is good and it can be nurtured.[4] But, the representative of

---

3. John Locke ; *Two treatises of Government*, Book 2, Chapter 2, of the state of nature.

Choe, Tae-young ; *The Historical Background of the Western Legal Philosophy*, pp. 135-139.

4. * Confucian Analects ; Book 13, Chapter 6. The Master said, "When a prince's personal conduct is correct, his government is effective without the issuing of orders. If his personal conduct is not correct, he may issue orders, but they will not be followed."

* Confucian Analects. Book 12, Chapter 19. The Master said, "The relation between superiors and inferiors, is like that between the wind and the grass. The grass must bend, when the wind blows across it."

* Confucian Analects. Book 2, Chapter 1. The Master said, "He who exercises government by means of his virtue, may be compared to the North polar star, Which keeps its place and all the stars turn towards it."

* Confucian Analects. Book 6, Chapter 25. The Master said, "The superior man, extensively studying all learning, and keeping himself under the restraint of the rules of propriety, may thus likewise not overstep what is right."

* Great Learning. The text of Confucius, 1. What the Great Learning teaches is to illustrate illustrious virtue : to renovate the people : and to rest in the highest excellence.

* Great Learning. The text of Confucius, 5. Things being investigated, knowledge become complete. Their knowledge being complete, their thoughts were sincere. Their thoughts being sincere, their hearts were then rectified. Their heart being rectified, their persons were cultivated. Their persons being cultivated, their families were regulated. Their families being regulated, their states were rightly governed. Their states rightly governed, the *whole kingdom* was made tranquil and happy.

* Great Learning. The text of Confucius, 4. The ancients who wished to illustrate illustrious virtue throughout the kingdom, first ordered well their own states. Wishing to order well their states, they first regulated their own families. Wishing to regulate their

this theory was Mencius. Unlike Confucius, Mencius developed the right of revolution from the standpoint of humanism on the basis of the view of human nature as fundamentally good.[5]

---

families, they first cultivated their persons. Wishing to cultivate their persons, they first rectified their hearts. Wishing to rectify their hearts, they first sought to be sincere in their thought, they first extended to the utmost their knowledge. Such extension of knowledge lay in the investigation of things.

* Great Learning. The text of Confucius, 6. From the Son of heaven down to the mass of the people, all must consider the cultivation of the person the root of everything besides.

5. * The Works of Mencius. Book 2, Kung-sun Chow. Part 1, Chapter 6.

1) Mencius said, "All men have a mind which cannot bear to see the sufferings of others."

2) "The ancient kings had this commiserating mind, and they, as a matter of course, had likewise a commiserating government. When with a commiserating mind was practised a commiserating government, the government of the empire was as easy a matter as the making anything so round in the palm." ...

6) "Men have these four principles just as they have their limbs..."

7) "Since all men have these principles in themselves, Let them know to give them all their development and completion, and the issue will be like that of fire which has begun to burn, or that of a spring which has begun find vent. Let them have their complete development, and they will suffice to love and protect all within the fours as. Let them be denied that development, and they will not suffice for a man to serve his parents with."

* The Works of Mencius. Book 2, Kung Sun Chow. Part 1, Chapter 3.

1) Mencius said, "He who, using force, makes a pretens to benevolence, is the leader of the princes. A leader of the princes requires a large kingdom. He who, using virtue, practices benevolence... is the sovereign of the empire. To become the sovereign of the empire, a prince need not wait for a large kingdom. Tang did it with only seventy Li, and king Wan with only a hundred."

2) "When one by force subdues men, they do not submit to resist to him in heart. They submit, because their strength is not adequate to resist. When one subdues men by virtue, in their hearts' core they are pleased, and sincerely submit, as was the case with the seventy disciples in their submission to Confucius.

* The Works of Mencius. Book 7, Tsin Sin Part 1, Chapter 1.

1) Mencius said, "he who has exhausted all his mental constitution knows his nature. Knowing his nature, he knows Heaven."

2) "To preserve one's mental constitution, and nourish one's nature, is the way to serve

It was Hsün Tzu, a political scholar, who represented the theory that human nature is evil as against the opposite view. According to him, as the good appearance of human nature is only the result of artificial correction by education of selfish and evil human nature, constant moral education is necessary. Hsün Tzu explained that man organized national society to meet the necessity of defending against the outer world through solidarity, and to exchange abilities through division of labor internally.

Hsün Tzu was a Confucian scholar, but there was much legalistic view in his theory. Especially his doctrine of original sin of man played the role of a bridge to the legalists.[6]

Heaven."

3) When neither a premature death nor long life causes a man any doublemindedness, but he waits in the cultivation of his personal character for whatever issue, this is the way in which he establishes his Heavenordained being."

* The Works of Mencius. Book 6, Kaou Tsze Part 2, Chapter 2.

1) Kaou of Tsaou asked Mencius, saying, "It is said, All men may be Yaous and Shuns' : -is it so? " Mencius replied, "It is."

* The Works of Mencius. Book 1(Hwuy of Leang) Part 2, Chapter 8.

1) The king seven of Ts'e asked, saying, "Was, it so, that Tang banished Kee, and the king Woo smote Chow?" Mencius replied, "It is so in the records."

2) The king said, "May a minister then put his sovereign to death?"

3) Mencius said, "He who outrages the benevolence proper to his nature is called a robber: he who outrages righteousness is called a ruffian. The robber and the ruffian we call a mere fellow. I have heard of the cutting off of the fellow Chow, but I have not heard of the putting a sovereign to death, in his case."

6. * Hsün Tzu. Book 13, Chapter 19, Li (on Rites). According to Hsün Tzu, "Nature is the unwrought material of the original ; what are acquired are the accomplishment and refinement brought about by culture. Without nature there would be nothing upon which to add the acquired, nature could not become beautiful of itself."

"Whence do the Li arise? The answer is that man is born with desires are not satisfied, he can not remain without seeking their satisfaction. When this seeking for satisfaction is without measure or limit, there can only be contention. When there is contention, there will be disorder. When there is disorder, everything will be finished. The early kings hated

The theories of Confucians before him all emphasized the propriety and moral under earlier kings. Confucians did not neglect rule or law, but they made light of the legalists' exclusive preference of law. Therefore, Confucius said, "If the people be led by the laws and their irregularities be punished, they will try to avoid punishments, but they will have no sense of shame. If they be led by virtue, and governed by the rule of propriety, they will feel the sense of shame, and will become good."[7]

Legalists rejected propriety and morals of the Confucian scholars as subjective personalism with little probability for advancement of people's benefits, emphasized the impotency of morals and, therefore, the need of legal rules in politics for the realization of this purpose.

Though Kwan Tzu led the legal school, hw still retained much Confucian thought. To us Kwan Jung occupies an important position as a practical scholar with broad views. The legalists thought came to be comprehensively systematized from Kwan Chung, the forerunner, through Shen Tao, Shen Pu-hai to Han Fie-Tzu, the representative of the school, and finally arrived at the theory of legal positivism.

Even from among legalists various schools are developed. Besides the conflicting orthodox thought of the Confucians and thoughts of thorough

---

this disorder, and so they established the Li (rules of conduct) and Yi (righteousness morality), to set an end to this confusion."

* Hsün Tzu. Book 17, Chapter 23 (on the Evilness of Human Nature).

"The nature of man is evil ; his goodness is acquired training."

"Every man on the street has the capacity of knowing human-heartedness, righteousness, obedience to law and uprightness, and the means to carry out these principles. Thus it is evident that he can become a Yu."

7. Confucian Analects, Book 2, Chapter 3.

1) The Master said, "If the people be led by laws, and uniformity sought to be given them by punishments, they will try to avoid the punishments, but have no sense of shame."

2) "If they be led by virtue, and uniformity sought to be given them by the rules of propriety, they will have the sense of shame, and moreover will become good."

legalists, there were in ancient and medieval China, the philosophical thoughts of the Taoists and Moists thoughts indigenous to China. In addition, after the middle ages (Han Dynasty) Buddhist philosophy and religious thought introduced from India greatly influenced the thought and religion of China, and at the same time the Buddhism itself was influenced by Chinese thought. Thus the characteristic Chinese Buddhism was created and a religion which later came to be called Taoism was formed. After the modern age (Sung Dynasty) even the orthodox thought of Chinese Confucianism came to be influenced by Buddhism (Chan, Son or Zen school).

In China the doctrine of governing by law of the legalists came to be viewed as heretic, and waned in appearance, but in reality, later Chinese dynasties especially those rulers who attempted strengthening of centralization and unification of a great powerful state continually adopted the practical phase of legal positivism and ruled with strong power.

At any rate, many scholars developed various thoughts before Chin Dynasty in ancient China. It is noticeable that among these thoughts were legal thoughts very similar to the legal positivism of Modern West, in contrast to the various doctrines of natural law such as : the doctrine of morals and propriety of the orthodox thought of Confucians ; the inaction doctrine of the Taoists ; and allembracing love of Moists. Here I only want to maintain that the doctrine of government by law of the legalists was in contrast to the doctrine of propriety and morals.

The feudalistic society of the early Chou dynasty operated according to two principles ; One was the Li(propriety) ; the other was that of Hsing(penalties, punishments). The Li formed the unwritten code of honor governing the conduct of aristocrats, who were known as chün tzu(the class of princely men or gentlemen) ; the Hsing, on the contrary, applied only to the people of common birth who were known as shu jen(common people) or hsio jen(small men).[8]

---

8. *Lichi (Book of Rites)*, "The Li do not go down to the common people, the hsing do not go up

Now, Confucians asserted that all common people should also be led by Li. In modern expression they advocated 'equally before the law.'

With the disintegration of the feudal society under Chou dynasty, powerful kingdoms appeared and new-born 'legal art men'(fa-shu-chih-shih) came to form the main body of legalists. These should not be confused with our modern scholars of law. Legalists of those days should be thought as those who studied and dicussed the organization of the state and the method of ruling the people. This is also pointed out by Chinese scholars.[9] There are influentical Chinese scholars who deny legalists as an independent school, pointing out the existence of no purity in the doctrine of Han Fei Tzu(saying that he adopted ideas from other philosophers).[10]

In Kwan Tzu three planks of administration(finance, military, and education) were emphasized. There were many points common to the opinions of the legalists, but there remained elements of Kingly Way and moral rule, and worship of ancestors and gods were highly valued. There still remained thoughts affirming objectives higher than maintenance of order and measures to make the country wealthy and strong… the objectives of the legalists(thus affirming natural law).[11]

---

to the ministers."

9. Fung Yu-Lan ; *A short history of Chinese philosophy*, Chapter 14, p. 157. "Thus it is wrong to associate the thought of the legalist school with jurisprudence. In modern terms, What this school thought was the theory and methode of organization and leadership. "

10. Hu Shih ; *The fundamental principle of Chinese philosophy*, pp. 360, 361.

11. Kwan Tzu : Section on Law(Fa Fa, Book 6 ; Chapter 16).

"Law is the parents of the people."

"Law which is not worthy of law(irrational, illogical law) will not be obeyed whatever orders it may issue. Even if justice is dispensed both to services and crimes, there will be persons who do not observe them if the legislator himself does not abide by them."

(a) "The sovereign should not change the law at will out of his greed and ambition, **because law is more precious than the sovereign**."

"A wise king will legislate a law and regulate rituals for the people to observe of their own

accord… When law is respected more than the king, it will be abided by the people."
*Kwan Tzu ; Bringing up the People, 1 ;1(Mu Min).

* "When there are abundant riches, people will come from a far ; when land is developed, people's life will be stabilized and they will not leave the place. If the king observes the law and regulations his six blood relatives will be able to live a peaceful life, and, if the four moral rules - Li(propriety), Yi(righteousness), Lien(purity) and Chi(sense of shame or honor) - are practised, king's orders will be obeyed. Therefore, the secret of living without punishments is to prohibit extravagance. To defend the state well, the four rules of morality must be observed. To enlighten the people, religious belief should be cultivated, and ancestors should be worshipped. Otherwise, the king will not have strong authority over the people. If the four rules of morality are not observed, the state will decline. The four rules of morality are : ① Li, ②Yi, ③ Lien, and ④ Chi."

"The secret of government is to go with the mind of the people, and going against it will bring about misrule…. Therefore, if the four desires of the people are satisfied, they will come even from afar ; if the four things which people dislike are enforced against their will, even close attendants may revolt against the ruler. Therefore, it is the secret of politics to realize that to give is to receive."

"Therefore, when a virtuous ruler governs a state that state will become tranquil…. If the orders are in accord with the people's mind, the ruler will have strong authority over the people. If right persons are put in the right places, there will be enough officials fit for the posts. When punishments are strict people will not violate the law. When reward is justly administered, people will put up with any kind of hardships. If people's abilities are correctly grasped, there will be nothing undone. If what the people dislike is not enforced against their will, there will be no deceiving. If people are not robbed of their properties, they will bear no malice. If the people are not deceived, they will trust their ruler…."

"…If a ruler unduly favors his siblings, fellow provincials and fellow country men, others will not obey him. He must be impartial to all if he is to be respected.…Strong castles and deadly arms are not enough to defend the country. A vast territory and abundant physical resources are not enough for leading the people. A sovereign who has firm principals of leadership only will be able to prevent disasters and troubles.…Therefore, a person who knows the need of the times should be made leader, and an impartial person should be trusted with government."

* Kwan Tzu : Chyuan Shiou Pien (1 : 3). "Teachers should be stationed in every villate to educate the people before laws and orders are promulgated and enforced.…"

* Kwan Tzu : Trust to the law (15 : 45). "Law is the high way of the state to be practically

The rule of deciding right and wrong by majority in Yin Wen Tzu draws our attention.[12]

To review the history of the legalist school, first of all, Shen Tao, who said that power or authority as the most important factor in ruling the state, is cited as the legalist of the orthodox school. Secondly, Shen Pu-hai, who attached importance to law and order, is cited. His law was what Han Fei Tzu called Shu, namely the art of ruling people by appointing the right persons in the right places and taking appropriate measures suited to the occasion. Thirdly, Shang Yang, who stressed the need of Fa(law) and heavy punishments for law breakers, is cited. As a measure of administration he enforced the system of joint obligation of informing the authorities, and was caught in his own trap. Finally came Han Fei Tzu, who became the representative of a group of legalists who integrated various doctrines and adopted some necessary ideas from Taoists, Confucians and Moists.

The characteristic features common to the doctrines of these legalists were generally based on the ethical view that human nature is evil, and their objective was nothing but the maintenance of order and the increase of national wealth and military power. These legalists advocated punishments (disposition of justice both to services and to crimes) and the doctrine of legal measurement

---

used by a wise king." "....The wise rules of Yao and Shun are only the result of the laws and regulations."

"A state is well governed when both the king and people abid by the law."

"Therefore, Emperor Huang enacted laws for his rule, but did not amend them often, so that people's life was stabilized. The socalled Jen (Human-heartedness, Benevolence), Yi(Righteousness), Li(Propriety) and Yueh(Music) all come from law. Book of Chou says, 'When laws are not unfied and if officials govern the people away from law, the state cannot be peaceful.... Therefore, law must have permanency."

(b) **Each state has its laws, but there is no law to enforce them.**

Book of Lord Shang : Huah Tseh Section. (Shang Tzu ; Book 4 : Chap. 18).

12. Yin Wen Tzu : Ta Tao Pien, Part 1.

It is wrong to betray people's mind and it is right to follow it.

(a doctrine which applies law just like weights and measurements). They strictly adopted the doctrine of legal positivism. They denied legal practices and legal ethics of early kings. They denied morality and natural law. It may be said that they adopted the standard of strict calculation and efficiency.

2) The Origin of State

Secondly, with regard to 'the origin of the state', both in the Orient and the West, it is accounted for by 'the theory of social contract'. However, in the Orient, it is concluded that the rulers must govern the state by the will of Heaven and the people for the sake of people's welfare. In the West, they adopted 'la volonté générale(the general will)' theory which idealizes the government and law in agreement with volonté générale - a kind of supposition - which is almost improbable in a real institution and the positive law. 'The general will is different from la volonté de tous(the will of all).

The theory of the origin of state in the East is as follows : Orthodox Confucians traced the origin of state to original human nature.

Hsün Tzu, who acted as intermediary between Confucians and legalists said that man had to organize society in order to live well, and as regulations were needed to live a good social life, the state was established. Later, disliking confusion, the early kings enacted Li to regulate personal conducts.[13]

---

13. *Hsün Tzu ; Book 6, Chapter 10(The wealth of nations). Hsün Tzu says : "A single individual needs the support of the accomplishments of hundreds of workmen. Yet an able men cannot be skilled in more than one line, and one man cannot hold two offices simultaneously. If people all live alone and do not serve one another, there will be poverty." And Hsün Tzu writes: "People desire and hate the same things. Their desires are many, but things are few. Since they are few there will inevitably be strife."

*Hsün Tzu ; Book 13, Chapter 19 (Li). See op. cit., Note 292.

*Hsün Tzu ; Book 5, Chapter 9 (The system of a king). Hsün Tzu says: "Man's strength is not equal to that of the ox ; his running is not equal to that of the horse ; and yet ox and horse are used by him. How is this? I say that it is because men are able to form social

Kwan Chung, forerunner of the legalist, adopted somewhat different position from Hsün Tzu, but his explanation about the theory of origin of state was similar to that of Hsün Tzu.[14]

The representative theory of contract concerning the origin of state in the East is that of Mo Tzu of China and the theory of contract contained in the Buddhist scripture of Dirghama-sutra.

Mo Tzu said that it was the duty of law to realize Allembracing Love(It was a kind of the theory of natural law in this respect). He held humanism, and published the doctrine of objective standard. His assertion of the doctrine of objective standard was similar to the legal measurement doctrine of the legalists.

Concerning the origin of legal authority and state, he described natural state and the doctrine of social contract based on the doctrine of original sin very similar to the formula of natural right → natural law → social contract → and founding of state as in the *Leviathan* of Thomas Hobbes. It was the view of the

---

organizations, whereas the other are unable. …When united, men have greater strength; having greater strength, they become powerful ; being powerful, they can overcome other creatures."

*Hsün Tzu ; Book 3, Chapter 5 (Not look on the appearance). Hsün Tzu writes : "Man is not truly man in the fact that he, uniquely, has two feet and no hair (over his body), but rather in the fact that he makes social distinctions. Birds and beasts have father and offspring, but not the affection between father and son. They are male and female, but do not have the proper separation between male and females. Hence in the Way of Humanity there must be distinctions. No distinctions are greater than those of society. No social distinctions greater than the Li."

14. *Kwan Tzu : Section on Sovereign and Subjects (Book 11 : Chap. 31).

"In old times there was no distinction of king and subjects or high and low, power deciding all. Therefore, the wise prevented atrocity with the help of people's power, and thus gave benefits to the people, and removed dangers from them, corrected and educated them."

* Kwan Tzu : Chehg Shih Pien (15 : 47).

"People will become good only after being governed, and can live in peace after gaining stability."

state as power.[15]

Thus, Mo Tzu argued that the state must be totalitarian and the authority of its ruler absolute. There is also a story very similar to this in Dirghama-sutra to the following effect :

At the very beginning men led a life like that of Eden, but later their avarice grew gradually. Things became short. Private ownership of farmland appeared. Idle fellows appeared who did nothing. Troubles and strifes grew endlessly. After consultation to cope with this situation people chose a virtuous and influential person their king. They agree to pay taxes for their protection and hearings.[16] This idea was not limited to Buddhism. It is said that this was the general idea of the scriptural scholars of Brahmana of India. In this scripture the king is said to have been a public servant of the people.[17]

---

15. *Mo-Tzu. Book 3, Chapter 11 (Agreement with the superior).

Mo-Tzu says : "At the early time, before the creation of an organized state, everyone had his own standard of right and wrong. When there was one man, there was one standard. When there were two men, there were two standards. When there were ten men, there were ten standards. The more people there were, the more were there standards. Everyman considered himself as right and other as wrong."

"The world was in great disorder and men were like birds and beasts. They understood that all the disorders of the world were due to the fact that there was no political ruler. Therefore, they selected the most virtuous and most able man of the world, and established him as the Son of Heaven."

And, in Chapter 12, he says : "Upon hearing good or evil, one shall report to one's superior. What the Superior thinks to be right, all shall think to be right. What the superior thinks to be wrong, all shall think to be wrong."

"Always agree with the superior ; never follow the inferior."

And he says : "Of old when God and the spirits established the state and cities and installed rulers, it was not to make their rank high or their emolument substantial.... It was to procure benefits for the people and eliminate their adversities ; to enrich the poor and increase the few ; and to bring safety out of danger out of confusion."

16. *Dirghama-sutra* ; Book 22, Chapter 12.

17. Taka-kusnoki and Kimura ; *The History of Indian Philosophy and Religion*, p. 304.

As representatives of the doctrine of social contract as the origin of state in the West three persons may be cites: the well-known democratic constitutionalist John Locke, who arrived at liberal constitutional democracy and trust; the famous Jean Jacques Rousseau, who advocated the liberal social contract; and Thomas Hobbes, who came to the conclusion of absolute despotism.[18]

3) Utilitarianism, Pragmatism and Shilhak(Practicalism)

Next, in the calculating 'utilitarianism', 'pragmatism' and 'shilhak'(practicalism), the East and the West have something in common. However, Korean 'shilhak' just emphasized people's welfare and benefit according to the original thought of Confucius. Chung Yak-yong(Da-san), who integrated and completed the theory of 'shilhak' also started from early Confucianism. According to the common story, it was a thought peculiar to the two eras of Yungcho and Chungcho of the Yi Dynasty (18-19 centuries) expostulating both people's welfare to solve practical problems and Confucian studies of those days. This theory had a domain different from that of the general utilitarianism or pragmatism of the West.

There were utilitarian or pragmatic points in the argument of the 'shilhak' school, but it is based on Confucianism (therefore, the doctrine of natural law of China). Also, the contention of this group of 'shilhak' school which started new academic claims for the solution of practical problems of those days through reformation of political, economic (the school urged developing industries, learning new ideas even from foreign people whom we had despised, discarding forms and face if need be), social systems and policies, was in keeping with the need of the times in Korea.

As utilitarians and pragmatists of China we may cite Mo Tzu, Moists and

---

18. Hobbes ; *Leviathan*, Part 1, Chapter 14, Part 2, Chapter 31, 1651.

   Locke ; *Two treatises of Government*, 1690.

   Rousseau ; *Le contrat sociale*, 1762.

legalist scholars. Mo Tzu's emphasis of piety and rituals included the meaning of utilitarian calculations. It is clear that legalists stressed social skills and utility rather than ideals. Han Fie Tzu said that, not only the relationship between doctors and patients, employers and employees, but also the five traditional social relationships between sovereign and subjects, father and sons, husband and wife, elder and younger brothers, and between friends are of the nature of Gesellshaft controlled by selfish calculation. Shang Chün held law supreme. Chen Tzu highly praised the sovereign for his maintenance of social order. This was all from the calculation of utilitarian effectiveness.

Traditional thoughts of China insists that Heaven favors righteousness, therefore, in order to receive happiness from Heaven, righteousness must be done and what is righteous is judged by whether it agrees with the will of Heaven and the words and actions of the early kings. Accordingly, this thought of China shows a tendency to conservatism.

As the utilitarians of the West we may cite Jeremy Bentham of England ; John Stuart Mill, who elevated the quantitative utilitarianism of Bentham to qualitative utilitarianism ; pragmatic jurists of the United States, especially legal philosopher Roscoe Pound and well known judges Oliver Wendel Holms, and Benjamin Nathan Cardoza, Louis Dembits Brandeis, and Rudolf von Jhering of Germany, theorist for fighting for rights, who advocated object (or interest) jurisprudence school of Germany, and French scholars of interest legal school. It is needless to say that they adopted the sociological method.[19]

---

19. Bentham ; *An introduction to the principle of moral and legislation.*
Mill ; *Utilitarianism.*
Pound ; *An introduction to the philosophy of law.*
Pound; *Introduction of Legal History.*
Jhering ; *Kampf ums Reght.*
Jhering ; *Der Zweek im Recht.*
Choe, Tae-young ; *The Historical Background of the Western Legal Philosophy*, pp. 218-221, 251-259, 244-247.

Mo Tzu of the East was utilitarian both in his allembracing love and reverence to Heaven.[20] It is needless to say that legalists were utilitarians.[21]

I have already explained that 'shilhak' of Korea was not simple utilitarian-practicalism but somewhat different. In Korea the word 'shil' has been used in contrast to 'huh'(void) from ancient times.[22]

4) Oriental Doctrine of People's Welfare and Benefit and Western Democracy

Oriental doctrine of people's welfare and benefit and Western democracy have many points in common. However, Western democracy, since the period of Greece, has centered in the belief of 'government by the people.' In this point, Western democracy is generally different from the Oriental belief which only insists on the welfare and benefit of the people.

It is said that Chinese scholars also pointed out that Mencius referred to 'government for the people' but did not agree to 'government by the people'.[23]

As we Oriental people have to adopt the merits of democracy some day in a way suitable for ourselves, we ought to prepare the foundation for it with a humble attitude.

Mencius said, "The people are the most element in a state ; The spirits of the land and grain are secondary ; and the sovereign least. According to Mencius, if a sovereign does not act as he ideally ought to do, he morally ceases to be a

---

20. Mo-Tzu ; Book 8, Chapter 31.

   Mo-Tzu ; Book 11, Chapter 44.

   Mo-Tzu ; Book 10, Chapter 40.

21. *Han-Fie-Tzu ; Book 18, Chapter 46.

   "The former king could not govern the state with benevolence and righteousness. They are not enough for governing the people. Everything proved to be a joke, a failure."

22. Chinese TSYI Yuan(辭源, '實事求是項).

   Won-Hyo ; Kum-Kang-Sam-Mae-Kyong, Ibshill pum(元曉 ; 金剛三昧經, 入實品).

23. Jiang Meng-Wuu ; A History of Chinese political thought, p. 45.

sovereign and becomes an ordinary man(a mere fellow) according to Confucius'
doctrine of right names. In that case, the people have the moral right of
revolution.

Confucius said that a king should be a king in the true sense of the word, but
Mencius remained at the doctrine of people's welfare and benefit, and failed to
reach democracy. This leads to the difference between China and the West in
their forms of revolution.[24]

5) Individualism

There is individualism both in the East and the West, and there are many
kinds of it, but in China there is somewhat different shade in the principle of
each one for himself when compared with the general individualism of the
West in the point that it is the Chinese principle to enjoy oneself, not to harm
or trouble others, not to change places with others, however good the others'
positions may be, to be contented with one's lot, to live a clean life in one's own
spirit, away from the muddy external world.[25]

---

24. *The Works of Mencius ; Book 7(Tsin Sin) part 2, Chapter 14.

1) Mencius said, "The people are the most important element in a nation ; the spirits of
the land and grain are the next ; the sovereign is the lightest."

*The Works of mencius ; Book 1, Part 2, Chapter 8, op. cit. Note 291.

*Confucius Analects ; Book 13(Tsze-Loo), Chapter 3.

Tsze-Loo said, "The prince of Wei has been waiting for you, in order with you to
administer the government. What will you consider the first thing to be done?" The Master
replied, "What is necessary is to rectify names."

*Confucius Analects ; Book 12(Yen Yun), Chapter 11.

The duke Ching, of Chi, asked Confucius about government. Confucius replied, "There
is government, when the prince is prince, and the minister is minister, when the father is
father, and the son is son."

25. *The Works of Mencius ; Book 2(Tang Wang Kung) Part 2, Chapter 9.

9) Once more, sage emperors cease to arise, and the prince of the states give the reins to
their lusts. Unemployed scholars indulge in unreasonable discussions. The words of Yang

In China, Yang Chu was said to have been a characteristic man of the principle of each for oneself, but it is hard to accurately grasp his idea.[26]

6) Nationalism and Cosmopolitanism

The relationship of nationalism and Cosmopolitanism is similar in the East and in the West. In the West, the Stoic school reached as far as the theory of all humanity and citizens of the world. Therefore, it was natural that they should have spoken of the general natural law based on natural order fit for all humanity.

Choo and Mih Teih fill the empite …. Now, Yang's principle is --"each one for himself ; …Mih's principle is-- "to love all equally : …But to acknowledge neither King nor father is to be in the state of a beast …. If the principle of Yang and Mih are not stopped, and the principles of Confucius not set forth, then those perverse speakings will delude the people, and stop up the path of benevolence and righteousness are stopped up…. "

10) … When sages shall rise up again, they will not change my words."

*The Works of Mencius ; Book 7(Tsin Sin), Part 1, Chapter 26.

1) Mencius said, "The principle of the philosopher Yang was - 'Each for himself'. Though he might have benefited the whole empire by plucking out a single hair, he would not have done it."

*Han-Fie-Tzu ; Book 19, Chapter 50.

Han-Fie-Tzu says : "There is a man who's policy it is not to enter a city which is in danger, nor to remain in the army. Even for the great profit of the whole world, he would not exchange one hair of his shank… He is one who despises things and values life."

*Huai-nan-tzu .

Huai-nan-tzu says ; "Preserving life and maintaining what is genuine in it, not allowing things to entangle one's person : this is what Yang Chu established."(CH. 13)

*Lieh-tzu ; Book 7(Yang Chu).

Chin Tzu asked Yang Chu : "If by plucking out a single hair of your body you could save the whole world, would you do it? " Yang Chu answered : "The whole world is surely not to be saved by a single hair." Chin Tzu said :But supposing it possible, would you do it? " Yang Chu made no answer.

26. Fung Yu-Lan ; *A Short History of Chinese Philosophy*, Chapter 6. pp. 65-67.

Epictetus(60-139) said that philosophers were of the opinion that "The universe is a country." In this way that advocated cosmopolitanism. This started from the natural reasoning of the universe(i.e. the reasoning of conformity to world harmony.)[27]

Though the relationship of nationalism and cosmopolitanism is similar in the Orient and in the West, the orthodox thought of China starts from the moral training of oneself first and then home management before attempting the statecraft of making the whole kingdom tranquil and happy."

Those who advocated this thought said that "All beneath the sky or within the four seas are brethren."[28] In Indian(Buddhist) gradualism, one goes to the paradise(pure land) by way of an ideal state of unified Cakravartin, starting from the antagonistic states.[29]

In Korea, the idea of 'maximum services to mankind' started from the founder of Korea, Tangun, half a million years ago, and is characterized by aiming at the realization of the welfare of the whole mankind(embodiment of the bright government).[30]

7) Legal State and Legalism

The terms, 'legal state' and 'Legalism' are used in the East and in the West, but the word 'legal state' used by the socalled group of Chinese legalist school is similar in meaning to the word 'legal positivism'(Rechtspositivismus) in the

---

27. Choe, Tae-Young ; *The Historical Background of the Western Legal Philosophy*, pp. 35-38.
28. *Great Learning ; The Text of Confucius. ... the whole kingdom was made tranquil and happy.
    *Confucius Analects ; Book 12(Yen Yuen), Chapter 5(4). "Let the superior man never fail reverentially to order his own conduct, and let him be respectful to others and observant of propriety : -then all within the four seas will be his brothers…"
29. *Dirghama-sutra* ; Book 6, Cakravartin.
30. Kim, Il-yon ; *The Chronicle of Tri-Kingdoms* (一然, 三國遺事), Ancient Korea (Tangun, 檀君).

West and differs much in the contents from the Western words 'Legal state' and 'Legalism' as we use at present.

In the modern terminology, a constitutional government with separation of powers, a country where even the power of the state is subject to law is called a law-governed state. In this sense, the legalism emphasized by legalists brought about results contrary to the modern legalism or constitutionalism.[31]

8) Legal positivism and Natural Law Doctrine

Lastly, 'Legal positivism' and 'Natural Law Doctrine' conflict with each other both in the East and in the West, but there is difference between the two in the contents of natural law. China, unlike the West of modern times, was at once a state of natural law and customary law like ancient West. The Chinese are a people who like both customary law and natural law. This may be because the Chinese felt more familiarity toward customary law and natural law than toward statutary law because they preferred concrete things to abstract ones, and natural things to concrete or artificial things from old times.

But, the natural law by the traditional Confucianism is different from the Western Natural Law in the point that in Confucian natural law, there is joint relation between the universe(natural world) and the human world, that is, law Li or rituals, morality and natural law are harmonized and form a complete whole.

We may say that the theory of natural law takes a view that "There are justice and effective norms which transcend man's selfishness, agreements and positive law" according to the common elements of the theory of natural law, and the theory of positive law denies the doctrine of natural law according to the idea that "There is no law above the positive law."

When legality or justice is in question, only legality becomes a problem in the case of positive law, but according to the theory of natural law, justice also

---

31. Chern Guh-Yeuan ; *Chinese History of Law*, p. 44.

becomes a problem. In an extreme case, positivists assert that "Even a bad law is a law." and "Law is the order of the sovereign." But, according to the jurists of natural law, "A bad law is illegal even though it takes the form of law," and A standard that decides the source of justification of all positive laws, and the regulations of all empirical, historical laws ought to be reorganized."

Of these jurists, those who advocate personalistic natural law find their starting point in the idea of personality and asserts that "Respect of personality should be made the fundamental conception."

When we compare legal thoughts of both the East and the West, all the thoughts of Confucian, Taoist, Moist and Buddhist jurists belong to the Western theory of natural law. The Li(propriety) and five traditional social relationships are an embodiment of natural law of the West. The orthodox thought of Confucians only takes law of legalists more lightly than Li and kingly way of Confucianism,[32] but orthodox legalists deny or reject natural laws.[33] The

---

32. Confucian Analects ; Book 2(Wei Ching), Chapter 3. op. cit. Note 293.
33. *Han-Fie-Tzu ; Book 17, Chapter 40. "The wise rule of Emperor Yao and Shun was a short period of good rule after a long period of misrule, and the misrule of Emperor Kee and Chow was a short period of misrule after a long period of good rule."
   *See op. cit., Note 307.(Han-Fie-Tzu ; Book 18, Chap. 46).
   *Book of Lord Shang ; Shiou Chyuan Pien (Book 3: Chap. 14). "The secret of good government is 1)law, 2)Trust, and 3)Power."
   *Book of Lord Shang ; I Yen Pien (3 : 8). "Therefore, if law is enacted without taking people's actual condition into consideration, it could not be successfully enforced."
   *Book of Lord Shang : Hua Tseh Pien (4 :18). op. cit., Note 307.
   *Book of Lord Shang 2 :7. "The wise king would not respect benevolence but law. It is enough if he clarifies the law and enforce orders."
   *Book of Lord Shang : I Yen Pien (3 :8). "The law will succeed if it keeps up with the times, but if the law does not change with the times, there will be disorder."
   *Shen Tzu (Shen Tao) ; Scattered and Lost Writings. "Therefore, in governing a state, if there is no law, there will be disorder. If the law does not change it will be emaciated even if it is adhered to … He who amends the law in conformity with the actual conditions of the times is the sovereign." "According to the weights and measures there is no need of the

thought of inaction of the Taoists denies all rules of Li and law.[34]

There was a good chance for Moists to approach Confucianism through their methode of three kinds of tests(standards),[35] but they mutually opposed each other, and Moists asserted the authority of state and absolute despotism. It has already been explained that legalists had the main elements of the doctrine of positive law.

Shen Tao the legalist said that "Even a bad law is better than lawlessness."

---

wisdom of King Yü ; the wisdom of the intermediate class officials would be enough."

*Kwan Tzu : Section on Seven Laws(2:6).

*Law is a carpenter's inking line and rule, and the weights and measures."

34. Lao Tzu says ; "Banish wisdom, discard, knowledge, and the people will be benefited a hundredfold. Banish human-heartedness, discard righteousness, and the people will be dutiful and compassionate. Banish skill discard profit, and thieves and robbers will disappear."(Lao Tzu, Chapter 19). And says ; "Banish learning, then will be no anxious."(Chapter 20). Lao Tzu says ; When knowledge and intelligence appeared, Gross Artifice began."(Lao Tzu, Chapter 18). Lao Tzu says ; "Do nothing, and there is nothing that is not done."(Chapter 37).

Lao Tzu says ; "I act not and the people of themselves are transformed. I love quiescence and the people of themselves go straight. I concern myself with nothing, and the people of themselves are prosperous. I am without desire, and the people of themselves are simple."(Chapter 57).

Lao Tzu says ; "The more restrictions and prohibitions there are in the world, the poorer the people will be. The more sharp weapons the people have, the more troubled will be country. The more cunning craftsmen there are, the more pernicious contrivances will appear. The more laws are promulgated, the more thieves and bandits there will be."(Lao Tzu, Chapter 27).

35. According to Mo Tzu, every principle must be examined by three tests, namely : "Its basis, its verifiability, and its applicability. A sound and right principle should be based on the will of Heaven and of the spirits and on the deeds of the ancient sage-kings. "Then it is to be verified by the senses of hearing and sight of the common people. And finally, it is to be applied by adopting it in government and observing whether it is beneficial to the country and the people."(MoTzu, Book 9, Chapter 35).

This is an opinion similar to Goethe's.[36]

There are occasionally parts in the statements of legalists referring to love of people, welfare and benefits of the nation, but they are nothing more than fragmentary arguments to convince the final effect of legalism.

With regard to the problems of government by law, i.e. legal positivism of the legalists, they themselves already knew about them. Their greatest defects were: first, "they prohibited to discuss(criticize) the law." ; secondly, "every state had law of its own but there was no law to enforce the law." ; thirdly, "there ought to have been permanency to maintain legal stability or certainty, but there was inconsistency in that law had to be drastically changed with the trend of the times." ; and fourthly, "it is said that law should exclude personalism(subjective view), but, as law was changed at the discretion of the king who had the power to amend or abolish the law at will, after all, they could not be exempted from personalism which they had to reject. Besides, to severely punish public officials for not performing their duties while they argued for non-action by the king meant nothing but forcing the officials to action.[37]

Generally speaking, the legal thought of the East except that of the legalists belongs to the doctrine of natural law. The doctrine of natural law of China recognized joint relationship between the natural and humane worlds, and explained that calamities would occur in the natural world if men behaved atrociously.

In Korea, people thought, a little unlike Chinese, that, as heaven metes out

---

36. Shen Tao says ; "Any law(even a bad law) is better than without law(lawlessness)." (Shen Tzu ; Book 1, The virtue and dignity(威德)). Goethe said ; "I'd rather commit an injustice than tolerate disorder."

"It is better that you suffer wrong than the world be without law.'(Radbruch ; *Legal Philosophy*, Section 10).

37. The questions of the Legalist School.

Chern Guh-Yeuan ; *A Chinese legal history*, Chapter 2, pp. 43-45.

Liang Chi-Chao ; *A History of Ancient Chinese Political Thought*, Chapter16. pp. 148-154.

natural calamities when it is enraged, all people including the sovereign should reflect on their conducts, and move Heaven to get favourable responses.[38] Natural law in the East became one with Li, morals and law of human society(to comment favourably, all these elements were integrated and merged and harmonized ; to comment unfavourably, they were left in undifferentiated state.)

9) Legal Philosophy in China, West and Buyeo(Puyo: Korea)

Careful attention must be paid to the fact that Chinese legal philosophy in the past was integrative and not analytical as in the West. At any rate, we must take notice of the Oriental and Western conclusions of the problem - The harmony of legal positivism and the doctrine of natural law - that we must solve in the future.

In cosmology, which is part of the background of legal philosophy, there is similarity in explaining it by means of 'Form and matter', and 'Li(abstract) and Chii(concrete)'. But, the main tenet of the Chinese thought is different from that of the Western thought in that the former did not consider the Creator from the beginning.

In Chinese Shih Ching(Book of Odes), too, there is a line that 'Heaven created people ; there are things and laws in the world.' It does not deny the Creator, but it seems that the couplet was meant to show that there is natural law in the natural world, not to emphasize the existence of God who created the universe.

Also, in the Book of Changes of china, it is written that "Yin and Yang(Darkness and light) were born out of the Absolute, and out of Yin and Yang were born heavenly bodies and all the things under the sun."…. "All things

---

38. *The Authentic Record of the Yi dynasty*(朝鮮王朝實錄) ; Taejong, Book 26, p. 2a. Jungjong, Book 59, p. 10b. Myongjong, Book 23, pp. 9-10. Injo, Book 18, p. 63b. Shookjong, Book 3, p. 36a.

are created." These words seem to support the above view.[39]

Heaven of the Chinese people is different from God of the West. Unlike the Chinese, Koreans have worshipped God from the beginning. The fact that in Korea and China there are no relics of tradition indicating that somebody received law directly from God as in the case of Babylon, Egypt, Rome, Hebrew and other countries of the West seems to be characteristic of the East.

Chinese scholars say that, the doctrine of Kuan Tzu is in keeping with the spirit of constitutional monarchy, and the legal thought of China before Chin era was not any inferior to that of the West,[40] but the spirit was not realized because its form was valued and the object of the law was neglected.[41]

Now, Korea was a step ahead of China where the thought prevailed that "Law is stronger than the king." In Korea, In ancient times in the kingdom of Buyeo(Puyo), there was a system(a customary law): when the king failed to perform his duty he was held responsible to the people for his misrule ; he had to abdicate or be executed. Buyeo(Puyo) was a Korean kingdom, lasting from the 1st till about the 3rd century, situated in north Manchuria and later was

---

39. Heaven produced people ; there is law(rule) for everything(the book of poetry ; Dah Ia, Jeng-Min). In the 'the Yi(Yi ching or book of Changes)' ; 'Appendix III' says: "The supreme virtue of Heaven is to produce." "One Yang and Yin : this is called the Tao." "In the Yi there is the Supreme Ultimate which produces the Two form. The Two forms produce the Four Emblems, and these Four Emblems produce the Eight Trigrams."

40. Liang, Chi-chao ; *A History of Ancient Chinese Political Thought*, Chapter 15, p. 144, p. 147.

Liang, Chi-chao ; *A Biography of Kuan Tzu* ; Chapter 6, Section 2, p. 21.

Chen Guh-Yeuan ; *A History of Chinese Law*, p. 44.

* Book of Lord Shang ; Ting Fen Pien (5 : 26).

"The legislator ought to make the law well understood by the common people and the officials, and the law must be fair."

* Han-Fie-Tzu ; Book 16, Chapter 38.

"Law should be written down in black and white and kept in government offices, and promulgated to all people." op. cit., Note 297.

41. Chen, Guh-Yeuan ; *A History of Chinese Law*, p. 44.

taken over by Koguryo kingdom. It was an aristocracy and the elected king was responsible to the people. They were divided into classes. It was in every way a strong, considerably well developed civilized country, adopting a system of council of representatives and doctrine of discreet punishment. An example of the king's misrule for which he was held responsible would have happened in case of a famine for which he had failed to take measures by foreseeing such an emergency.[42]

PROCEEDINGS
the VIIIth International Symposium, 1980

---

42. A Monarch is responsible to the people for his conduct of affairs.

Yi, Pyong-do ; *A History of Korea*, Mook of the Ancient Period, pp. 214-215.

Choe, Tae-young ; *Historical Background of Korean Legal Philosophy*. Journal of the National Academy of Sciences Republic of Korea. (1972), p. 136.

Chinese 25 Histories ; Tong Dean Book 185, Buyeo(夫餘).

History of Three States, Wey, Book 30, Buyeo.

Late Han, Book 85, (75), Buyeo.

Jinn, Book 97, (67), Buyeo.

참고문헌

원효, 『원효대사문집』

최치원, 『類設經學』 등

김일연, 『삼국유사』

김부식, 『삼국사기』

『고려대장경』

『고려사』

『고려사절요』

의천, 『대각국사 의천문집』

이규보, 『동국이상국집, 동명왕편』

이승휴, 『제왕운기』

길재, 『야은집』

권근, 『양촌집』

정몽주, 『포은집』

이색, 『목은집』

이숭인, 『도은집』

기타 모든 고려시대 고전들

김육불, 『발해국지장편』

서상국, 『발해강역고』

유득공, 『발해고』

황유한, 『발해국기』

唐宴, 『발해국지』, 1919

기타 모든 발해사들

『조선왕조실록』

『승정원일기』

『증보문헌비고』

『경국대전』

『조선경국전』

『대전회통 』

『대전통편』

『대명률직해』

『육전조례』

『二十五史』

기타 조선조의 제법전

서경덕, 『화담집』

문정창, 『단군조선사기연구』, 1966

박세무, 『동몽선습』

박제가, 『북학의』

박지원, 『연암집』

북애, 『규원사화』

정약용, 『아방강역고』

_____, 『정다산전서』

_____, 『여유당전서』

안정복, 『동사강목』

신채호, 『신채호전집』

유승국, 『한국의 유학』

_____, 『유학사상형성의 연원적 탐
구』, 성균관대학교, 1974

유형원, 『반계수록』

유희령, 『표제음주동국사략』

이기백, 『한국사신론』, 일조각, 1976

이능화, 『조선불교통사』, 1918

_____, 『조선도교사』

_____, 「조선무속고」, 『계명』 19호,
1927

이병도, 『한국사 중세편』, 1961

_____, 『한국사대관』, 1964

_____, 『한국유학사략』, 1986

이병도·김재원 공저, 『한국사 고대
편』, 진단학회, 1959

이상백, 『한국사 근세전기』, 1962

_____, 『한국사 근세후기』, 진단학
회, 1965

이수광, 『지봉유설』

이시영, 『감시만어(韓譯)』, 1934

이이, 『율곡전서』

이익, 『성호새설』

_____, 『곽우록』

이황, 『퇴계집』

장지연, 『대한강역고』

정인보, 『조선문학원류초본』, 연희
전문학교, 1930

조광조, 『정암집』

조명기, 『신라불교의 이념과 역사』,
1974

『조선사연구』, 1946

최남선, 『Fukan bunkaron』(Essays on
Culture), Seoul ;

_____, Chosen Shiso tsushinsha,
1925.

_____, 「통일기의 신라」, 『청년』 8-2
호, 1928

_____, 「신라 진흥왕의 재래의 삼비
와 신출현의 마운령비」, 1930, 최
남선전집 제2책.

최대권, 「농촌의 사회구조와 법」, 서
울대 『法學』, 제18권 제1호(통권
37호)

최무장, 韓譯『중국 고고학자들의 발굴보고서, 고구려 발해문화 (1928)』

최동, 『조선상고민족사』, 1966

『韓國學入門』, 1983, 대한민국학술원

현상윤, 『조선유학사』

홍대용, 『담헌서』

Ershiwushi, 『Twenty-five Year History of China』.

Xu Liangzhi(서량지), 『Zhongguo shiqianshihua (Stories of the Pre-history of China)』

저자 연보

최태영(崔泰永)

1900년	음력 3월 28일 황해도 장련군 읍내면(후일 은율군 장련면으로 바뀜) 동부리 1051에서 출생
1905–1910년	장련의 사립 광진학교 수학
1911–1913년	구월산 종산(鐘山)학교 졸업
1913–1917년	서울 경신학교 중학본과 졸업
1917년	도일
1918–1924년	일본 메이지대학 예과 및 법대 영법과 졸업, LL.B.
1919년	김경량과 결혼, 최원철, 최정철 1남1녀를 둠
1924–1945년	서울 경신학교 부교장, 대표 설립자겸 제9대 교장, 영어교사로 재직
1924–1945년	보성전문학교(고려대) 법학교수
1934–1937년	보전학회 편집인
1939년	성경 개역(윤치호·백상규·김규식·최태영 공동개역)
1946–1947년	부산대 인문과대학장
	변호사자격 인증
1947–1948년	서울대 법대 교수, 제2대 법대학장
1948–1949년	대한민국 법전편찬위원
1948–1950년	고시위원회 상임고시위원
1949–1955년	신흥대(경희대) 법과대학장, 대학원장
1949–1961년	중앙대 법대 교수, 법정대학장

1954–2005년	대한민국학술원 법학분과 종신회원
1957–1968년	청주대 법대 교수, 학장, 대학원장
1957년	서울시교육회 교육공로 표창
1958년	중앙대 명예법학박사
1957–1972년	한국상사법(商事法)학회회장
1964–1975년	숙명여대 재단감사, 강사
1966–1977년	한국법학교수회 회장
1977년	대한민국학술원 저작상 수상(서양 법철학의 역사적 배경)
1985, 1988년	해외소재 한국학 연구자료 조사위원
1987–1988년	정릉에 한국학연구원 개설 22회 강좌
1993–2003년	YMCA 계묘구락부 회장
1994년	모란장 받음
2004년	무궁화장 받음
2005년 11월 30일	서울 중구 송도병원 요양원 시니어스 타워에서 별세

저서(발행년도순)

『유가증권 세계통일법』, 평양에서 출판, 1930년대

『현행 어음·수표법』, 중앙대출판부, 민중서관, 1953

『상법총칙 및 상법행위』(부록; 현행상법과 상법초안), 민중서관, 민중법학총서, 1957

『법학개론』, 崔泰永·朱瑢煥·金兌奎·崔基泓 공저, 新雅社, 1960

『신민법총칙』, 崔泰永·朴昌健·李俸 공저, 潮岩文化社, 1961

『서양 법철학의 역사적 배경』(비매품 500부), 숙대출판부, 1977

『한국상고사입문』, 최태영·이병도 공저(이병도가 저술한 것이 아니라 최태영의 역사관에 동의한다는 의미에서 공동저자로 됨), 고려원, 1989

An Introduction to the History of Ancient Korea, 알래스카대학 한국학연구소, 1990

『한국상고사』(한국상고사입문을 개정하여 최태영의 단독 저서로 출판), 유풍출판사, 1990

일역 『한국상고사』, 張泰煥 번역, 三志社(서울), 1993

『인간 단군을 찾아서』, 도서출판 학고재, 2000(booktopia.com에서 전자책으로 2판

출판, 2001)

『한국 고대사를 생각한다』, 눈빛출판사, 2002

『장보고 연구자료집』(미출간), '삼국유사' '삼국사기' '엔닌의 일기' 등 역사서에 나
    타난 관련기록 자료집, 1994

논문(주제별)

「한국 상고 법철학의 역사적 배경- 반만 년 전부터 2천 년 전까지」, 『대한민국학
    술원 논문집』 제18집, 대한민국학술원, 1979, pp. 123-165

「한국 고대 법사상의 역사적 배경-삼국 초부터 후삼국 말까지」, 『대한민국학술원
    논문집』 제22집, 대한민국학술원, 1983, pp. 65-114

「한국 전통사회의 법사상」, 『한국학입문』, 대한민국학술원, 1983, pp. 331-355

「東西 법사상의 유사점과 차이점(Differences and Similarities in Western and Oriental
    Legal Thoughts)」, 『대한민국학술원 주최-제8회 국제학술강연회 논문집』, 대
    한민국학술원, 1980, pp. 35-54

「중국 고대 법사상의 역사적 배경」, 『대한민국학술원논문집』 제20집, 대한민국학
    술원, 1981, pp.163-223

「중국 중세 법사상의 역사적 배경(漢부터 唐까지)」, 『대한민국학술원논문집』 제21
    집, 대한민국학술원, 1982, pp. 151-197

「중국 근대 법사상의 역사적 배경」, 『대한민국학술원 논문집』 제23집(창립 30주년
    기념호), 대한민국학술원, 1984, pp. 153-194

「중국의 法家: 商子의 法治主義」, 『재산법연구』 제12권 1호, 재산법학회, 1995, pp.
    1-15

최초발표 논문-미상(대한민국학술원 발행 『한국의 학술연구』에 언급), 『보성』 제1
    권 1호, 1925

「바빌로니아 함무라비법 연구」, 발표지면과 연대 미상

「希伯來法(TORAH) 硏究(제1회)」, 『普專學會論集』 제1집, 보성전문학교, 1934, pp.
    3-64

「希伯來法(TORAH) 硏究(제2회)」, 『普專學會論集』 제2집, 보성전문학교, 1935, pp.
    1-104

「希伯來法(TORAH) 硏究(제3회)」, 『普專學會論集』 제3집, 보성전문학교, 1937, pp.

1-149

「18세기 영구평화 제창자 3인의 국제평화론」, 『중앙대학교 법정대학 법정논총』 제
     1집, 중앙대학교 법정학회, 1955년 9월, pp. 6-23

「우리나라 옛날의 어음관습」, 『중앙대학교 30주년 기념논문집-한국문제 특집』,
     1955년 11월, pp. 213-228

「스토아학파의 자연국가및 자연법론」, 『법학논고』 창간호, 청주대학 법학회, 1956
     년 12월, pp. 10-14, pp. 43-44,

「희랍의 법치사상의 현대적 의의」, 『청주대학 창립 10주년 기념논문집』 청주대학,
     1957년 12월, pp. 70-87

「사권(私權)의 상대성(公共性)」, 『법정논총』 제7집, 중앙대학교 법정대학 학생연합
     학회, 1958년 12월, pp. 5-13

「Sauer의 법철학의 문화가치와 규범적 汎神論」, 『법정논총』 제9집, 중앙대학교 법
     정대학 학생연합학회, 1959년 11월, pp. 1-9

「부인의 법률상 지위」, 신동아, 1935년 5월호

「통속법률강좌; 공익법인」, 신동아, 1936년 6월호

「주주와 이익배당」, 『기업경영』, 1962년 9월호

「일본 속의 한국 불교」, 불교신문, 불교신문사, 1986년 1월-6월

「일본 소재 한국학 연구자료 조사보고서」(원고지 1-73까지, 73 이후 멸실), 1986,
     미발행

「한국상고사는 복원되어야 한다」, 1990년.

찾아보기